序　文

　1920〜30年代、賀川豊彦は世界で最も著名な日本人であった。賀川は日本のみならず、欧米、中国大陸、台湾、韓国、オーストラリア等々、世界各地で社会運動を展開した。賀川の社会運動とは、神戸の貧民窟の救済運動をはじめ、労働運動、農民運動、協同組合運動、共済組合、医療組合、セツルメント、幼児教育などなど、「百科全書的広がり」（季刊『at』第15号「賀川豊彦　その現代的可能性を求めて」太田出版、2009年）を示している。

　この度、中国での賀川の言動、それに対する中国のキリスト者や民衆の反応を究明しようとする本書が完成した。かねてより、若い研究者には海外の資料を使って、ぜひ、賀川の全体像に迫ってほしいと思っていたが、まさに念願の書である。本書は、今までの賀川研究に新たな地平を切り開くものである。

　著者庾凌峰さんは、2013年4月、交換留学生として来日し、兵庫教育大学で学んだ。彼と賀川の出会いは、私が学部4年生を対象とする「政治学演習」で賀川の『労働者崇拝論』をテーマにした時であったという。そして、『基督教社会主義論』『友愛の政治経済学』『魂の彫刻』『愛の科学』など、賀川の著作が、戦前の中国で翻訳出版されており、賀川が中国と非常に深い関係をもっていたことを知ったという。以来、修士、博士課程を通じて、来日からおよそ10年をかけて「中国と賀川」を探求した労作が本書である。

　最後に、出版に当たり公益財団法人賀川事業団雲柱社（賀川豊彦記念松沢資料館）から出版助成金を頂いたこと、そして出版を引き受けてくださった「ゆまに書房」に感謝申し上げる。

2024年9月20日

小南　浩一

（元兵庫教育大学大学院教授）

目　次

序　文——小南　浩一

序　章

第1節　問題意識 …………………………………………………… 7

第2節　先行研究とその問題点 …………………………………… 9

　　（1）日本における賀川と中国との関係に関する先行研究

　　（2）中国大陸における賀川に関する先行研究

　　（3）台湾、香港における賀川に関する先行研究

　　（4）アメリカにおける賀川に関する先行研究

第3節　研究目的 …………………………………………………… 21

第4節　研究方法 …………………………………………………… 22

第5節　研究意義 …………………………………………………… 23

第6節　本研究の構成 ……………………………………………… 24

第Ⅰ部　戦前・戦中の中国における賀川の交流活動

第一章　賀川と黄日葵
——五四期の北京大学学生訪日団団員黄日葵の「贈賀川豊彦先生」を中心に

第1節　はじめに …………………………………………………… 31

第2節　1920年北京大学学生訪日団の訪日日程 ………………… 34

第3節　黄日葵の生涯について …………………………………… 36

第4節　詩中に注ぎ込まれた黄日葵の熱情 ……………………… 38

第5節　賀川と黄日葵との共通点 ………………………………… 44

第6節　賀川と黄日葵の社会運動における詩の役割 …………… 49

第7節　おわりに …………………………………………………… 52

第二章　「神の国運動」と「五カ年運動」——賀川と誠静怡の関係を中心に

第1節　はじめに …………………………………………………… 59

第2節　誠静怡の生涯について …………………………………… 60

第3節　賀川と誠静怡の出会い …………………………………… 61

(1) 1927年——初の邂逅

　(2) 1931年1月から2月の伝道——クリスチャン・インターナショナルの構想

　(3) 1931年8月における賀川、誠静怡、徐宝謙の対面
　　　——クリスチャン・インターナショナルの実践

第4節　賀川と「五カ年運動」……………………………………………………… 67

　(1) 背景

　(2)「五カ年運動」の展開——賀川の訪中を期待する

　(3)「神の国運動」と「五カ年運動」の表裏一体の関係

　(4) 賀川と「五カ年運動」——社会事業を中心に

　(5)「神の国運動」と「五カ年運動」の比較

　(6)「五カ年運動」の成果と影響

第5節　おわりに ……………………………………………………………………… 79

第Ⅱ部　戦前・戦中の中国における雑誌や新聞からみる賀川像

第三章　民国期の中国における賀川に関する報道
——『東方雑誌』と『大公報』を中心に

第1節　はじめに ……………………………………………………………………… 87

第2節　『東方雑誌』における賀川の報道について ……………………………… 90

　(1) 労働運動

　(2) 著述

　(3) 廃娼運動

　(4) 農民運動

　(5) 無産政党運動

　(6) 小括

第3節　『大公報』における賀川の報道について ……………………………… 100

　(1) 1920年から満洲事変までの報道（1920-1931）

　(2) 満洲事変から日中戦争へ（1931-1937）

　(3) 日中戦争から第二次世界大戦終結まで

　(4) 第二次世界大戦後

第4節　おわりに ……………………………………………………………………… 107

第四章　民国期の中国における賀川に関する報道──『大陸報』を中心に

第1節　はじめに ……………………………………………………… 111

第2節　時系列でみる『大陸報』における賀川の報道について ………… 112

　　（1）1925年から満洲事変までの報道（1925年－1931年9月18日）

　　（2）満洲事変から日中戦争までの報道（1931年9月19日－1937年7月7日）

　　（3）日中戦争以降（1937年7月8日－）

第3節　おわりに ……………………………………………………… 125

　　　　第Ⅲ部　台湾・香港における賀川の交流活動とその受容

第五章　『台湾日日新報』からみる賀川と台湾との関係
　　　　──大正期・昭和戦前期の台湾訪問を中心に

第1節　はじめに ……………………………………………………… 133

第2節　『台湾日日新報』の紙面における賀川 ………………………… 135

第3節　賀川の台湾訪問 ……………………………………………… 142

　　（1）1922年の訪台

　　（2）1932年の訪台と台北組合教会

　　（3）1934年の訪台

　　（4）1938年の訪台と董大成

第4節　「二つの太陽の輝く台湾」から見た賀川の台湾観
　　　　──安部磯雄と比較して …………………………………… 155

第5節　おわりに ……………………………………………………… 161

第六章　賀川と香港──賀川は香港の新聞や雑誌にどのように報じられたか

第1節　はじめに ……………………………………………………… 169

第2節　賀川にとっての香港 ………………………………………… 170

第3節　『南華早報』の紙面における賀川 …………………………… 172

第4節　香港における賀川についての報道 ………………………… 173

　　（1）1924年の最初の報道から満洲事変までの賀川に関する報道

　　（2）満洲事変から日中戦争の勃発までの賀川に関する報道

　　（3）日中戦争の勃発までの賀川に関する報道

　　（4）日中戦争以降の賀川に関する香港における報道

　　（5）第二次世界大戦後の賀川に関する報道

第5節　賀川と胡漢民の交流 ………………………………………… 192

第6節　おわりに ……………………………………………………… 196

終　章
　　　第1節　本研究の成果 ……………………………………………… 203
　　　第2節　本研究の意義と教科教育における示唆 ………………… 210
　　　第3節　今後の研究課題と展望 ………………………………… 215

補論第一章　賀川豊彦の社会思想及び民国期中国の知識人の評価と受容
　　　第1節　はじめに ………………………………………………… 219
　　　第2節　賀川豊彦の社会思想について ………………………… 222
　　　　　2.1　生命
　　　　　2.2　労働
　　　　　2.3　人格
　　　第3節　賀川の社会思想に対する民国知識人の評価と受容 ……… 232
　　　　　3.1　1920年9月の上海貧民街調査をめぐる、賀川の貧民研究への陳独秀と陳達の評価
　　　　　3.2　1921年神戸川崎・三菱大争議をめぐる、賀川の思想と行動への李大釗、李達の評論
　　　　　3.3　賀川の社会発展段階論が田漢の労働詩学に与えた影響
　　　第4節　おわりに ………………………………………………… 246

あとがき …………………………………………………………………… 251
参考文献 …………………………………………………………………… 254
索　　引 …………………………………………………………………… 263

序　章

第 1 節　問題意識

　本研究は、従来の研究では用いられていない新資料によって、戦前・戦中の中国における賀川豊彦の活動とその受容を明らかにしようとするものである。また、中国大陸のみならず日本占領期の台湾、イギリス占領期の香港における賀川の活動とその受容も対象に含め、賀川がそれらの国や地域の新聞や雑誌にどのように報じられたか、またそれぞれの国や地域にどのような影響を与えたかを考察する。

　賀川豊彦(1888-1960)は、日本の大正・昭和戦前期において、キリスト教指導者、社会運動家、実践社会学者、小説家、詩人などとして世界的に知られていた。彼を、ガンジー、シュバイツァーと並べて「神の三大代弁者」と呼ぶ者もいた[1]。賀川は 1920 〜 30 年代、平和、友愛、公正及び組合思想を世界に伝えるために、多くの国や地域を訪問した[2]。労働運動、農民運動、協同組合運動、神の国運動、幼児教育、セツルメント運動、世界連邦運動など幅広い分野にわたり活躍し、日本の戦後再建にも力を尽くした。1947 年、1948 年にノーベル文学賞の最終候補者として推薦され、1954 年、1955 年、1956 年及び 1960 年にノーベル平和賞の最終候補者となった[3]。しかし、戦後 80 年が経とうとする現在、前世紀あれほど有名であった賀川は人々の記憶からフェードアウトしつつある。現代日本の若者の間で、賀川の名を知っている人はほとんどいない。

　賀川は、1920 年から 1945 年にわたり、中華民国期の中国(以下、単に「中国」とする)を少なくとも 8 回訪れ、日本占領期の台湾には 5 回、イギリス占領期の香港には 4 回足を運んだ。中国大陸、台湾、香港には賀川に関する

新聞や雑誌の記事、あるいは賀川の翻訳書などが数多く残された。しかし、これらの資料を用いた賀川の活動に関する研究は十分になされていない。また、台湾と香港で、賀川の活動がどのように行われたのか、賀川という人物がどう見られていたのか、賀川思想がどのように受容されたのか……等々に関する研究は、管見の限りほとんどない。

　21世紀を生きる我々には、戦争と平和の問題、貧困問題や貧富の格差の拡大など様々な課題が迫ってきている。これらの課題を乗り越えるため、賀川が世界に広げた平和の理念、助け合いの精神、協同組合思想等にあらためて注目し、行動指針として深く学ぶことは大いに意義があると考える。本研究は、賀川思想の現代性を念頭に置きながら、今から百年前に遡り、戦前・戦中の中国（台湾、香港を含む）における賀川の活動とその受容を探究する。

　本研究は、兵庫教育大学大学院連合学校教育学研究科に提出した博士論文に加筆修正して出版するものである。そして、この博士論文は、兵庫教育大学大学院学校教育研究科に提出した修士論文の研究を発展させたものであった。

　修士論文は、「戦前・戦中（1920-1945）の中国における賀川豊彦の受容に関する一考察」と題し、1920年の最初の訪中から第二次世界大戦終結の1945年にかけての中国における賀川に関する新資料を利用し、アメリカと日本の資料を参考にし、中国における賀川像を分析した。まず、賀川は1920年の最初の訪中で中国人に好印象を抱かせ、賀川の中国での受容の展開に確固たる基礎を築いた。次に、1927年の上海基督化経済全国大会後、賀川は貧民の救世主、熱心なキリスト教徒、作家、経済学者、社会改良家、実践社会学者として受け入れられた。そして、1931年の満洲事変後、賀川が日本軍閥の中国侵略を謝罪したことについては、積極的に受け入れた新聞・雑誌の記事もあったが、賀川を批判し、その謝罪を否定的もしくは消極的にとらえた記事もあった。最後に、1937年日中戦争勃発後の賀川の謝罪、ガンジーとの面会、またそれについての中国人の受容を明らかにした。

　修士論文で用いた131件の資料は、すべて上海図書館の「全国報刊索引」というデータベースで見つけたものである。

しかし、修士論文で筆者がみた中国の賀川像は、一部分であり、不完全でもある。なぜなら、中国の賀川像を把握するために不可欠な資料がまた他に大量に存在するからである。これらの資料は修士課程在籍中はまだ見つけておらず、使用できなかった。たとえば、『東方雑誌』、『大公報』、*The China Press*（『大陸報』）、*The North-China Daily News*（『字林西報』 1850-1941）、『台湾日日新報』、*South China Morning Post*（『南華早報』）など数多くの資料群である。

上述した資料は、賀川研究の第一人者である米沢和一郎が「戦時下中国で刊行された日本語文献の中に出て来る賀川のものが課題として残った」と述べたものであり、賀川に対する未だに乏しい「資料考証に基づく客観的な科学的研究」[4] の重要な資料である。

博士課程での研究では、修士論文で扱わなかった上述の資料を分析し、民国期の中国からさらに視野を広げ、日本占領期の台湾、イギリス占領期の香港における賀川の活動とその受容をも探った。こうした研究は、膨大な賀川研究の空白を埋めることになり、賀川の全体像を探るうえで意義があると考える。

第2節　先行研究とその問題点

(1)　日本における賀川と中国との関係に関する先行研究

賀川と韓国との関係の研究における第一人者である李善惠は、2014年に同志社大学大学院社会学研究科社会福祉学専攻に提出した博士論文で、「賀川豊彦の社会福祉実践・思想が韓国に及ぼした影響に関する研究」と題して、賀川の訪韓経緯、韓国での賀川の活動、および賀川の社会福祉思想が韓国人である金德俊、劉載奇に与えた影響を中心に論じている[5]。また、李は、2017年にその博士論文をまとめ、公益財団法人賀川事業団雲柱社の第一回の出版助成を得、ミネルヴァ書房から『賀川豊彦の社会福祉実践と思想が韓国に与えた影響とは何か』と題する著書を出版している[6]。その博士論文の序章にまとめられた海外における賀川研究のデータは本研究にとって非常に

10

参考となった。

　近年、日本国内における賀川と中国との関係を論じる研究が増えている。それらの研究は、賀川の中国における活動を、肯定的に捉えるものと、批判的に捉えるものに分かれる。

肯定的に捉える視点

　まず、肯定的に捉える研究について概観する。

　森静朗は、賀川が 1944 年 10 月 20 日に宗教使節として中国へと赴き、1945 年 2 月 5 日までの 4 ヶ月の滞在期間に執筆した『中国復興と日本』という書物の記述を中心に、賀川と中国の関係を、賀川の中国観、孫文との類似点、賀川と薛仙舟の関係という 3 つの論点に分けて考察している。賀川の中国観について、森は、賀川による「中国に協同組合の組織化が必要である」、「中国の共産主義支配に対して憂慮している」といった見方を紹介している。また、中国の復興をかかげて立ち上がった人物としての孫文を取り上げ、孫文の三民主義にあった資本の節制、地権の平均化、労資の協調は、賀川のいう協同組合的主張がその核となって、後継者に合作社運動として引き継がれていったと述べている。それと同時に、賀川から影響を受けた薛仙舟が作成した『中国合作化方案』は、孫文の主張した理想を受け継ぎ、中国の政治および経済の民主化を図る具体的な実践計画であり、後の国民政府の「合作経済運動」（＝協同組合運動）の展開に大きな影響を及ぼしたと評価している[7]。

　米沢和一郎は、"Realistic Pacifist" としての賀川の満洲事変後の侵略謝罪と 1934 年中国での侵略謝罪の実態に焦点を絞り、国家的罪悪である軍事主義による侵略行為と対峙することが、「国家的罪悪を分担」した賀川の中国への侵略謝罪につながったと主張している[8]。

　劉家峰は、賀川豊彦と中国の関係、キリスト教社会主義者としての賀川豊彦、キリスト教平和主義者としての賀川豊彦に分けて論じている。劉は、賀川が中国に与えた影響は主としてキリスト教界に対してのものであったと論じている。劉は、賀川の思想と実践は中国教会にキリスト教と社会運動について考える上での理論的資源を提供し、それは積極的に社会問題に対応しよ

うとしていた当時の教会の需要に合致したと指摘している。また、賀川の理論に信服したのは社会福音を主張した教会およびその信徒のみであったという。その結論では、劉は、賀川の中国教会に対する影響は思想の方面においてであったと指摘している[9]。しかし、劉は、台湾や香港などにおける賀川の活動には触れていないし、賀川と誠静怡、徐宝謙、顧子仁らとのアメリカでの面会などについてもまったく触れていない。

　布川弘は、1920年代末から満洲事変前後にかけての、賀川豊彦と新渡戸稲造という二人の平和運動とその歴史的意義を、日本友和会、太平洋問題調査会等での行動を通して考察している。布川は、満洲事変前後の、新渡戸稲造と賀川豊彦の平和活動における連携、太平洋問題調査会をめぐる両氏による誠静怡への書簡、誠静怡による賀川の訪中に関する感想文などに注目し、次のように述べている[10]。

　　　　中国の「五カ年運動」と日本の「神の国運動」という伝道運動、それと結びついたクリスチャン・インターナショナル(Christian Internationale)の形成、そして協同組合運動とが一体となったものであり、精神運動と社会運動が一体となったものである。

　しかし、資料の限界で、賀川が誠静怡とアメリカで面会したことは全く言及していないし、クリスチャン・インターナショナルの実践及びそれが及ぼした影響についても全く触れていない。また、中国における賀川らの活動で結ばれた人脈とその活動の影響力については未解決の課題として残されていたのである。

　小南浩一は、賀川の個人雑誌『雲の柱』(1922年1月～1940年10月)、イエスの友会の機関紙『火の柱』(1924年～1944年5月)を中心に、十五年戦争下における賀川の思想と行動を分析している。その分析の視角は次の三点である。① 1930年代の賀川の平和論および平和構想がいかなるものであったかを検討する。② 1940年代、特に太平洋戦争下における賀川の言動を分析する。③ 30年代の平和主義から40年代の「戦争支持」にいたる「転

回」の論理を明らかにし、従来の賀川「転向」説を再検討する。賀川と中国との関係について、小南は、賀川が新渡戸稲造、田川大吉郎、安部磯雄、吉野作造らと連携して、満洲事変直後、軍縮・日華親善・国際連盟支持を柱とするクリスチャン平和連盟の私案を発表していたと述べている。また、小南は、賀川著『愛の科学』の中国語版(1934年6月刊行)の「著者新序」のことや、盧溝橋事件による日中戦争勃発の直後、賀川著「涙に告ぐ」と題する詩を引用し、賀川が日本軍の中国侵略ゆえに中国人に謝罪したことなどを紹介している。その結論では、小南は、賀川に鶴見俊輔のいう「権力によって強制されたためにおこる思想の変化」という意味での「転向」はなかったと指摘している。そして、小南は、「転向」と言わずに、「戦争支持」への「転回」という言葉を使い、賀川の戦時下の行動とその発言を分析している[11]。

　浜田直也は、賀川と孫文との関係を中心に、賀川と蔣介石、宋美齢、胡適ら民国期の有名な人物との関係を明らかにしている。こうした研究は、賀川と中国との関係を検証するものの先駆であるといえる[12]。しかし、浜田は、賀川の中国での活動を探究するのに必要な『東方雑誌』、『大公報』、『字林西報』などの中国で発行された資料を用いておらず、台湾や香港での賀川の活動とその受容について全く言及していない。(こうした問題意識を踏まえて、本研究の第3章で、『東方雑誌』、『大公報』の紙面における賀川像を探る。)

　以上が、賀川と中国との関係を論じた先駆的な研究である。

批判的に捉える視点

　それに対して、賀川と中国の微妙な関係を批判的に見る論文もある。それは主に日中戦争が勃発した後の賀川を平和主義者として評価できるかどうかという問題について、賀川と満州基督教開拓村とのかかわり、および1944年11月から1945年2月まで「宗教使節」として中国へと赴き説教活動を行ったことを中心に展開したものである。具体的な論文とその要旨は以下の通りである。

　太田雄三は、初めて賀川について批判的な視点から論じた。太田は、主に賀川とアメリカとのかかわりを探りながら、「イエスの友」(Friends of Jesus)、

アメリカのキリスト教界の週刊誌『クリスチャン・センチュリー』(*The Christian Century*)における賀川の発言、在日アメリカの宣教師と賀川との関係、平和主義者としての賀川の活動、日本の代表的平和主義者としての賀川の名声の起源、平和主義者としての賀川の限界といった方面から論じている。太田は、賀川のことを「自己中心的な人間」、「日和見主義」と酷評し、賀川は確かに平和主義的な傾向にあったが、それは首尾一貫性と堅固さに欠けたものであったと指摘している [13]。

　戒能信生は、満州基督教開拓村に関する資料を収集し、長嶺子基督教開拓団と南緑ヶ丘基督教開拓団という二つの基督教開拓団の団員の終戦時年齢、出身、生死状況などを初めて詳しく紹介した。戒能は、送り出された 200 余名のキリスト教徒は、教団が国策協力の証として国家に差し出した人質であったと主張し、戦前の日本のキリスト教会が国策に協力したと批判している。賀川について、戒能は、1938 年に、賀川が満洲伝道に赴き、北満の開拓地を視察し、また、満鉄のキリスト者グループと接触した結果、満州基督教開拓村の建設が計画されるに至ったと述べ、満州基督教開拓村建設の発端に賀川の果たした役割とその責任を指摘している [14]。

　倉橋正直は、上述した戒能の論文を評価し継承しつつ、戒能の論文が被害の観点しか持たず、団員の名前及び安否だけを調べていると述べ、満州基督教開拓団に加害の側面を付け加えながら論じている。また、倉橋は、開拓団の団長に、賀川の弟子の堀井順次が選ばれたと述べ、プロテスタントによる開拓団の送り出し事業は、賀川の圧倒的な影響の下に計画され、実行されたと主張している。その結論で、倉橋は、満蒙開拓団は中国農民に対して、主観の上では友好的にふるまったが、客観的には、中国農民に対する侵略者・加害者であったと指摘している [15]。

　松谷曄介は 1944 年 11 月から 1945 年 2 月にかけて「宗教使節」として賀川が中国へと赴き、伝道活動を行った経緯について実証的に研究している。松谷は、「宗教使節」の背景に、「華中日華基督教連盟の招待」、「日本基督教団」からの派遣、そして、「東条首相から依頼されて大東亜省の使節として」訪中したことがあると指摘している。また、松谷は、上海における賀川の言

動、南京における賀川の言動、華北地域における賀川の言動、大東亜宣言に対する賀川の見解、大東亜戦争に対する賀川の見解、GHQ の賀川評価、そして、霍培修、鄭汝銓、羅冠宗、陳沢民などの中国人の証言、とった項目に分けて 1944 年 11 月から 1945 年 2 月までの中国における賀川の活動を明らかにしている。用いた資料は、新しく発見されたものであり、幅広いものである。松谷は、戦時中の賀川が「平和主義から戦争支持へ」と「転向」したという河島幸夫による評価を受け入れる。その転向の理由として、河島は次の 3 つを挙げる。第一に賀川の精神構造に「天皇への崇敬」が定着していたこと、第二に日本の立場を「弱者の立場」と考えていたこと、第三に賀川の社会的地位が変化していたことである。松谷は、更に次の二点を述べている。第一に、賀川にとっては国土防衛という愛国的行動が宗教上の議論を後回しにしてでも優先されるべきものとして位置付けられていた点、第二に、賀川の思考や行動様式が、「心情倫理」のみでなされ、「責任倫理」に欠けるものだったという点である。また、大東亜戦争及び大東亜宣言の支持の論理が賀川の中では合理化されており、中国人キリスト教者の眼には戦争支持への「転向」あるいは軍部への「妥協」となることには、思い至らなかったと松谷は賀川を厳しく批判している[16]。

　金丸裕一は、上述の松谷曄介論文を評価し、中国における賀川の行動を批判的な視点から論じている[17]。金丸は、中国人を主体とした 157 件の史料を用いて、1920 年から 1945 年にかけての中国人による賀川評価を概観し実証する。その中で、金丸は、賀川に関する中国の論調について、①慕われていた 1920 年代、②信頼・待望された 1930 年代前半、③失望を寄せられ、忘却された 1937 年以降という、段階ごとの特徴を示している。特に、1930 年代戦時下の賀川の謝罪に注目している。金丸は、戦時下における賀川の転向、および中国における関心低下の本質的な原因は、賀川の謝罪によるものであると指摘している。金丸の指摘によれば、賀川は、「私」と「国家」という本来同一化できない主語を入れ替えながら、sin たる「罪」からの信仰による救済と、crime たる「罪」からの赦しを結びつけ、多くの人々に向かって語り続けたという視点から立論している[18]。つまり、金丸は、賀川は、本

来適用できない神学上の sin たる「罪」を、世俗上の crime たる「罪」に直結せしめ、「私」の信仰と「国家」の意思を一体化し、戦時中の日本の国策を支持し転向したと主張しているのである。

まとめてみると、上述した諸論文は、批判的な視点から、賀川の中国観もしくは賀川と中国との関係を実証的に研究し、賀川研究で重要な位置を占めている。しかし、それらは、1920年代から1930年代にかけて、賀川が自身で、もしくは新渡戸稲造らと連携して、中国人との友好関係を築こうとしたことを無視し、一方的に賀川の活動を批判しており、中国における賀川の全体像を検討するという視点は欠如している。また、台湾や香港での賀川の活動とその受容は全く触れられていない。

(2) 中国大陸における賀川に関する先行研究

中国大陸における賀川に関する研究は、近年増える傾向にある。中国での先駆的な賀川研究は、華中師範大学に所属していた劉家峰(2024年、山東大学に所属する)によるものである。劉家峰は、劉莉とともに、1988年にロバート・シルジェン(Robert Schildgen)が著した *Toyohiko Kagawa: Apostle of Love and Social Justice* を中国語に訳し、『賀川豊彦—愛与社会正義的使徒』と題して、2009年に天津人民出版社から出版している[19]。また、劉家峰は、賀川に関するいくつかの論文を発表し、中国人の賀川に対する関心を引き出そうとしている。たとえば、「近代中日基督教和平主義的運命—以徐宝謙与賀川豊彦為个案的比較研究」[20]、「被遺忘的賀川豊彦」[21]などがある。劉家峰とその指導学生劉莉の共著「基督教社会主義在近代中国的伝播与影響」は、キリスト教社会主義という思想が中国に持ち込まれた過程において、賀川が大きな役割を果たしたと主張している[22]。

劉莉は、華中師範大学に提出した修士論文で、賀川の思想をキリスト教社会主義思想、キリスト教平和思想、伝道思想に分け、賀川と中国教会の関係について論じている。特にその論文の第三章は、「神の国運動」と「五カ年運動」の比較の先駆的試みであるが、両運動を、「1、目的と計画」、「2、実施と実践」、「3、結果と効果」に分けて比較している。劉は、両運動が厳し

い社会情勢のもとに展開されたことや、「神の国運動」と「五カ年運動」の目的に、信徒増加、信徒の質の向上という共通点があると指摘している。伝道活動については、両運動とも文字伝道を重視することも注目されている。両運動の効果については、信徒の数の増加、教会の影響の拡大なども言及されている。また、両運動が両国のキリスト教の発展を促したと結論づけられ、賀川が両運動の中で重要な役割を果たしたと評価されている。しかし、賀川と中国キリスト教界の代表的人物といえる誠静怡の関係は注目されておらず、賀川と誠静怡との思想的な関連性、両運動のジョン・R・モットとの関係、両運動の超教派的な性格などについては全く触れていない。それ故、賀川と「五カ年運動」の関係についてさらに検討する必要があると考えられる[23]。(こうした内容は、本研究の第二章で検討する)。

陶波は、「賀川豊彦与羅斯福総統——一位日本基督教領袖的対美和平工作」と題して、1930年代以降の賀川の活動に注目し、特に賀川とアメリカ大統領フランクリン・ルーズベルトとの関係を中心に論じている。陶は、賀川がルーズベルトへ送った手紙とプレゼントを紹介し、賀川が平和使節団の団員としてアメリカへと赴き平和斡旋のために果たした役割や、賀川とルーズベルトの共通した思想と信仰について論じている[24]。

また、陶波は復旦大学に提出した修士論文「追求互済与和平—試論太平洋戦争前後的賀川豊彦」(2011年)で、賀川豊彦の後半生(すなわち太平洋戦争前後の1929年世界大恐慌及び1931年満洲事変から、1960年日米安保条約改定にわたる)の30年間の思想と活動を対象に、賀川とアメリカ大統領ルーズベルトとの関係を明らかにし、宗教が20世紀中期のアジア太平洋地域における国際関係に果たした役割を探究した。その結論は、宗教指導者は国際政治舞台にある程度の権威性と発言力を持つが、その平和への願いが経済利益、軍事戦略及び領土主権などの重大な現実的な課題と衝突するとき、宗教指導者の影響力と作用は往々にしてある程度までに限定されてしまうということである[25]。

浜田直也が2001年7月に『孫文研究』の第30号に発表した論文「孫文と賀川豊彦—1920年の上海での会談をめぐって」は、陶波の翻訳によって、『近

代史学刊』に掲載されている。主に、賀川が 1920 年に中国を訪問した際に
孫文と会談した内容およびその影響について論じたものである [26]。

(3) 台湾、香港における賀川に関する先行研究

　台湾での先行研究、もしくは、賀川と台湾との関係についての先行研究は、
非常に少ない。米沢和一郎による賀川研究の集大成『人物書誌大系 37　賀
川豊彦Ⅱ』に収録された海外文献は、主に欧米豪や中国にある一部の賀川情
報が中心であり、台湾での賀川情報はまったく扱われていない [27]。台湾では、
黒田四郎の『賀川豊彦伝』が 1990 年に邱信典によって台湾の人光出版社か
ら出版されている [28]。賀川の自伝的小説『死線を越えて』(1920)は、2006 年
に江金龍によって訳され、台湾の橄欖出版社から出版されている [29]。陳珠如
は 1927 年中華全国基督教協進会によって開催された「基督化経済関係全国
大会」を主に、その参加者の中心人物であった霍徳進、賀川豊彦、陳其田等
の思想の紹介とそれらが社会福音にもたらした影響について論じている [30]。
津田勤子は、董大成、林国煌らをとりあげ、彼等の戦前・戦後のアイデンティ
ティの形成状況などについて研究しているが、彼らと賀川との思想につい
ての影響関係は分析していない [31]。栃本千鶴は、施乾の乞食救済事業と賀
川の関係を指摘し、賀川が施乾に与えた影響を明らかにしたが、賀川が台湾
にいる日本人から影響を受けたことなどについては言及していない [32]。高
超陽は、賀川の協同組合思想と「中国の協同組合運動の父」と呼ばれる薛仙
舟との関係を明らかにしたが、賀川の訪台経緯と彼が台湾の教会にどのよう
な影響を与えたかについては論じていない [33]。
　このように先行研究を概観すると、賀川と日本統治時代の台湾との関係に
ついて分析した研究がなく、これまでなおざりにされてきたことに気づく。
さらに、賀川の台湾での活動を見る上で必須となってくる台北組合基督教会
との関係に注目した研究もなく、賀川の台湾訪問を十分に整理した論文は見
当たらなかった。こうした問題意識を踏まえて、本研究の第五章では、賀川
と台湾の関係を詳しく論じる。
　香港での賀川に対する先行研究は更に少なく、管見の限り、劉家峰による

「賀川豊彦与中国基督教」しかない。劉は、同論文において、賀川がキリスト教社会主義者、キリスト教和平主義者として中国基督教との間にもった関係を論じているが、前出の「賀川豊彦と中国」(注9)と内容がほとんど同じである[34]。また、香港で発刊された『南華早報』などの資料についてまったく言及されていない。(香港で賀川がどのように報じられたか、賀川と香港との関係はどのようなものであったかについては、本研究の第六章で詳しく論じる。)

(4) アメリカにおける賀川に関する先行研究

アメリカには、賀川とアメリカとの関わりについての先行研究は多くあるが、賀川と中国とのかかわりを論じた先行研究はそれほど多くない。陶波が述べている通り、賀川とアメリカ大統領ルーズベルトとは深い関係を有したのみならず、賀川がアメリカ社会に大きな影響を及ぼしたのである。賀川がアメリカに与えた影響を以下の先行研究から概観してみる。

2001年以来、賀川の母校であるプリンストン神学校(Princeton Theological Seminar)は、「賀川記念講演」会を設け、古屋安雄(1926 - 2018)、小山晃佑(1929 - 2009)、森本あんり、そしてトマス・ヘイスティングス(Thomas John Hastings)[35]を招いて講演会を開き、アメリカにおける賀川への関心を喚起している。

第一回は、元賀川豊彦学会会長、神学者・牧師である古屋安雄による「賀川豊彦は誰であったか」と題する講演会である[36]。第二回は「水牛神学」で知られる神学者小山晃佑によるものである。それは、「行って、同じようにしなさい!―賀川豊彦の辺境神学―」と題する講演である[37]。第三回は、2007年10月29日に、神学者、牧師で、国際基督教大学教授である森本あんりによる「忘れられた預言者」である。

第四回は、2011年4月5日にヘイスティングスによる「イエスの贖罪愛の実践～賀川豊彦の持続的証し」と題するものである[38]。

上述の講演会は、主に神学の視点から賀川の生涯や思想などをアメリカ人に紹介している。それらは、近年アメリカにおける賀川研究で重要な位置を

占めている。

　近年のアメリカにおける賀川研究の中で、賀川とアメリカとの関わりを論じた代表的なものは以下の通りである。

　特に注目すべきは、ロバート・シルジェンによる賀川についての伝記学術書である。それは、『クリスチャン・センチュリー』(*The Christian Century*)や、『ニューヨーク・タイムズ』(*New York Times*)などアメリカと日本の資料を駆使し、幅広く賀川の生涯と活動を紹介している。

　1988 年、シルジェンは、賀川豊彦生誕 100 年記念アメリカ実行委員会(援助は、主に Marjorie Barker F.D.B. Charity によるもの)による援助を得、*Toyohiko Kagawa: Apostle of Love and Social Justice* と題する賀川の伝記を著している。前述した通り、その中国語版が劉家峰と劉莉によって 2009 年に中国語に訳され、天津人民出版社から出版されている。その日本語版は、賀川豊彦記念松沢資料館の監訳で、2007 年に『賀川豊彦：愛と社会正義を追い求めた生涯』と題して新教出版社から出版されている[39]。シルジェンは、賀川をガンジー、シュバイツァーと並ぶ人物と称し、賀川が生きた時代、賀川の学生時代、貧民窟での献身、アメリカの留学、労働運動、農民運動、部落解放運動、協同組合運動、戦時中の平和活動、戦後日本の再建といった項目に分けて、賀川の波乱の一生を物語っている。賀川と中国との関係について、シルジェンは、その著作の第九章「戦争に向かう」(Toward War)において、賀川が 1928 年に全日本反戦同盟(All-Japan Anti-War League)を組織し、日本の軍国主義に反対したことや、『愛の科学』中国語版序文で中国人に日本軍の行動を謝罪したことを紹介している。さらに、イエスの友会によって中国東北地方に創立された組合を 1940 年に賀川が訪問した際に、日本軍を批判したことによって放逐されたことなどを紹介している。その結論で、シルジェンは、賀川が、1920 年代に信仰のために戦った労働運動、農民運動、そして政治運動を戦時中には堅持できず、公然と政府に反対することをやめたと指摘し、賀川が抽象的な愛と組合理念を訴えながら衝突を否認したと述べている。しかし、シルジェンは、賀川の影響力は日本国内より海外のほうがさらに大きいと評価し、人を評価するには最終的にその事業で判断すべき

であると述べ、賀川の信仰と社会活動には啓発性があり、それが我々に銘記され研究され、模倣されるべきであると述べている[40]。

　マーク・マリンス(Mark R. Mullins)は、イエスの友会に注目するとともに、賀川が中国大陸、台湾、韓国、フィリピン、インド、オーストラリア、イギリスなどの国や地域を訪問したことに言及し、1924年、1931年、1935年、1941年、1950年にアメリカを訪問した際の賀川の活動を明らかにしている。また、マリンスは、FBIのファイルを用いて、1941年に賀川が「平和使節」(Peace Delegation)としてアメリカへと赴いた時から、すでにFBIに注目されていたことや、戦後のアメリカには賀川を厳しく批判する者もいたし、賀川の活動を全面的に支持し、賀川を擁護する者もいたと述べている。その結論で、マリンスは、賀川がアメリカで培った組合関係は超教派的で国際的であると分析し、イエスの友会が従事した事業もそうした影響を受け、多くの国々から支援を得たと述べている。また、マリンスは、多くのアメリカのプロテスタントが賀川のビジョンを確信し、それをアメリカ社会での不平等と矛盾に応用すべきであると述べ、忘れられている賀川の物語を再び提起すべきであり、それがアメリカの宗教と社会において重要な位置を占めていると評価している[41]。

　トマス・ヘイスティングスは、2021年までアメリカのコネチカット州ニューヘイブン市にある宗教施設 Overseas Ministries Study Center の代表者であり、上述した第四回の「賀川記念講演」を行った他、賀川を詳しく研究し、賀川に関する論文や著書を数多く出版している高名なアメリカ人研究者である。賀川の著作『宇宙の目的』(1958)は、2014年にヘイスティングスの監修のもと、ジェイムズ・ヘイシグ(James W. Heisig)によって英語に訳されアメリカで出版されている[42]。2015年、ヘイスティングスは、*Seeing All Things Whole: The Scientific Mysticism and Art of Kagawa Toyohiko (1888-1960)* と題する本を著し、賀川のことを「科学的な神秘主義者」と称し、賀川にとって教育論にしても、宗教論にしても、全ては「あらゆるものを全体からみる姿勢」(Seeing All Things Whole)という賀川の独自な神秘主義的宇宙観に基づいていると述べている[43]。

アメリカにおける賀川に関する先行研究をまとめてみると、多くのアメリカ人研究者は、賀川がアメリカに与えた影響が現代アメリカ社会においてもなお残っており、賀川が現代アメリカ社会においても依然として大きな影響力を持っていると評価している。しかし、アジア諸国における賀川の活動とその影響に対するアメリカ人の学者らの関心は低く、ほとんど注目していないことがわかる。

上述した先行研究は、賀川と中国との関係に対する評価は肯定的にせよ、批判的にせよ、賀川研究では先駆的なもので重要な位置を占めている。本研究は、それらを継承しつつ、より科学的に検討しようと試みた。マックス・ウェーバーの価値自由（Value Free）[44]という概念を借りて言えば、本研究は、正邪や善悪や美醜などといった「価値判断」と、何が事実かという「事実判断」を区別し、賀川の活動について中国大陸、台湾、香港、アメリカなどの新資料に基づいて、科学的に「事実判断」を行おうと試みた。中国大陸、台湾、香港における賀川の活動とその受容に関する本研究は客観性を担保することができるであろう。

第3節　研究目的

本研究は、新資料を用いて、いわゆる戦前・戦中（1920 〜 1945）の中国大陸、台湾、香港における賀川の活動がどのように報道されたかを明らかにし、賀川の受容の全貌をまとめる。特に今までの賀川研究で明確にされていなかった賀川と関わりのある人物や雑誌や新聞などを掘り下げ、吉野作造、新渡戸稲造、安部磯雄らキリスト教徒と比較しながら、当時の中国大陸、台湾、香港の人々が賀川をどのように評価したかについて明らかにしていくものである。具体的には、次の三点である。

①　賀川の活動を把握するために、賀川が中国を最初に訪問した1920年前後から時系列的な叙述をはじめ、1945年アジア・太平洋戦争終結までの25年間を主要な研究対象とする。ただし、戦後の報道も視野に置きながら

考察する。空間的には、中華圏（民国期の中国・日本統治下の台湾・イギリ
ス統治下の香港）での活動を整理し、現地で賀川思想がどのように受容され
たかを考察する。その伝道活動と中国大陸・台湾・香港の社会文化、権力構
造、宗教勢力との相互関係を探求するとともに、これらの国や地域の人びと
に及ぼした賀川の影響を明らかにする。

　②　賀川を主体として、賀川の周りにいた吉野作造、新渡戸稲造、安部磯
雄等大正昭和戦前期の代表的なキリスト教徒らも取り上げ、中国大陸、台湾、
香港における賀川の受容と比較する。

　③　民国期の西洋文化（キリスト教文化）受容の日本経由ルートにおいて、
賀川思想がどのように位置づけられるのかを究明する。

第4節　研究方法

　本研究は主に、賀川研究では今まで使われてこなかった新資料に基づいて
中国大陸、台湾、香港における賀川の活動とその受容を検討するものである。

　胡適は、1952年に台湾大学で講演を行った時に、民国期の著名な歴史学
者で台湾大学の校長であった傅斯年の名言「上窮碧落下黄泉、動手動脚找東
西」という詩を用いて、材料を求めるためにあちこちへと足を運ぶ重要性を
強調した[45]。

　筆者は、賀川に関する資料を収集するために、日本国内の国立国会図書館
（東京本館と関西館）、東京の松沢資料館、神戸賀川記念館、鳴門賀川記念館、
兵庫県三木市にある研修施設『コープこうべ協同学苑』、台湾の中央研究院
近現代史研究所・郭廷以図書館、アメリカのイエール大学、コロンビア大学、
賀川の母校プリンストン神学校、中国の上海図書館等へと赴き、賀川に関す
る資料を蒐集した。本研究の具体的な研究方法と視点は次の三点である。

　①　21世紀の中国における賀川に関する先行研究を整理し、日本・台湾・
アメリカ等の賀川研究を考察するとともに、賀川と日本以外の国や地域との
関係を論じた論文や著書を整理し、分析する。

②　歴史学、政治学、宗教学等の学際的な研究方法を用いて、時間と空間にわけて研究する。中国大陸・台湾・香港における賀川の訪問を時系列で掘り下げながら、その交際した人物や訪問した場所を地域に分けて究明する。

③　日本のみならず、今まで使われてこなかった中国大陸・アメリカ・台湾・香港等の新資料を使用し研究する。たとえば、中国の雑誌には、『東方雑誌』、『大公報』、*The China Press*（『大陸報』）、『字林西報』等多くの政論系、宗教系などのものがある。アメリカの資料については、主にコロンビア大学が所蔵する "KAGAWA TOYOHIKO PAPERS 1929-1968"、イエール大学所蔵の "Chinese Students' Christian Association in North America Records（1909-1952）"、プリンストン神学校蔵の賀川に関わる資料などがある。台湾には、『台湾日日新報』などがあり、香港には *South China Morning Post*（『南華早報』）などがある。

第5節　研究意義

本研究には、独創性と汎用性を考えると、以下の三点の意義を挙げることができる。

①　民国期の中国、日本植民期の台湾、イギリス植民期の香港における賀川思想の受容についての考察に取り組むことにより、中国大陸、台湾、香港における日本人の受容史モデルを提供し、社会文化、権力構造と宗教勢力との競合関係についての研究モデルを提供することができる。

②　新資料を用いて、今まで明らかにされてこなかった日本以外の国や地域(中国大陸、台湾、香港)における賀川評価を究明することができる。こうした賀川研究の空白を埋めることによって賀川の全体像を立体的に、総合的に把握することができる。

③　教科教育における示唆。本研究は、方法論として賀川ら日本に関わる個人史を、世界史へとつなげる。さらに、賀川の活動を通じて、日本史と世界史を貫き、世界史的な時代像を提供することによって、歴史のダイナミズムを生徒に感得させることができる。

第6節　本研究の構成

　本研究は第Ⅰ部、第Ⅱ部と第Ⅲ部に分かれる。第Ⅰ部と第Ⅱ部では、民国期中国を主要な舞台として賀川の活動と受容を検討する。第Ⅲ部では、さらにより全面的に東アジアにおける賀川の活動とその受容を検討するために、台湾と香港をも視野に入れて分析する。概要は以下の通りである。

　まず、序章では、上述の如く、本研究の問題意識、研究目的、研究方法、研究意義、先行研究と本研究の構成について述べた。研究目的では、本研究と教科教育実践学との関連性を示した。先行研究では、主に、日本国内における賀川と中国大陸、台湾、香港との関係についての研究を概観し、中国大陸、台湾、香港、アメリカにおける賀川研究の代表的な論文や著書とその概要をまとめた。

　第Ⅰ部は、民国期の中国における活動について、今まで言及されてこなかった賀川と交際のある中国人（黄日葵、誠静怡、徐宝謙ら）の思想的な関連性とそれらの中国人たちが賀川から受けた影響を明らかにする。第Ⅰ部は、第一章と第二章から構成されている。

　第一章では、賀川が初めて民国期の中国人と接触した経緯について検討する。広西籍初の中国共産党員であった黄日葵をはじめとする北京大学訪日団五人組が1920年6月4日に神戸新川貧民窟で賀川を訪れたことを、当時発行された新聞や雑誌に基づいて整理し、黄日葵が賀川へ感謝を込めて「贈賀川豊彦先生」と題する詩を著した経緯を明らかにする。また、賀川と黄日葵の共通点を確認するとともに、黄日葵が賀川から受けた影響を明らかにする。

　第二章では、賀川と民国期中国キリスト教界指導者であった誠静怡、徐宝謙、ケプラーらの関係を踏まえながら、満洲事変前後、賀川が中国キリスト教指導者と面会してクリスチャン・インターナショナルなどの平和活動を行った経緯を探求し、賀川と誠静怡の関係及び賀川が中国「五カ年運動」にどのような影響を与えたかを明らかにする。

　第Ⅱ部は、賀川思想の受容を中心に、視点を変えて、中国で発行された賀

川と関わりのある新聞や雑誌、これらの新聞や雑誌の性格もしくは、著者の性格、及びこれらが賀川思想をどのように受容したかについて研究する。第Ⅱ部は第三章と第四章からなっている。

　第三章では、中国で発行された政論系の雑誌である『東方雑誌』、新聞である『大公報』といった資料を用いて、1920年から30年代の中国における賀川の受容を検討するものである。賀川が『東方雑誌』と『大公報』によってどのように報道されたかを時系列で整理するとともに、中国における西洋文化受容の過程において、賀川思想がどのような位置を占めていたかを分析する。

　第四章では、主に民国期(1912-1949年)の中国で発行され、賀川研究には今まで使用されてこなかった英語新聞 The China Press (『大陸報』)における賀川の報道を整理し、1930年、上海で賀川が行った交流活動、1934年、中国人に対する賀川の謝罪についての見方、1936年、アメリカにおける賀川と中国人との意見対立、そして1936年以降中国人が賀川に対する見方を変えた経緯を考察する。

　第Ⅲ部では、更に範囲を広げて、台湾、香港といった中華圏における賀川の活動とその受容を検討する。第Ⅲ部は、第五章と第六章から構成されている。

　第五章では、『台湾日日新報』(1898-1944)を主な参考資料とし、『字林西報』(The North-China Daily News 1850-1941)、『密勒氏評論報』(The China Weekly Review 1917-1953)、『東方雑誌』(1904-1948)などを使い、1922年、1932年、1934年、1938年の賀川による台湾訪問の足取りを手がかりに、大正期、昭和戦前期に賀川が台湾でどのように報じられたかを明らかにする。また、賀川自身の書いた「身辺雑記」、台湾紀行とも言うべき『星より星への通路』(1922)などの資料を考察し、矢内原忠雄、安部磯雄らの台湾観と比較しながら、賀川の台湾観を検討する。

　第六章では、South China Morning Post (『南華早報』)の紙面における賀川を中心に、上述した香港で発行された新聞や雑誌などを参考にしながら、賀川の香港訪問を手がかりにし、1924年の最初の報道から満洲事変、日中戦争、第二次世界大戦の終結まで、戦後と区切りをし、時系列で賀川が香港

でどのように報じられたかを考察し、賀川が香港の人々にどのような影響を与えたかを明らかにする。特に、今まで見落とされてきた1934年の賀川の香港滞在が香港の知識界に大きな揺さぶりをもたらしたことや、1935年の賀川の香港訪問に光を当て、賀川による香港での講演テーマであった「日本のキリスト」(CHRIST IN JAPAN)の内容を分析し、それが賀川思想の中でどのように位置付けられるかについて論じる。そして、賀川と国民党の長老的存在であった胡漢民との交流を考察し、賀川が胡漢民から中国の革命観について影響を受けた経緯を明らかにする。

　終章では、本研究の問題意識で提供した中国大陸、台湾、香港における賀川の活動とその受容を総括する。主に、中国大陸、台湾、香港の受容の共通点と相違点を考察する。また、教科教育上における示唆を提示し、今後の課題と展望を考察する。

　以上に加えて、博士論文が完成した後に書き下ろした補論第一章「賀川豊彦の社会思想及び民国期中国の知識人の評価と受容」では、「生命」、「労働」、「人格」という賀川社会思想の中心概念を探りながら、賀川の社会思想と実践が中国の初期マルクス主義者らにどのような影響を与えたかを追跡する。

注

1) Allan A. Hunter, *Three Trumpets Sound: Kagawa-Gandhi-Schweitzer*, New York: Association Press, 1939, p. 2. 英語原文では "Kagawa, Gandhi, Schweitzer-three trumpeters of God!"
2) 羅伯特・施爾德根（Robert Schildgen）著、劉家峰、劉莉訳『賀川豊彦─愛与社会正義的使徒』天津人民出版社、2009年、1頁。
3) "Nobel Prize Nomination Database", https://www.nobelprize.org/nomination/archive/list. php（最終アクセス2018年2月1日）
4) 「まえがき」（米沢和一郎編『人物書誌大系37　賀川豊彦Ⅱ』日外アソシエーツ、2006年）、(1)-(6)頁。米沢氏によるこの書は、賀川研究の入門書であり、賀川研究の集大成とも呼ばれている。
5) 李善恵『賀川豊彦の社会福祉実践・思想が韓国に及ぼした影響に関する研究』同志社大学博士論文、2014年。
6) 李善恵『賀川豊彦の社会福祉実践と思想が韓国に与えた影響とは何か』ミネルヴァ書房、2017年。
7) 森静朗「賀川豊彦と中国─協同組合について」『賀川豊彦研究』第33号、1996年、2-13頁。
8) 米沢和一郎「Realistic Pacifist 賀川豊彦と中国」『明治学院大学キリスト教研究所紀要』第38号、2006年、73-101頁。
9) 劉家峰「賀川豊彦と中国」『東アジア文化交渉研究別冊』第6号、2010年、45-60頁。

序章　27

10) 布川弘著、広島大学大学院総合科学研究科編『平和の絆―新渡戸稲造と賀川豊彦、そして中国』丸善、2011 年。

11) 小南浩一『賀川豊彦研究序説』緑蔭書房、2010 年、167-178 頁。小南書について、松野尾裕編、賀川豊彦記念松沢資料館監修、『希望の経済―賀川豊彦生活協同論集』緑蔭書房、2018 年、157 頁で松野尾は、賀川の協同組合論、労働運動論、経済論、世界連邦論などを考察した研究書であり、賀川豊彦生活協同論集の内容を更に深く理解するのに最良の本であるとしている。

12) 浜田直也『賀川豊彦と孫文』神戸新聞総合出版センター、2012 年。

13) 太田雄三「平和主義者としての賀川豊彦」『内村鑑三―その世界主義と日本主義をめぐって』研究社出版、1977 年、333-374 頁。

14) 戒能信生「知られざる教団史の断面―満州開拓基督教村」『福音と世界』新教出版、1981 年、39-46 頁。

15) 倉橋正直「満州キリスト教開拓団」『東アジア研究』（大阪経済法科大学アジア研究所）第 48 号、2007 年、19-32 頁。

16) 松谷曄介「賀川豊彦と中国―「宗教使節」問題をめぐって」『キリスト教史学』第 67 集、2013 年、100-133 頁。この論文は、松谷の力作である『日本の中国占領統治と宗教政策――日中キリスト者の協力と抵抗』の第 6 章「日本人キリスト者と中国」に収録されている。松谷曄介『日本の中国占領統治と宗教政策――日中キリスト者の協力と抵抗』明石書店、2020 年、333-359 頁。

17) 金丸裕一「中国における賀川豊彦評価をめぐって―1920 年から 1949 年の事例研究」『立命館経済学』第 65 巻第 6 号、2017 年、189-208 頁。この他、金丸は、賀川と中国の関係に関する非常に優れた研究を相次いで発表している。金丸裕一「賀川豊彦の中国―語られ方 / 語り方」『キリスト教文化』第 7 号、2016 年、39-54 頁。金丸裕一「賀川豊彦関係中国語文献目録（初稿）1920 年〜 1949 年」『立命館経済学』、第 65 巻第 1 号、立命館大学、2016 年、93-118 頁。とはいえ、本書で取り扱う賀川に関する新資料は、金丸の論文ではほとんど使われていないものである。たとえば、『東方雑誌』、『大公報』、『大陸報』、『台湾日日新報』、『南華早報』などの資料群である。筆者は、2018 年 11 月に金丸氏のご紹介で、台湾の中央研究院近現代史研究所・郭廷以図書館にて賀川に関する多くの資料を蒐集した。ここに深謝の意を表する。

18) 金丸裕一「中国における賀川豊彦評価をめぐって―1920 年から 1949 年の事例研究」『立命館経済学』第 65 巻第 6 号、2017 年。

19) 羅伯特・施爾徳根（Robert Schildgen）著、劉家峰、劉莉訳『賀川豊彦―愛与社会正義的使徒』天津人民出版社、2009 年。

20) 劉家峰「近代中日基督教和平主義的命運―以徐宝謙与賀川豊彦為个案的比較研究」、『浙江学刊』第 2 期、2007 年、97-105 頁。

21) 劉家峰「被遺忘的賀川豊彦」『書城』第 9 期、2012 年、84-87 頁。

22) 劉家峰、劉莉「基督教社会主義在近代中国的伝播与影響」『宗教学研究』第 3 期、2009 年、104-112 頁。

23) 劉莉「賀川豊彦与二十世紀中国基督教思潮」華中師範大学修士論文、2008 年。

24) 陶波「賀川豊彦与羅斯福総統――位日本基督教領袖的対美和平工作」、『基督教学術』第 1 期、2011 年、1-18 頁。

25) 陶波『追求互済与和平―試論太平洋戦争前后的賀川豊彦』復旦大学修士論文、2011 年。

26) 浜田直也著、陶波訳「孫文与賀川豊彦―以 1920 年在上海的会談為中心」、『近代史学刊』第 9 輯、2012 年、161-176 頁。

27)「まえがき」（米沢和一郎編『人物書誌大系 37　賀川豊彦 II』日外アソシエーツ、2006 年）、(1)-(6) 頁。

28) 黒田四郎著、邱信典訳『賀川豊彦伝』人光出版社（台湾）、1990 年。

29）賀川豊彦著、江金龍訳『飛越死亡線』橄欖出版社（台湾）、2006年。

30）陳珠如『基督教与工業改造—以1927年「基督化経済関係全国大会」為例』中原大学修士論文、2016年。

31）津田勤子「日語世代的戦後適応与挫折—以太平町教会信徒為例」『台北文献』第187期、2014年、110-141頁。

32）栃本千鶴『社会事業家施乾の「乞食」救済事業の展開と継承』愛知淑徳大学博士論文、2010年、22頁。

33）高超陽『日・台相互金融思想の研究』日本大学博士論文、1996年。

34）李金強主編『自西徂東——基督教来華二百年論集』基督教文藝出版社、2009年所収。

35）筆者は、イェール大学歴史学院博士課程在籍中の陶波の紹介を得て、2017年9月から10月にかけて、アメリカのコネチカット州 ニューヘイブン市にある宗教施設 Overseas Ministries Study Center へと赴き、その代表者で、賀川研究者である Thomas John Hastings 博士の指導を受けた。Hastings 博士は、賀川を詳しく研究し、賀川に関する論文や著書を数多く著している著名なアメリカ人学者である。 Hastings 博士は、賀川研究について非常に貴重な見解を語ってくれたとともに、コロンビア大学が所蔵する "KAGAWA TOYOHIKO PAPERS 1929-1968" というアーカイブに関する情報を教えてくれた。それらの収集の際、コロンビア大学の図書館にある賀川に関する史料を多く見つけた。これら資料の多くは本稿で使われている。ここで両氏にお礼を申し上げる。史料には、たとえば、台湾で発行された『台湾日日新報』（1898-1944）、上海で発行された *The North China Daily News*（『字林西報』）、*The China Weekly Review*（*Millard's Review*『密勒士評論報』1917-1953）、『東方雑誌』などがある。『字林西報』（1850-1941）の前身は『北華捷報』（*North China Herald*）である。

36）Yasuo C. Furuya, "Who Was Toyohiko Kagawa", *Princeton Seminary Bulletin* 23(3), 2002, pp. 301-312.

37）小山晃佑著、加山久夫訳「「行って、同じようにしなさい！」—賀川豊彦の辺境神学—」、『雲の柱』第20号、2006年、36-62頁。

38）トマス・ジョン・ヘイスティングス著、加山久夫訳「イエスの贖罪愛の実践〜賀川豊彦の持続的証し」、『雲の柱』第26号、2012年、83-112頁。

39）ロバート・シルジェン著、賀川豊彦記念松沢資料館監訳『賀川豊彦：愛と社会正義を追い求めた生涯』新教出版社、2007年。

40）Robert Schildgen, *Toyohiko Kagawa: Apostle of Love and Social Justice*, Berkeley, California: Centenary Books, 1988.

41）Mark R. Mullins, "Kagawa Toyohiko (1888-1960) and the Japanese Christian Impact on American Society" in Albert L. Park and David K. Yoo (ed.), *Encountering Modernity*, Honolulu: University of Hawaii Press, 2014, pp. 162-193.

42）Kagawa Toyohiko, Thomas John Hastings (ed.), James W. Heisig (tr.), *Cosmic Purpose*, Eugene, Ore.: Cascade Books, 2014.

43）Thomas John Hastings, *Seeing All Things Whole: The Scientific Mysticism and Art of Kagawa Toyohiko (1888-1960)*, Eugene, Ore.: Pickwick Publications, 2015.

44）中国語では、「完全価値無渉」という。マックス・ウェーバーが提唱する社会科学の研究方法の規準である。研究者が研究を行うときに、価値判断を行わないことが求められる。学術研究は、「何が事実であるかについて」の問題を解決すべきもので、「であるべきだ」という価値判断を下すべきではないとされる。馬克斯・韋伯著、王容芬訳『儒教与道教』商務印書館、1999年、5頁を参照。

45）季羨林主編、季羨龍、柳芳整理、「治学方法」（1952年12月1日）『胡適全集20：教育・語言・雑著』合肥：安徽教育出版社、2003年、661頁。胡適は次のように述べている。「上窮碧落下黄泉、動手動脚找東西」という詩の前半は白居易『長恨歌』の一句であり、後半は傅斯年が付け加えたものである。史料を探すのに、研究者の「勤勉さ」が求められている。

第Ⅰ部

戦前・戦中の中国における
賀川の交流活動

第一章　賀川と黄日葵

——五四期の北京大学学生訪日団団員黄日葵の
「贈賀川豊彦先生」を中心に

第1節　はじめに

　本章は、賀川が初めて中国人と接触した経緯について考察する。また、賀川と黄日葵の共通点を確認するとともに、黄日葵が賀川から受けた影響を明らかにする。

　パリ講和会議で日本の山東権益が認められたことに反対し、政府にベルサイユ条約の調印拒否を要求した北京大学学生によるデモを発端に、1919年5月4日、反帝国主義運動である五四運動が勃発した。吉野作造(1878-1933)は、それは、十数年来中国で存在してきた単純な排日思想とは違い、中国における有為の青年の思想的覚醒であると考えていた[1]。また、吉野は「支那の排日的騒擾と根本的解決策」において、中国の排日運動を解決するために、「対手国の政府中に、如何ようにも自分のいうことを聞くいわゆる数名の親日派を作」[2]るのではなく、「いかにして紛乱を治むべきかを考えるよりも、いかにして両国民衆の間に、協同提携の機会を作るべきかが焦眉の急務である」[3]と考え、両国民衆の交流を通して、日中関係を改善しようと試みた。その計画は、北京大学教授李大釗(1889-1927)、陳独秀(1879-1942)との了解を得て、1920年5月に、北京大学学生訪日団として実現された。胡適(1891-1962)も、訪日団に加わり、学生数人とともに来日する計画を立てたが、結局、他の事情があり、北京大学学生訪日団の5人と同行して日本を訪問することはなかった[4]。

　1920年4月28日に、黄日葵、康白情、方豪、徐彦之、孟寿椿[5]の5人か

らなる北京大学学生訪日団[6]は、北京を離れ、日中両国関係を改善しようという出発点を胸にして、5月5日に東京に到着した後、一ヶ月の滞在を経て、6月6日に中国に帰国した[7]。

当時日本に在住していた北京大学政治系教師の高一涵は、北京大学学生訪日団が東京を離れるまで、案内や通訳の役を果たした[8]。訪日団一行は東京、横浜、京都、大阪、神戸などを訪問するとともに、黎明会、新人会、労学会、建設者同盟、友愛会、東京大学学生会、京都大学学生会、同志社大学学生会などとも接触した[9]。これらの組織は、いずれも、当時の日本の支配体制に不満を持ち、日本政治、経済構造の改革を訴えた革新的な団体であり、日本改革勢力を代表するエリート集団である[10]。それらは、吉野作造の手配で、北京大学学生訪日団の交流の対象となった。吉野作造はこの時の日中交流会でそれらが重要であると考えていた[11]。

その中で、特に注目すべきは、6月4日の、賀川が活動していた貧民窟への訪問である。この訪問も、五四期における日中両国民衆の相互理解と思想交流を促すために、北京大学学生訪日団の日程として、吉野の計画に加えられたものである。

6月4日、北京大学学生訪日団は神戸新川貧民窟へと赴き、賀川豊彦を訪問した。賀川は、一行を案内し、自分の著書を見せたり、訪日団を率いて神戸新川貧民窟を一周回って見学する機会を与えたりした。団員の一人である黄日葵は6月6日、日本からの帰途、太平洋上で賀川への感謝を込めて「贈賀川豊彦先生」と題した詩を著した[12]。

賀川は大正・昭和時代に活躍した世界的に有名な社会運動家で、小説家、著作家、家庭教育者、経済学者、社会改造家、社会学者とも称された[13]。北京大学学生一行が神戸新川貧民窟を訪問した時、賀川はすでに前年の1919年に、友愛会関西同盟会を結成し、その理事長となっていた[14]。北京大学学生訪日団訪日の二ヶ月後の1920年8月15日、賀川は上海日本人YMCAの招待に応じ、YMCA夏期講座の講師として、人生初の訪中で上海に旅立った。それは、友愛会支持者吉野作造が上海日本人YMCA幹事である前田寅治に賀川を推薦して実現したことである。その講演の合間を縫って、

第一章　賀川と黄日葵　33

賀川は、内山完造の仲介で、孫文とも会見した[15]。

　ところで、今までの五四期日中両国の交流に関する研究では、吉野作造と李大釗との関係、北京大学学生訪日団の東京帝国大学訪問、東京にあった新しき村の訪問、早稲田大学訪問、京都帝国大学訪問、などが論じられたことはあったが[16]、北京大学学生訪日団の賀川の神戸新川貧民窟への訪問はほとんど触れられていない。また、李大釗の弟子であった黄日葵が賀川の貧民窟での活動に感動を覚え、賀川に詩を贈ったことも紹介されていない[17]。

　吉野作造は『中央公論』において、「先月央ば東京に於いて日支学生提携運動なるものが起こった。物は北京大学学生卒業生五名が我が国学生並びに青年思想家を訪問すべく来京したといふ事に端を発する。数度会見を重ねて大に疏通共鳴するところあり、今後は彼我相往来してますます親善の実を挙げ、並びに東洋文化の開発のために協力すべき事を誓ったという事である。」[18]と北京大学学生訪日団と日本青年思想家との交流を高く評価している。つまり、北京大学学生訪日団は五四期の日中文化交流において重要な役割を果たしたと吉野は主張している。したがって、北京大学学生訪日団の団員達と賀川との関わりは、五四期の日中文化交流における重要な出来事として軽視することはできない。

　だが、吉野作造の計画した日中親善活動は最終的には失敗した。その原因については多くの学説がある。黄自進は、日本政府による日中文化交流の明文による禁止がその外因の一つであり、日中双方の交流に共通した認識がなかったことがその失敗の主因であると指摘している[19]。黄自進による共通した認識とは、吉野作造の新人会が、中国学生運動の日本帝国主義打倒の目標に共感していなかったことである。松尾尊兊は、権力による圧迫と交流への熱意の薄れを挙げている[20]。その他に、武藤秀太郎は、吉野と中国知識人が疎遠となった最大の原因は、中国での宗教問題を機に顕在化したキリスト教をめぐる認識の相違にあったと考えた。また、武藤によれば、それは、徐々に盛んになってきた中国の反キリスト教運動によって、吉野と中国知識人の間に深い溝が生じたからだということである[21]。何れにせよ、吉野が中国知識人と疎遠になったことは事実である。しかし、吉野は、長年にわた

って力を注ぎ込んだ日中親善の努力が水泡に帰することを忍びないと考えたであろう。この時、貧民問題の解決に力を注ぎ、日本労働界の新進気鋭として登場してきた賀川に吉野は注目し、吉野の目指す日中親善の後継を、賀川に託したのではないかと考えられる。吉野が1920年8月に開催される上海YMCA夏期講座の講師として賀川を推薦したことから、それは明らかである。

　本章は、上述の問題意識を踏まえ、賀川と北京大学学生訪日団との関わりを明らかにする。また、団員の黄日葵が賀川に詩を贈った経緯を分析し、黄に与えた賀川の思想的影響を確認し、両氏の共通点を考察する。

第2節　1920年北京大学学生訪日団の訪日日程

　本節は、1920年北京大学学生訪日団の団員、黄日葵、康白情、方豪、徐彦之、孟寿椿五人の訪日日程を表にまとめる。

表1.1　1920年北京大学学生訪日団の日程

月　　日	場所	出来事	出典
5月5日	東京に到着。	目的：(1)中国の学生運動の真相を日本へと広める。(2)日本の教育や社会問題を視察。	『民国日報・覚悟』1920年6月11日、『民国日報』1920年5月14日
5月7日	東京大手町私立衛生会	午前9時開会。集会員：600人余り。方豪(中国国内運動の報告)、徐彦之(「五七」国恥記念と訪日目的)、康白情(「国恥を知り、国恥をすすぐ」について)	『民国日報』1920年5月14日、『民国日報・覚悟』1920年6月11日
5月10日	留学生自治宿舎		『民国日報・覚悟』1920年6月11日
5月11日		新人会と晩餐会、吉野作造、森戸辰男、康白情、黄日葵等演説。新人会と少年中国所属学生握手。	『民国日報』1920年6月11日
5月12日	東京新しき村支部	新しき村主義の提唱者と新しき村執事者の長島豊太郎と面会(新しき村の主旨：漸進の方法を用いて、世界大同へ誘致)。夜、宮崎龍介が招待。	「北大学生訪日団与日本思想界」『晨報』1920年6月15日、『民国日報・覚悟』1920年6月11日

5月13日	東京帝国大学	東京帝国大学弁論部演説会、康白情(「大和魂精神」)。方豪(「今日青年之責任」)。	『民国日報』1920年6月11日
5月14日		東京帝国大学参観。	『民国日報』1920年6月12日(二)
5月15日		帝国大学基督教青年会晩餐会。	『民国日報・覚悟』1920年6月11日
5月16日	常宝博物館	博物館参観。	『民国日報』1920年6月11日
5月17日	神田日本基督教青年会	「17日会」の演説会。参会者日中各200-300人。高一涵(「日中親善之障碍」)。方豪(「世界改造与思想之関係」)。康白情(「日中学生提携運動」)。吉野作造演説(「日支親善於文化的意義」)。田漢(「中日文化之結合」)。早坂二郎(「国際生活更新の大暗示」)。	『民国日報・覚悟』1920年6月11日、『民国日報』1920年6月11日、『読売新聞』1920年5月15日
5月19日	早稲田大学	早稲田大学参観、建設者同盟演説会と歓迎会で、康白情(「東亜之新建設与日中文化同盟」)。方豪(英語演説「新人与新思想之関係」)	『民国日報』1920年6月11日
5月20日	横浜市	横浜市遊覧。午前、大山郁夫訪問。	『民国日報』1920年6月13日、『民国日報・覚悟』1920年6月11日
5月21日	日本女子大学	麻生次蔵校長による招待。	『民国日報』1920年6月13日
5月22日	東京	東京帝国大学青年会の夕食歓迎会。方豪(英語演説「青年会之世界的意義」)。康白情(「中国排日貨之原因」)。	『民国日報・覚悟』1920年6月11日、「北大学生訪日団与日本思想界」『晨報』1920年6月15日
5月24-25日	日光[22]	遊覧。	『民国日報』1920年6月13日
5月27日		東京を離れ、京都、大阪等へ赴く。	『民国日報・覚悟』1920年6月11日
5月29日	京都	午前、京都帝国大学訪問、午後、同志社大学歓迎会。校長海老名弾正演説。方豪(英語で感謝の言葉)。康白情(「世界平和与吾人之使命」)	「北大学生訪日団与日本思想界」『晨報』1920年6月15日
5月30日	京都帝国大学	六日倶楽部之歓迎会。京都大学教授戸田海市演説(「本日の社会問題は、労働問題より大きい…」)。康白情(「中国之社会的改造」)、末廣重雄博士(「白禍を阻止するために、中日は相互親善すべきだ…」)	『民国日報』1920年6月13日、「北大学生訪日団与日本思想界」『晨報』1920年6月15日

5月31日	琵琶湖	琵琶湖遊覧、徐彦之が河上肇を訪問。	『民国日報』1920年6月13日
6月1日	大阪	朝日新聞社訪問。社会政策の視察、社会的設備の見学。	『民国日報』1920年6月13日
6月2日	大阪	大阪市民博物館訪問、大阪青年会による演説会に招待されたが、行かなかった。	『民国日報』1920年6月13日
6月4日	神戸	神戸貧民窟を見学し、賀川を訪問した。賀川が五人組に『涙の二等分』、『死線を越えて』を見せた。	「詩—贈賀川豊彦先生」黄日葵『晨報副刊』1921年12月29日、2-3頁、「贈賀川豊彦先生一詩」黄日葵『少年中国』第3巻第6期、1922年1月、35-36頁、『民国日報』1920年6月13日
6月6日	太平洋での船中	黄日葵が賀川へ「詩—贈賀川豊彦先生」の贈詩を著す。	「詩—贈賀川豊彦先生」黄日葵『晨報副刊』1921年12月29日、2-3頁、「贈賀川豊彦先生一詩」黄日葵『少年中国』第3巻第6期、1922年1月、35-36頁
6月10日		日輪春日丸に乗って帰国、上海に二三日滞在、列車で北京に戻る。北京大学訪日学生団の名義の解散を宣言。	『民国日報』1920年6月11日（第10版）

『民国日報』、『民国日報・覚悟』、『晨報』などの記事より筆者が作成。

第3節　黄日葵の生涯について

　本節では黄日葵の生涯について紹介する。

　黄日葵（1899-1930）、号は宗陽、また一葵、野葵とも呼ばれる。広西省桂平県城廂五甲街興隆坊（今の桂平鎮城中街）の知識人の家系に生まれる。父の黄世勳は、字堯軒、清末の知識人であり[23]、1905年31歳頃、日本に留学したことがある。黄世勳は帰国後、桂平県立中学校で国語教師として教鞭を取り、その学問の姿勢は厳格だったという。1916年10月、日本への留学経験を持つ父のように、黄日葵も、日本に赴き東京での留学生活を始めた[24]。東京留学当初に、黄日葵は日々、日本語学習に没頭した[25]。

　1918年4月、在日中国人留学生は、段祺瑞政府が日本と秘密裡に「中日

共同防敵協定」を結んだという情報を手に入れ、憤慨し東京で集会を行った。また、その行動が日本政府によって強硬に鎮圧されたことにより、千人以上の留学生はさらにストライキを行い、集団で帰国の決意をし、救国運動を展開した[26]。黄日葵はそれに加わり、李達（鶴鳴）、王希天、阮湘等とともに北京に帰り、愛国運動を行った[27]。その後、1,000～2,000人の学生は、国務院へ甞てなかった請願を行い、国内外にも影響を与える[28]。

「中日共同防敵協定」への怒りをぶつける黄日葵は、1919年2月に「亜東永久平和之基礎」という一文を著し、東アジアの永久の平和を実現し日中の宿怨を取り除くために、中国における日本の特殊地位の放棄、朝鮮の解放、台湾の中国への返還、1915年の二十一カ条要求の放棄、及び1918年の「中日共同防敵協定」の取消などを強く訴えている[29]。

1919年3月、黄日葵は、許徳珩、康白情等14人とともに、教育の普及及び平等を目的として、野外講演を方法とする「北京大学平民教育講演団」を発起した[30]。いわゆる平民は都市小資産階級及び他の市民を指すため、講演団の活動は最初都市部に限定されていた[31]。1919年5月4日、北京の学生は天安門の前で愛国ストライキを行い、黄日葵は仲間とともにその行列の先頭に立ち、旗を振って行進した[32]。1918年9月、黄日葵は北京大学文予科英文丙組に入り、10月、『国民』雑誌の特別編集員を務め、雑誌社を通して李大釗と連絡を取り[33]、1920年3月、李大釗の指導の下で、鄧仲澥[34]（中夏）等19人とともに、マルクス派に関する著述の研究を目的とする北京大学の「マルクス学説研究会」を作った[35]。1921年中国共産党に入党し、広西籍の初めての党員となった[36]。1924年7月、黄日葵は北京大学英文系を卒業後、北京大学英文系の助教になり、約一年半この職を続けた[37]。1926年7月、黄日葵は国民革命軍総司令部の命令を受け、広西省南寧へと赴き、国民革命軍第七軍政治部副主任に就任した。中国共産党広東区委員会の特派員として、広西での共産党組織を指導する任務を担ったのである[38]。黄日葵は後に武漢の漢口に移り、第八軍政治部主任への就任を命じられた[39]。1927年7月、汪精衛が武漢で反革命政変を発動した後、黄日葵は江西省南昌へ移動し、「南昌起義」[40]に参加した。10月、黄は上海へ戻り、1921年に

四川で講演を行った時に出会った文質彬と再会し、1927年当時上海立達学院の学生であった文と結婚した[41]。結婚して間もなく、黄日葵は国民党特務に警戒され、「共産党嫌疑」のために逮捕されており、田漢の助けで保釈された後、直ちに上海を離れて日本へと避難した[42]。だが、1929年11月、日本警察当局に逮捕され、入獄した。1930年1月、黄日葵は危篤に陥り保釈され、日本の友人の助けで、日本東京帝人病院に入院した。3月、日本当局に日本からの出国を命じられた黄日葵は、上海に戻るが、病状が深刻になり、1930年12月20日、31歳の若さで、この世を去った[43]。

黄日葵は雑誌『国民』、『少年中国』、『少年世界』、『桂光』の編集者を務め、大量の社会主義思潮の宣伝に関する文章を公表し、科学的社会主義を中国思想界の主流にするため、積極的な貢献を行ったと現在、評価されている[44]。

第4節　詩中に注ぎ込まれた黄日葵の熱情

中国の雑誌『民国日報』1920年6月13日号には、北京大学訪日団5人の神戸新川貧民窟への足跡が「四日往神戸参観貧民窟。聞次日即将搭輪回国云。」[45]と書き留められている。北京大学訪日団の神戸新川貧民窟訪問は1日しかなかった。浜田直也は、北京大学訪日団の神戸新川貧民窟の訪問は、「活けるキリスト」と呼ばれていた賀川との会談が目的であったと推測し、また、3ヶ月後の賀川の上海往きには、彼を推薦した吉野の北京大学訪日団に対する返礼の意図がはたらいていたと論じている[46]。今までの資料によると、中国における賀川に関する最初の報道は『東方雑誌』1920年4月10日17巻7号に掲載された「日本最近之民衆運動及其組織」によるものである。その中で、賀川豊彦は「神戸に隠居する社会学者」として、社會問題研究及びマルクス主義の宣伝に熱心であった河上肇とともに紹介されている[47]。賀川らは、「労働問題に対して卓越した見識者である」と評価されている[48]。ここに、社会学者として紹介されたのは、賀川の貧民窟の事業が注目されているためである。おそらく1920年5月北京大学訪日団と賀川との会談の目的には、「神戸に隠居する社会学者」としての賀川から労働運動の経験と貧

民救済の経験を学ぼうという考えがあっただろう。

　黄日葵は、「贈賀川豊彦先生」と題して、神戸新川貧民窟訪問の経過を次のように簡単に述べている[49]。

　　　九年六月四日、偕白情等五人、訪賀川先生於神戸之貧民窟。先生出其著作見示、並導観該窟一週、不禁為其精神感動、因詩以贈之。

日本語に翻訳すると、以下の通りである。

　　　1920年（民国9年）6月4日、白情等五人とともに、神戸の貧民窟にて賀川先生を訪問した。先生は、その著作を見せてくれるとともに、吾々を引率してその区画を一周回って見学させてくれた。その精神に感動を禁じ得ず、詩を著して差し上げる。

　上述のように、黄日葵は、賀川が神戸新川貧民窟で康白情等5人を引率して見学させたり、賀川の著作を見せてくれたりしたことを語っている。そして、黄日葵は非常に感動し、詩を著して賀川への感謝の気持ちを表している。詩の内容は、次の通りである。

　我没有読你底『泪的二等分』
　但今番却見着你熱泪地痕迹了
　我没有読你底『越死線』（一）
　但你底精神已由此窟反射出来、照耀着我們了！
　你至少値得日本人底崇拝
　但你甯受数千貧民底愛敬、
　不屑受権貴紳士們底優遇了。

　看着一片慈祥和藹底気
　不是把周囲底悪臭都蓋過了嗎？

這一道熱情底光、

　　不是把一切愁悶的霧都冲開了嗎？

　　我們掩鼻底手、慚愧地放下来了

　　我們身上底衣服、恨不得立刻換過去了一

　　我們底心、充満了感動、

　　我們今番才真浴了上帝底愛了(二)

　　賀川先生喲

　　我覚得你們這裏太富有了

　　全日本都不及這裏富！

　　全世界恐怕也不及這裏富！

　　来！我們一一地握過手吧

　　讓我們誠心地禱告、

　　　　愿全世界都充満著這么一団空気罷！

註(一)『泪的二等分』是氏底詩集、『越死線』是小説集、第一集已出版了
二百余版了、其他関於下層社会底著述甚富。

(二)他是個基督教徒、現三十余歳、住窟中殆近二十年了。

　　　六、六、一九二〇太平洋舟中。

日本語に訳すと、次のようになる。

　　私はあなたの『涙の二等分』を読んでいないが、

　　しかし、現在あなたの熱い涙を流した跡を拝見している。

　　私はあなたの『死線を越えて』を読んでいないが、(一)

　　しかし、あなたの精神は貧民窟から反射してきて

　　我々を強く照らしてくれている！

　　あなたは日本人の崇拝に値するが、

しかし、あなたは数千の貧民に愛され、敬われる道を選び、
貴顕紳士たちの優遇は眼中に置かない
この穏やかで優しい雰囲気は
周囲の悪臭に蓋をしたのではないか？
この熱情のある光は、
あらゆる憂鬱たる霧を吹き飛ばしたのではないか？
恥ずかしいので、我々は鼻をふさぐ手を下げた。
我々の身に着けている服をすぐに着替えたくたまらない。
我々の心には、感動が溢れている。
我々は、現在初めて真の神の愛を浴びている。（二）

賀川先生よ、
あなたの貧民窟はとても富裕であろう。
全日本にはこちらほど富裕なところはない。
さらに全世界にもおそらくこれほど富裕なところはない。
来れ、我々と握手しよう。
心よりお祈りしよう。
全世界がここのように優しい空気に溢れることを祈ろう！

注（一）『涙の二等分』は賀川氏の詩集であり、『死線を越えて』は小説集
である。『死線を越えて』の第一集はすでに200余りの版が出版されている。
その他にも下層社会に関する著述が極めて豊富である。
（二）彼は基督教徒である。現在30余歳であり、貧民窟中へと住み込んで
約20年になる。

６月６日　太平洋船中

　詩の第一段落に、『涙の二等分』(1919年、福永書店)と『死線を越えて』
(1920年10月)という二つの著作が出ている。周知の如く、『涙の二等分』
は賀川の詩集であり、1919年にすでに出版されていた。『死線を越えて』は

賀川が 20 歳の時に書いた『鳩の真似』を元としており、1920 年 1 月から 5 月前半に『改造』に連載され、さらに 10 月改造社から出版されたものである。当時 280 版を重ね、およそ 150 万部を売り上げる大正期最大のベストセラーとなった[50]。

詩の下にある「注(一)」には、賀川の『死線を越えて』は 200 余りの版が出版されていると書かれている。黄日葵が「贈賀川豊彦先生」を最初に公表した時期は、1921 年 12 月 29 日である。『死線を越えて』はその 1921 年 12 月 29 日以降も版を重ね、現在認識される 280 版に達したと考えられる。「(注二)」には、「彼は基督教徒である。現在 30 余歳であり、貧民窟中へと住み込んで約 20 年になる」という説明文がある。賀川は 1888 年に生まれ、1909 年 12 月 24 日クリスマス前夜から神戸新川貧民窟に住み込み始めたため、1920 年 6 月まで、11 年しか経ていなかった。したがって、ここでの記述は誇張が含まれている。

黄日葵一行は賀川を訪問し、賀川からその『涙の二等分』、『死線を越えて』という二つの著書を見せてもらった。しかし、貧民窟を一周回って、黄日葵一行は多忙のため、賀川の著書をゆっくりと読む時間がなかった。したがって、詩の最初に「私はあなたの『涙の二等分』を読んでいない」、「私はあなたの『死線を越えて』を読んでいない」という詩句が書かれているわけであろう。また、黄日葵は、自分たちの行動を賀川の事業と比較し、悪臭に我慢出来ない自分たちより、賀川は、穏やかで優しい貧民窟の雰囲気を作っていると高く評価している。ここで、黄日葵の目にした貧民窟は、賀川の努力で世界一の裕福で幸せな場所となっている。この裕福とは、おそらく、物質的な裕福さではなく、心に豊かさが満ちていることを表しているのだろう。そのほかに、「我々は、現在初めて真の神の愛を浴びている。」という句もあった。賀川はかつて「私は人からキリスト教とは何ぞやと尋ねられると、キリスト教を知りたくば私を見なさい。私の言行を見ればキリスト教はわかるといいます」[51]と言っている。黄日葵は「活けるキリスト」の賀川を見て、神の愛、神の神聖を感じた。

クリスチャンではない黄日葵が「神の愛を浴びている」という言葉を詩で

表すということは、その心が賀川の信仰に感化されている証拠である。それにもかかわらず、黄日葵は、1922年3月20日に、「春半的消息」という彷徨う青年を勇気づけようとする詩において、「みすぼらしい身なりの乞食の声を聞き、その歌に、如何に心惹かれ、如何に味わうことができるだろう」、「もし、『主』と『親』の『愛』が人を慰める事ができるならば、もし、空想の国都に、精神を託す事ができるならば、では、青年、"現実"から君がもらった経験に感謝しよう」[52]というように、貧しい乞食に関心を持ちながら、「主」の愛というクリスチャン的な言葉を使い、青年を勇気づけている。そこには賀川からの影響が伺われる。

詩の最後に、黄日葵は、貧民窟を通して、賀川と手をつなぎ、世界が優しい空気に溢れるよう祈っている。つまり、世界に貧民への注目や、関心が高まるように願っている[53]。それも賀川からの影響を伺うことができる。

実に、黄日葵は、幼い時から、貧しい人々に関心を寄せてきたのであった。楊文光によれば、黄日葵は、幼いときから、社会の時事問題、人民の生活に関心を持ってきたという。少年時代の彼は、政府統治の暗黒を目にし、人民の生活の困苦を痛感し、下層の人民に大きな同情と関心を抱いたのであった[54]。ここに、賀川の事業を見て、黄日葵は、賀川に共感を抱いたと言えよう。

ただし、不思議なことに、賀川と短時間の面会をしただけなのに、黄日葵は賀川の事業に感動し、愛情を込めて詩を書き、五四運動後、反日運動が高調した背景にあるにも拘らず賀川への友情を示した。その理由の一つは、賀川の中に人に対する強い伝染力があるからである。賀川の伝染力について、森本あんりは、賀川の信仰、賀川の言葉が強い伝染力を持っていたと評価している[55]。また、森本によれば、森本が学んだ日本の神学校での指導教授は、ただ一度の出会いで賀川から大きな影響を受けたことを回想している。かつて陸軍幼年学校の幹部候補生であったこの教授が、「賀川とのただ一度の出会い、ただ一度の握手によって、計りきれないほどの大きな衝撃をうけ、やがて回心を経験するに至」ったと森本は語っている。「天皇のために死ぬ」という森本の指導教授のそれまでの決意は、賀川との出会いによって、「キリストのために生きる」ことへと一変したという[56]。日本にとどまらず、ア

メリカにおいても "Japanese Christian Leader whose religion is contagious" と言われたように、日本のキリスト教指導者である賀川は、信仰に伝染力があると評価されている[57]。賀川と交流のあった黄日葵にとっても、この陸軍幼年学校出身の教授にとっても、賀川との短時間の面会で、その信仰に感銘を受けたに違いない。しかし、黄日葵自身の思想はマルクス主義であり、キリスト教に回心することはなかった。

第5節　賀川と黄日葵との共通点

　黄日葵の思想的変遷は、最初は単純な愛国主義によって中国の政治問題と社会問題に関心を寄せるものであった。そして、帝国主義を批判する愛国運動に参加し、運動において社会主義への理解を深め、マルクス主義の学習・研究へと発展した。最終的には、共産主義への信奉を確立するに至ったという[58]。黄日葵は五四運動時期に活躍した人物であるとともに、中国初期のマルクス主義者の一人でもある。その彼は今までも中国で高く評価されている。

　黄日葵一行は、日本で著名人と数多く接触したが[59]、なぜ、黄日葵は賀川だけに敬服し、わざわざ詩歌を書いて贈ったのであろうか。本節では、日本の労働運動、婦人運動について、賀川と黄日葵の共通点を探り、黄日葵が賀川との面会で共鳴した思想的基盤を分析する。

　まず、両氏の不撓不屈の精神が一致している。1919年5月4日に天安門の前で愛国ストライキを行い、黄日葵は学生とともに隊列の先頭に立ち、旗を振って行進していた。周知の如く、五四運動から2年後の1921年、川崎・三菱大争議が行われ、賀川も黄日葵のように、川崎・三菱大争議の隊列の最先頭に立ち、仲間とともに手を繋ぎ、労働者の権利要求のために、行進していたのである。歴史には驚くほど類似性が持たれている。賀川が労働者の権利を求め、行進したことに対して、黄日葵は、多くの学生とともに、反帝国主義、反軍閥のために行進した。闘士としての二人はその目標は異なったが、社会に存在する問題点に対して不満とともに勇気を持ち、仲間とともに連携して現状打破に努力した。

第一章　賀川と黄日葵　45

　つぎに、黄日葵の見た、賀川が指導した労働運動について概観してみよう。五四運動前後、中国の思想界の知識人は外国の思想、文化、政治について活発に研究を進めた。黄日葵はそれに加えて、特に労働運動と婦人解放運動等に注目していた。1919 年 11 月、彼は、日本の「新しき村の説明」を翻訳し、『国民』に寄稿して武者小路実篤の新しき村を紹介した [60]。また、1920 年 2 月、「日本青年文化同盟之成立及び其宣言」を翻訳し、法政大学の扶信会、早稲田大学の民人同盟会、建設者同盟、一新会、新人会などが組織した「日本の青年文化同盟」を紹介している [61]。さらに、1920 年 4 月、彼は「最近の英米の労働運動」という文章を著し、「イギリスの労働者は、現在の資本制度に反抗する目的を以て、連合して立ち上がっている。〔中略〕彼らは、自己の手段を用いて、自己の運命を決定する」というように、イギリスの労働運動とアメリカの労働連合会の組織を紹介している [62]。

　次に、1920 年 2 月、黄日葵は、「日本之労働運動」という一文を発表し、1) 労働運動団体、2) 労働者大会、3) 各地過去の罷工運動、4) 婦人労働者の覚醒、5) 婦人労働者大会の各部分に分けて、「日本の労働運動団体が非常に多く、今は、その最も代表的な労働運動団体を紹介する。今後ともそれを調査し報告し続けようとする」というように日本の労働運動に関心を表している [63]。その文章の先頭に挙げられたのは、「友愛会」である。友愛会について、黄日葵は、「この会は日本最大の労働団体である。それは、ほとんどそれに対して関心を持つ人の中では誰でも知っていることである。去年 7 月大革新後、さらに注目されるようになっている。」と述べている。さらに、黄日葵は、「友愛会の会員は日本全国にわたっている。彼らは会員が五万人いると自称するが、実際に調査してみると、ただ二万三四千人前後に過ぎない。」と友愛会のことを詳しく紹介している [64]。1919 年 4 月 13 日に、賀川が座長、久留弘三が議長となった友愛会関西労働同盟会は、創立大会を開いた。会長は神戸の労働者・木村鋌吉である [65]。1919 年 12 月 15 日、友愛会関西労働同盟会指導者の賀川をはじめ、久留弘三などの出席により、大阪における労働団体を中心とする関西労働同盟会、友愛会大阪連合会、大阪鉄工組合、日本労働組合関西本部ら関西十三労働団体は、普通選挙運動の展開を

主張した[66]。黄日葵の注目した「友愛会の7月大革新」というのは、おそらく、8月～9月の友愛会7周年大会を指すと考えられる。同大会で、友愛会は「大日本労働総同盟友愛会」と改称した。友愛会関西労働同盟会指導者[67]とともに、会則改正の委員長ともなった賀川は「宣言」案の起草に当たった[68]。黄日葵は、「労働者大会」の一節において、友愛会大会について以下のように語っている[69]。

　　　友愛会大会　　八月三十日に七周年記念大会を開き、国際労働会議代表委員の選挙を行った。出席者は婦人労働者五人、及び代表二百余名、関東関西両派に分かれる。その最も重要な議題は、たとえば「国際労働会議代表委員の選挙」(関於選挙国際労動会議代表委員事件)、「宣言及び主張を審議する事」(宣言及主張審議事件)、「婦人部の独立」(婦人部独立事件)がある。国際労働代表会議の結果、東京鉄工組合が推薦した松岡駒吉が落選し、鈴木会長が当選という。

　ここで、黄日葵は、特に友愛会の「代表選挙」、「宣言」及び婦人運動などに注目している。また、黄日葵は、日本の各地のサボタージュ運動に注目し、東京砲兵工場のサボタージュ運動、川崎造船所労働者サボ(川崎造船所的怠工増給運動)、神戸製鉄所1919年11月11日の8時間労働制及び増給運動、大坂自動車会社で1919年10月7日に行われた8時間労働制及び増給6割運
（ママ）
動などのサボタージュ運動をも紹介している[70]。
　さらに、1921年の川崎・三菱大争議に対しては、黄日葵の恩師である北京大学教授李大釗をはじめ、日本の労働運動に目を向けた北京大学の4、5人の意見が『読売新聞』に掲載された。『読売新聞』1921年8月18日号には、賀川の指導した川崎・三菱大争議について、次のような記事がある[71]。

　北京における労働運動研究家として知られている北京大学教授李守常、及び其他四五の諸氏の意見を総合したものである。〔中略〕一ヶ月以上にも渡って二万余の諸君がよく団結し、秩序正しく、堂々と横暴な資本家に対抗し

ていたのに非常に敬服し、日本の労働運動はすでにあれまで進んだのだから、遠からず全国するやうになるであらうと想って居る。

　李守常とは北京大学教授であった李大釗のことである。李大釗らが見ていた川崎三菱大争議は、二万余人が秩序正しく連携し団結して、資本家と積極的に戦ったとあり、また争議に対する北京大学側の敬服と賞賛が見えてくる。前述のように、この争議は、1921 年 7 月から 8 月にかけて、賀川を指導者とするストライキであった。しかし、争議の結果は惨敗であった。警察はこの混乱を騒擾罪と認め、賀川を始め幹部 130 余名を検挙するとともに、約 1,300 人の職工が解雇され、約 100 人が収監された [72]。また、賀川の指導した労働運動は、日本では高く評価されなかった [73]。

　しかし、日本における評価とは異なり、北京大学の教授らは、「一ヶ月以上にも渡って二万余の諸君がよく団結し、秩序正しく、堂々と横暴な資本家に対抗していたのに非常に敬服」すると、神戸の労働争議を高く評価している。おそらく、李大釗らの川崎・三菱大争議に対する賞賛と敬服は、賀川のリーダーシップに対するものではないだろうか。この 4、5 人の諸氏については明記されていないが、北京大学教授である可能性もあるとともに、1920年 5 月に北京大学訪日団の五人のいずれかである可能性もある。何れにせよ、賀川が指導した川崎・三菱大争議に対して北京大学側は高く評価し、敬服しているということは原文から読み取れる。他方、1921 年の時点において、少年中国学会をめぐって月に一回、多い時には週に一回の茶話会、常会、学術談話会などを行っていた [74] 教授の李大釗とその学生の黄日葵は、同じ日本留学経験を持ち、日本の労働争議に対して、おそらく同じ意見を持っていたのではないだろうか。川崎・三菱大争議に注目した李大釗と黄日葵は、この争議に関心を持ち、その指導者である賀川を褒め称えていると言えよう。

　つまり、黄日葵が注目した関西における労働運動または労働団体の多くは、賀川の指導のもとで活躍したもの、もしくは賀川と密接な関係を有したと言える。この時期の黄日葵は、外国で起こった労働運動、社会運動の紹介を通して、日本や欧米の労働運動の経験を学び、中国の労働階級を鼓舞しようと

していたと考えられる。

　労働運動の他、黄日葵は、婦人参政権運動、男女教育平等運動といった婦人解放運動に対して力を注いでいた。李大釗の指導の下で、少年中国学会は1919年7月に正式に成立し、月刊の『少年中国』を発行し始めた。1919年10月9日少年中国学会北京総会で、黄日葵は文牘股[75]主任に選ばれ、『少年中国』第四期（婦人問題専号）の編集責任を担った[76]。黄日葵は、1919年10月、「何故女子平等を許せないのか」（何故不許女子平等？）という文章を発表し、次の中国における婦人運動に反対する二つの論調を批判しながら、「男女には特質的な区別がなく、本質的に平等である」と主張している。ところが、従来の中国では、1）三綱五常を主張する封建的婦人観と、2）動物学から男女両性体質における男強女弱の観点から女性を低く見るという考え方があった。特に、黄日葵は、男子とともに女子も平等に教育を受けるべきという運動の必要性を強調していた[77]。1919年11月、黄日葵は、「婦女問題評論」において、胡適による「大学開女禁」（女性の大学入学を解禁する）[78]の進展と鄧春蘭[79]の婦人解放の意見を例として挙げ、女子の大学入学と、教育上の機会平等を強く訴えた[80]。また、黄日葵は、「四種之婦女運動」（訳）（1920年6月）、「各国婦女運動史」（1920年7月8日）、「英国婦女参政運動与中国婦女」（1923年）といった文章を発表し、従来の中国における古い倫理観である三綱五常を批判し、男尊女卑を否定し、女子が平等に教育を受ける権利を強調している[81]。

　婦人解放運動の促進については、賀川も提唱している。賀川は、「日本における賃金労働者の不安」において、1918年10月大阪府の労働者賃金、1919年1月兵庫県の職工等の事例及び統計を挙げ、「労働者が貧民となる理由は都市における生活不安に最大原因がある」と述べ、労働者のために生活の安定化をはかることを提唱している[82]。それとともに、賀川は、「婦人労働者の解放」（1919年）と題して、「日本における婦人の経済的独立は日本の民族問題の根本問題である」と提唱し、「婦人の『母性』の高揚と人間としての『女』の独立」を強調しながら、婦人の経済の独立とその人間性の尊重を訴えている[83]。1923年、日本語教授の潘白山は、賀川の「婦人運動之将

来」を中国語に翻訳し、『革新』雑誌に寄稿している[84]。賀川は、「婦人運動之将来」において、「女子の教育を促進し、男子と同等とさせるのは、近代婦人運動の摯実たる提唱である。」[85]と述べ、男女平等教育を提唱している。また、叔琴は『民国日報・婦女評論』において、賀川が著した「恋愛の自由と個性の自由」（恋愛底自由和個性底自由）という文章を中国語に翻訳し、寄稿している[86]。ここで、賀川は、一夫一妻制を重視し、「恋愛の自由を実現する前に、個性の自由が優先である。個性の自由の前に、経済上の自由が必要である」と表明し、女性の経済的独立と男女平等を提唱している。婦人参政権運動、男女教育平等運動をともに提唱する黄日葵には、賀川の思想的共通性がうかがえる。

　こうして、黄日葵は、日本労働運動、日本の労働団体にについて詳しく研究し、賀川と同様に婦人解放と男女教育平等という思想を抱いていたため、賀川の住む貧民窟に入り賀川に共感したことは、後に詩歌を表す原動力ともなったと考えられる。

第6節　賀川と黄日葵の社会運動における詩の役割

　黄日葵が著した「贈賀川豊彦先生」は、新文化運動後中国に於いて提唱された新詩に属するものである。新詩は、旧詩と対立するもので、わかりやすく自由に感想、感情を表すことができ、話し言葉に近い表現を用いる。旧詩は、新文化運動前の数十年、中国知識人の間で流行した言葉遊びのようなもので、形式上声調格律を重視し、典雅かつ色彩豊かであったが、社会性を持たないものであった。周知の如く、五四運動前夜、中国で古い礼節や道徳、宗法制度を打倒しようとする文化・思想の改革運動が起こり、『新青年』雑誌を拠点として、科学と民主主義を提唱する新文化運動が勃興した。詩歌の革新は、新文化運動の一環として重視されてきたのである。1917年に『新青年』において数篇の新詩が発表されることによって、新文化運動とともに、「新詩」に関する討論も盛んになった[87]。胡適は、1920年に『嘗試集』という詩集を出版し、素朴な「白描」（簡潔で、飾り気のない文章）手法を用いて、

「言之有物」(文章や話に内容がある)という詩の作り方を提唱し[88]、中国文学史における「無病而呻」(修辞ばかりで過度に感傷的な)[89]悪習慣を排撃した。

1920年3月、黄日葵は、「春朝」と題して、「美化した天地」、「軽く吹く風」、「満開のバラ」、「昇らぬ太陽」、「柳」、「波しぶき」、「葦」といった斬新なイメージを用いて、春への熱情を表している[90]。また、黄日葵は「冬与春」という題目を用いて、「発発的北風」、「滾滾的黄塵」といった男性的イメージの自然風景と、「桃花的笑臉」、「得意的春風」といった女性的イメージの自然風景を用いて、ロマンチックな詩のスタイルを提唱している。田漢は、その男性的自然を表す文学は倫理的で、実践的な文学であると評価するとともに、その女性の自然を表す文学は、生命力にあふれ、母親のように慰撫文学であると黄日葵の詩を解釈している[91]。

黄日葵は、新詩について、独特な見解を持っている。1921年11月に、黄日葵は、当時『晨報副刊』の主編である孫伏園への手紙を「我理想底今後底詩風」と題して、中国における当時の詩壇に対する失望と詩歌のあり方について二回連続して『晨報副刊』に寄稿している[92]。黄日葵によれば、詩歌は芸術である。芸術は自然主義、浪漫主義、人生派、芸術派というように分類するより、内容とその効果性のある作品を重視すべきである。つまり、当時の「新詩運動」に対して、中身もない詩歌をつくるという当時の文壇にあった現状から踏み出して、熱烈な感情を込めて、内容とその社会的な意義を含む詩歌を作ろうとするのが黄日葵の追求した詩のスタイルであった。黄は、かつて「終身志業調査票」において、文学、文明史及び社会科学の学術研究を生涯の目的として、著作、教育を道具とし、社会の改良を目的とすると自らの志向を表している[93]。すなわち、社会運動において、人間社会を改良するために、詩の役割を持たせ、詩を武器として戦おうとする考えが黄日葵にはあった。

黄日葵とともに、賀川も革命性と独創性のある詩人である。賀川と一緒に神の国運動を展開した黒田四郎は、「彼はほんとの詩人であった。又一面予言者であっていつも五十年位先きのことを考えていた。その上彼は実践力が抜群で、いいと思うことはすぐ実行に移す。〔中略〕五十年先きのことを、

すばやく実践しようとするが、そして時間空間の現実を越えて詩的に考えたり表現したりすることになる。」[94]と、賀川を、詩人であるとともに、卓越した実践力の持ち主として評価している。また、詩に表される人間性について、黒田はさらに、「彼は生れつきの自由人で、束縛されるのが忍べなかった。その思想と行動の中に、強い革新性が秘められ、独創性が満ちており、今日の造反的なものが多かった」[95]と評価している。

村島帰之は、「預言者的な全人格的詩人である彼は、単に詩を書くだけではなく、詩を実践し、詩を行動する。いや反対に、彼の行動・実践が詩である」[96]と実践的な社会性を持つ賀川の詩を論じている。社会運動家・社会事業家として社会を改革しようとする賀川にとって、詩は重要な武器として用いられていた。

また、賀川の労働運動思想について、小南浩一は、労働組合の機関紙で発表された文章には「労働者解放や改造の理念を唱えたほとんど散文詩のようなロマンチックな香気がある」と述べている[97]。賀川は、1909 年クリスマスの前夜、神戸新川貧民窟に身を投じて以来、最も悲惨な貰い子殺しに注意を払ってきたのである。貧民窟には、両親に必要とされない私生児が売りに出され、十分な養育料が払われずに慢性的に餓死することが多くあった。そうした非人道的行為によって死亡した幼児を埋葬することが偶々賀川の任務ともなった[98]。

悲惨な貰い子殺しの現状に対して、賀川は、上述の「贈賀川豊彦先生」の中にも出た『涙の二等分』を著した。『涙の二等分』は賀川の詩集で、1919 年、福永書店によって出版されている。出版の際に、与謝野晶子（1878-1942）は序文を寄せ、「現実に対する不満と、それを改造しようとするヒュマニッテの精神とは、この詩集の随所に溢れていますが、私は其等のものを説教として出さずに芸術として出された賀川さんの素質と教養とを特になつかしく感じます」[99]というように、詩を用いた賀川の革命性を高く評価している。

こうして、黄日葵にとっても、賀川にとっても、社会改革を訴えるために、詩は重要な武器として、大きな役割を果たしたのであった。おそらく、黄は、賀川の創造性と革命性を追求し、貧民奉仕の精神を学ぼうとしたと考えられ

る。そして、6月6日、日本からの帰途、「贈賀川豊彦先生」という詩歌を
著したのである。それは、北京大学学生訪日団の団員である黄日葵から、貧
民窟に住み込んでその聖者として有名になった賀川への感謝と敬服を含んだ
ものであり、五四期日中友好交流の証でもあった。

第7節 おわりに

　前述の通り、吉野作造の目指した日中提携の目標は最終的に失敗したが、
北京大学学生訪日団が中国五四運動の真相を日本へと広め、日本の社会や教
育に関する諸事情を視察するという目的は達成された。また、5人組は、日
本の新人会との友好を深め、社会主義に関する交流と社会改造の意見交換を
も実現した[100]。

　対華二十一カ条問題について、「日本の行為を『やむを得ぬ』とする自己
肯定的弁解をもちながら、中国に対して『同情と尊敬』をもって接するべし
とする倫理的要請」[101]と中立的な立場を取った吉野作造に対して、賀川は、
キリスト教の人道的な立場から「悲しいのは日本政府の二十一ヵ条の要求で
ある。今日ではそれも一個の空文にしか過ぎないが、その帝国主義的な色彩
に支那全土が憤慨している」[102]と、それが空文であると評価し、厳しく批
判している。中国革命に対して、同情と理解を示すという考えは両氏とも持
っていたが、この問題については、賀川は吉野よりさらに批判的で、中国人
の立場に立っているということがわかる。

　北京大学学生訪日団が賀川の神戸新川貧民窟を訪問して以来、賀川は中国
の新聞や雑誌などにしばしば紹介された。『東方雑誌』1920年7月25日号、
「日本的新思潮与新人物」には、「新出した賀川豊彦。基督教狂信者である。
彼は貧民窟に貧民とともに数十年住み込んでいる」[103]という記載があり、こ
の「新出」という言葉によって、賀川が中国人に注目され名を挙げたのはま
さにこの時期であったと見做すことができる。すなわち、北京大学学生訪日
団が賀川を訪問した直後のことである。また、『大公報』における賀川に関
する最初の報道は、1920年7月14日の、日本の労働運動についてのもので、

知識階級、友愛会の指導者として鈴木文治、吉野作造とともに紹介され始めたのである[104]。つまり、賀川と中国人知識人団体との交流の最初の接点は、1920 年 8 月の上海日本人 YMCA 主催の夏季講座ではなく、北京大学学生訪日団の神戸新川貧民窟訪問から始まったのである[105]。この交流が、賀川の中国での説教事業展開の良いスタートとなり、直後の 8 月以降の中国訪問への堅実な基礎を築いたのである。それによって賀川はにわかに中国人に注目されるようになった。

注

1）「日人吉野作造之中国最近風潮観」『東方雑誌』第 16 巻第 7 期、1919 年 7 月、191-194 頁。
2）吉野作造著、松尾尊兊編『中国・朝鮮論』平凡社、1970 年、226 頁。
3）同上書、229 頁。
4）「吉野作造博士談日支親善運動」『大阪毎日新聞』1920 年 5 月 1 日。
5）方豪を除く 4 人、すなわち黄日葵、康白情、徐彦之、孟寿椿は、李大釗とともに、雑誌『少年中国』の職員であった。『五四時期的社団』生活・読書・新知三聯書店、1979 年、224 頁。
6）当時中国の『晨報』では、「北大遊日学生団」と呼ばれた。『民国日報』では、「北大遊日考察団」、「北大学生団」の名称が使われた。本稿では、「北京大学学生訪日団」に統一する。
7）『民国日報』1920 年 5 月 8 日、『東京朝日新聞』1920 年 5 月 8 日、「北大遊日団与日本思想界」『晨報』1920 年 6 月 15 日。
8）高一涵は 1885 年生まれ、安徽省六安出身。李大釗の友人で、『新青年』編集部と少年中国学会に属していた。北京大学学生一の訪日時、高は日本在住で、彼らを接待し、案内した。だが、高は、訪日団の正式団員ではなかったし、北京大学の教授でもなかった。「適兄、你的長信已受到了、你確定来東京最好、我同文伯已預備租房子、如果房子租不到、可租一個旅館、比租房子還要省事些……許多接治的事都来找我、整天都要接待、我一个月都陪着他們到処演説、又是把我拉進去、因此、日本報界送我一个『高教授』的頭銜。前天在神田日本青年会開中日学生聯合会講演、我們很攻撃帝国主義和軍国民教育（耿雲至編『胡適遺稿及秘蔵書信 31』黄山書社、1994 年、197 頁）。
9）『民国日報』1920 年 6 月 11 日。5 月 7 日の日程は『民国日報』1920 年 5 月 14 日、『東京朝日新聞』1920 年 5 月 8 日。同 8 日と 11 日の日程は『民国日報』1920 年 6 月 12 日。同 12 日の日程は『民国日報』1920 年 6 月 11 日。同 13 日の日程は『民国日報』1920 年 6 月 11 日。同 16、17 日の日程は『民国日報』6 月 11 日、『民国日報』1920 年 6 月 3 日（17 日の日程に関する高一涵の記事）。同 19 日の日程は『民国日報』6 月 11 日。同 20、21、22、24、25、29、30、31、6 月 1、2、4、5 日の日程は『民国日報』6 月 13 日。また、「北大遊日団与日本思想界」『晨報』1920 年 6 月 15 日を参照。
10）「日本最近之民衆運動及其組織」『東方雑誌』第 17 巻第 7 号、1920 年 4 月、29-31 頁。
11）H・スミス著、松尾尊兊、森史子訳『新人会の研究：日本学生運動の源流』東京大学出版会、1978 年、47 頁。また、黄自進「吉野作造在五四時期的対華文化交流」『中央研究院近代史研究所集刊』第 22 期（上）、1993 年、521 頁を参照。
12）黄日葵「詩―贈賀川豊彦先生」『晨報副刊』1921 年 12 月 29 日、または『少年中国』第 3 巻第 6 期、1922 年 1 月。
13）拙稿『戦前・戦中（1920-1945）の中国における賀川豊彦の受容に関する一考察』兵庫教育

大学大学院修士論文、2017年、100頁。日生「賀川豊彦与日本労工運動――一個簡単的介紹」『東方雑誌』第24巻第19期、1927年10月、25-30頁を参照。

14）『大阪毎日新聞』1919年4月12日。

15）浜田直也「孫文と賀川豊彦―1920年の上海での会談をめぐって」『孫文研究』第30号、2001年、3頁。賀川の1920年の訪中については、米沢和一郎編『人物書誌大系37　賀川豊彦Ⅱ』日外アソシエーツ、2006年、602頁にも見える。

16）五四期の北京大学学生訪日団と日本の交流については、黄自進「吉野作造在五四時期的対華文化交流」『中央研究院近代史研究所集刊』第22期（上）、1993年、武藤秀太郎「吉野作造と中国知識人―キリスト教青年会（YMCA）との関連を中心に」『吉野作造研究』第12号、2016年などを参照。

17）金丸裕一は、「五四反日運動期の中国学生運動指導者として名高い黄日葵（1899-1930）も，1920年6月に神戸・新川スラムに賀川を訪ねた時に得た感動を，一編の詩に託して公表した」と記している。だが、黄日葵と賀川との関わりや詩の内容の具体的な紹介はしていない。金丸裕一「中国における賀川豊彦評価をめぐって―1920年から1949年の事例研究」『立命館経済学』第65巻第6号、2017年3月、193頁。

18）「日支学生提携運動」『中央公論』第35巻第6号、1920年6月。

19）黄自進「吉野作造在五四時期的対華文化交流」『中央研究院近代史研究所集刊』第22期（上）、1993年、505頁。

20）松尾尊兊『民本主義と帝国主義』みすず書房、1998年、117-118頁。また、武藤秀太郎「吉野作造と中国知識人―キリスト教青年会（YMCA）との関連を中心に」『吉野作造研究』第12号、2016年、58頁を参照。

21）武藤秀太郎「吉野作造と中国知識人―キリスト教青年会（YMCA）との関連を中心に」『吉野作造研究』第12号、2016年、58-59頁。

22）後に黄日葵は日光山にある中禅寺を題材に詩を作っている。

23）中共広西壮族自治区党史資料徴集委員会　公室編『黄日葵文集』広西人民出版社、1989年、270頁。

24）前掲『黄日葵文集』、257、270頁。

25）「致林従雲」（前掲『黄日葵文集』）1頁。

26）『李達文集』人民出版社、1980年、3頁。

27）前掲『黄日葵文集』、258頁。

28）許徳珩「回憶国民雑誌社」（『五四時期的社団』生活・読書・新知三聯書店、1979年）37頁。

29）黄日葵「亜東永久平和之基礎」（前掲『黄日葵文集』）、2-20頁。初出は、『国民』第1巻第2号、1919年2月。なお、日本で「中日共同防敵協定」は「日支共同防敵軍事協定」と呼ばれる。

30）『五四時期的社団』生活・読書・新知三聯書店、1979年、135頁。

31）『五四時期的社団』生活・読書・新知三聯書店、1979年、134頁。

32）前掲『黄日葵文集』、262頁。

33）前掲『黄日葵文集』、271頁。

34）鄧仲澥（1894-1933年）は中国湖南省出身、中国共産党の初期指導者。

35）『五四時期的社団』生活・読書・新知三聯書店、1979年、272-273頁。当時は「マルクス学説研究会」と呼ばれていたが、後の学術研究においては、「北京大学マルクス学説研究会」と呼ばれる。

36）呉忠才「広西第一個共産党員―黄日葵対革命事業的貢献」『広西党史』第4期、2000年、4-5頁。

37）石舜瑾、曽伝先、文華「黄日葵伝略」『広西師範大学学報哲学社会科学版』巻号、1980年、73頁。

第一章　賀川と黄日葵　55

38）前掲「黄日葵伝略」、75 頁。

39）「黄日葵啓事」『漢口民国日報』1927 年 7 月 2 日、前掲『黄日葵文集』、242 頁。

40）「南昌蜂起」。1927 年 8 月 1 日、周恩来、賀龍、葉挺、朱徳などが率いて中国共産党が江西省南昌で行った武装蜂起。

41）楊文光「五四幹将黄日葵対馬克思主義的伝播研究」『学理論』巻号、2015 年、71 頁。

42）1924 年から 1927 年まで、中国国民党と中国共産党の政治提携が行われた（第一次国共合作）。中国共産党員は個人の資格で国民党に入党することができた。1927 年 4 月、　介石が上海で反共クーデターを起こして多数の共産党員、労働者を虐殺し、第一次国共合作は終焉した。

43）前掲『黄日葵文集』、288-289 頁。

44）王万里「五四時期黄日葵対社会主義思潮的伝播」『伝承』第 6 期、2008 年、12 頁。

45）『民国報』1920 年 6 月 13 日号。

46）浜田直也『賀川豊彦と孫文』神戸新聞総合出版センター、2012 年、81-82 頁。

47）「日本最近之民衆運動及其組織」『東方雑誌』第 17 巻第 7 期、1920 年 4 月、30 頁。

48）「日本最近之民衆運動及其組織」『東方雑誌』第 17 巻第 7 期、1920 年 4 月、31 頁。

49）黄日葵「贈賀川豊彦先生」『晨報副刊』1921 年 12 月 29 日。『少年中国』第 3 巻第 6 期、1922 年 1 月にも掲載されている。

50）李善恵『賀川豊彦の社会福祉実践と思想が韓国に与えた影響とは何か』ミネルヴァ書房、2017 年、40 頁。

51）武藤富男編『百三人の賀川伝（上巻）』キリスト新聞社、1960 年、102 頁。また、森本あんり「忘れられた預言者」『賀川豊彦学会論叢』第 17 号、2009 年、48 頁も参照。

52）前掲『黄日葵文集』、146-147 頁。原詩は『晨報副刊』1922 年 3 月 20 日に、「野葵」の署名で発表されている。原詩（三）「眼、畢竟是瞎得好！聴航髒襤褸得乞児、她唱得歌呵、是怎様的動情、是怎様的可味？」（四）「如果"主"和"親"的愛、可以給人慰安的、如果空想的国都、是可寄託精神的、那麼、青年呵！謝謝"現実"給你的経験！」

53）拙稿『戦前・戦中（1920-1945）の中国における賀川豊彦の受容に関する一考察』兵庫教育大学大学院修士論文、2017 年。

54）楊文光「黄日葵的思想発展歴程及対革命事業的促進研究」『学理論』第 3 期、2015 年、72 頁。

55）森本あんり「忘れられた預言者」『賀川豊彦学会論叢』第 17 号、2009 年、47-48 頁。

56）森本前掲論文、45 頁。

57）"Rabbi Names Group to Work out Peace", *New York Times*, 11 October 1953, p. 28. Robert Schildgen, *Toyohiko Kagawa -Apostle of Love and Social Justice-*, Centenary Books, 1988, p. 268.

58）楊文光「五四幹将黄日葵対馬克思主義的伝播研究」『学理論』第 3 期、2015 年、72 頁。

59）吉野作造、宮崎滔天、大山郁夫、与謝野晶子、今井嘉納、河上肇、森戸辰男、方上伸、長谷川如是閑、北沢新次郎、麻生正蔵、賀川豊彦、戸田海市、末広重雄、海老名弾正等。松尾尊兊「吉野作造の中国論」（『吉野作造選集 8』岩波書店、1996 年）363 頁を参照。

60）前掲『黄日葵文集』、42-52 頁。

61）前掲『黄日葵文集』、59-62 頁。

62）『少年世界』（上海、1920-）第 1 巻第 4 期、1920 年、20-24 頁。

63）黄日葵「日本之労働運動」『少年世界』（上海、1920-）第 1 巻第 2 期、1920 年、19-25 頁。

64）前掲黄日葵「日本之労働運動」、19 頁。

65）「関西労働同盟成る：今十三日北区相生館に創立大会開催：五千名の労働者は結束せり」『大阪毎日新聞』1919 年 4 月 14 日（「神戸大学経済経営研究所 新聞記事文庫」採録）。

66）「普通選挙期成：関西労働連盟：昨夜十三団体の協議会で決定：華々しく実行に着手：会場は作業服や半纏の異彩」『大阪日日新聞』1919 年 12 月 16 日（「神戸大学経済経営研究所 新聞記事文庫」採録）。

67）同上。

68）隅谷三喜男『賀川豊彦』岩波書店、2011 年、69 頁。

69）前掲黄日葵「日本之労働運動」、21-22 頁。

70）前掲黄日葵「日本之労働運動」、23-24 頁。

71）「神戸の労働争議を支那人は斯う見る」『読売新聞』1921 年 8 月 18 日（「神戸大学経済経営研究所 新聞記事文庫」採録）。

72）並松信久「賀川豊彦と組合運動の展開―自助と共助による組織形成」『京都産業大学論集社会科学系列』第 31 号、2014 年、116 頁。

73）たとえば、吉野作造は賀川豊彦の労働運動を以下のように厳しく批判している。「賀川君の工場管理宣言だが彼れは悪く云へば羊頭を掲げて狗肉を売るもの善く見れば賀川君の人道主義的思想の表現である西洋でやる工場管理は即ち工場占領で一切資本家側の使用人を排斥するのだが賀川君の管理の趣旨は管理の心持で仕事して少しも暴力に出でず且要求が徹ったら直ぐ管理を止めると云ふのだから所謂管理ではない勿論所有の移転ではない従って法律上の問題にはならない」（吉野作造博士談「争議解決の良策は第三者の調停」『大阪朝日新聞』1921 年 8 月 6 日、「神戸大学経済経営研究所 新聞記事文庫」採録）。

74）『五四時期的社団』生活・読書・新知三聯書店、1979 年、276-277 頁。

75）文書類の処理に関する業務に従事する職。

76）前掲石舜瑾、曽伝先、 文華「黄日葵伝略」、75 頁。

77）『少年中国』第 1 巻第 4 期、1919 年 10 月、42-45 頁。

78）胡適は、「大学開女禁的問題」において、女子大学生の受け入れについて、3 つの段階が必要だとしている。第一段階では、大学は学問のある女性教授を募集しなければならない。第二段階では、大学は、女子聴講生を受け入れなければならない。第三段階では、女学界において、現行の女子学制を研究し、課程を大いに改革しなければならない。（1919 年 9 月 25 日作成。初出は『少年中国』第 1 巻第 4 期、1919 年 10 月 15 日。また、『北京大学日刊』1919 年 10 月 22 日にも掲載されている。『胡適全集 20』安徽教育出版社、2003 年、61-63 頁を参照。）

79）1919 年五四高潮期、鄧春蘭は北京大学学長蔡元培に手紙を出し、北京大学入学を求めた。1920 年 2 月に彼女は北京大学の哲学系に入学し、中国初の男女共学の女子大学生の一人となる。

80）『国民』第 2 巻第 1 号、1919 年 11 月。前掲『黄日葵文集』、57-58 頁。

81）山川菊栄著「四種之婦女運動」『国民』第 2 巻第 2 号、1920 年 6 月）、「各国婦女運動史」『少年中国』（上海、1920-）第 1 巻第 8 期、1920 年 7 月、46-57 頁、「英国婦女参政運動与中国婦女」『婦人雑誌』第 9 巻第 1 期、1923 年、183-186 頁。

82）『賀川豊彦全集第 9 巻』キリスト新聞社、1963 年、75-79 頁。

83）前掲『賀川豊彦全集第 9 巻』、80-81 頁。

84）賀川豊彦著、潘白山訳「訳述：婦人運動之将来」『革新』第 1 巻第 2 期、1923 年、63-68 頁。潘白山（女性、日本留学経験あり）は「現代中国婦女運動中応有的覚悟」（『革新』第 1 巻第 1 期、1923 年、49 頁）という文章も発表している。

85）前掲「訳述：婦人運動之将来」、66 頁。

86）賀川豊彦著、叔琴訳「恋愛底自由和個性底自由」『民国日報・婦女評論』第 83 期、1923 年、2-3 頁。

87）何鎮邦、方順景「論“五四”新詩運動」中国現代文学研究叢刊、1981 年、204-226 頁。

88）『胡適全集』10、安徽教育出版社、2003 年、20 頁。『嘗試集』の創作は 1916 年から始まり、最終的には第一編から第三編までの三部構成となった。

89）前掲『胡適全集』10、22 頁。

90）前掲『黄日葵文集』73-75 頁。初出は『国民』第 2 巻 3 号、1920 年 10 月。

91）この詩は黄日葵による田漢への手紙の中から取り出されたものである。田漢「新羅曼主義及其它―復黄日葵兄一封長信」『少年中国』第 1 巻第 12 期、1920 年、24-52 頁。田漢（1898-

第一章　賀川と黄日葵　57

1968）は、湖南省長沙出身、中国の劇作家にして詩人。中華人民共和国の国歌「義勇軍進行曲」の作詞者として知られる。

92）『晨報副刊』1921 年 11 月 13 日、1921 年 11 月 15 日。

93）この「終身志業調査票」は、1920 年 10 月から 1921 年 11 月まで、少年中国学会が会員に対して行った生涯の目的に関する調査である。「関于終身志業」前掲『黄日葵文集』、132 頁。

94）黒田四郎『人間賀川豊彦』キリスト新聞社、1970 年、189 頁。

95）前掲黒田四郎『人間賀川豊彦』、106 頁。

96）村島帰之「運動も事業も論文も詩だ」（『預言詩人　賀川豊彦』、2011 年）、https://www.core100.net/lab/pdf_torikai/yogenshijin.pdf。

97）小南浩一『賀川豊彦研究序説』緑蔭書房、2010 年、15 頁。

98）ロバート・シルジェン著、劉家峰、劉莉訳『賀川豊彦　愛与社会正義的使徒』天津人民出版社、2009 年、46 頁。

99）与謝野晶子「序」（賀川豊彦『涙の二等分』福永書店、1919 年）22 頁。

100）李長春、史飛「少年中国学会与 1920 年北京大学学生訪日団」『民国研究』2014 年秋季号総第 26 輯、2014 年、184-185 頁。

101）狭間直樹「吉野作造と中国―吉野の中国革命史と日中関係史について」（『吉野作造選集 7』岩波書店、1995 年）407 頁。

102）「壁の声きく時」（『賀川豊彦全集第 14 巻』、キリスト新聞社、1964 年）574-575 頁。

103）「日本的新思潮与新人物」『東方雑誌』17 巻 14 号、1920 年 7 月、123-126 頁。

104）「日本自由労働者組合的真相」『大公報』1920 年 7 月 14 日、3 面。

105）布川は「賀川と中国の結びつきは、早い時期から形成された。確認できる最も早いものは、1920 年 8 月に、上海日本人 YMCA 主催の夏季講座に、講師として招かれたという事実である」と評価している。布川弘著、広島大学大学院総合科学研究科編『平和の絆―新渡戸稲造と賀川豊彦、そして中国』丸善、2011 年、43 頁。

第二章 「神の国運動」と「五カ年運動」

——賀川と誠静怡の関係を中心に

第1節 はじめに

　本章は、賀川豊彦と誠静怡の関係を考察し、「神の国運動」と「五カ年運動」の関係、および賀川と「五カ年運動」の関係を明らかにするものである。

　賀川(1888-1960)は日本大正・昭和期のキリスト教社会運動家、社会改良家、実践的社会学者であり、日本の「神の国運動」の指導者である。

　誠静怡(1881-1939)は中華民国期中国(以下、中国と略す)における中華全国基督教協進会の総幹事(1922-1933)であり、中華基督教会の会長(1927-1934)でもあった[1]。1930年代初期の中国で行われた「五カ年運動」は誠静怡が主に指導したものである。

　賀川豊彦は戦前・戦中(1920-1945)に中国に招かれ、数度にわたって中国を訪問して伝道活動を行い、中国と深い関係を持っていた。近年、日本では、賀川と中国との関係に関する研究は増加する傾向にあるが、「神の国運動」と「五カ年運動」を比較する論文は、管見の限り、見当たらない。

　「神の国運動」については、加山久夫[2]と黒川知文[3]の両者がすでに先駆的な研究を発表している。しかし、何れも中国の「五カ年運動」については言及していない。誠静怡については、徐亦猛[4]と劉家峰[5]の両者が詳しく紹介しているが、両者とも賀川と「五カ年運動」の関連性については言及していない。賀川と誠静怡との関わりについては、布川弘が、満洲事変前後、新渡戸稲造と賀川との平和活動の連携、太平洋問題調査会をめぐる両者による誠静怡への書簡、賀川の訪中に対する誠静怡による所感などに注目した論考

が挙げられるが、しかし、資料上の制約のため、アメリカにおける賀川と誠静怡との会見や、クリスチャン・インターナショナルの性格及びその実践については全く言及されていない[6]。

日本には、「五カ年運動」と「神の国運動」の比較研究は見当たらないが、現在の中国には確認できる唯一の論文として、華中師範大学修士課程修了生である劉莉による修士論文がある。劉莉は、先駆的に「神の国運動」と「五カ年運動」を比較し、両運動を、「1、目的と計画」、「2、実施と実践」、「3、結果と効果」の各論点から分析している。しかし、賀川と誠静怡の関係には注目しておらず、賀川と誠静怡との思想的な関連性、両運動のジョン・R・モットとの関係、両運動の超教派的な性格などについては全く触れていない[7]。このため、賀川と「五カ年運動」の関係についてさらに検討する必要があると考えられる。

本章は、コロンビア大学が所蔵する"KAGAWA TOYOHIKO PAPERS 1929-1968"[8]、イエール大学所蔵の『留美青年』(The Chinese Students' Christian Association in North America (1909-1952))[9]を主に用いて、1920-1945年に発行された日本、中国、アメリカの新聞や雑誌を参考にしながら、日本キリスト教界の指導者であった賀川豊彦と中国キリスト教界の指導者であった誠静怡、徐宝謙(1892-1944)、ケプラー(Asher Raymond Kepler、1879-1942、アメリカ北長老会宣教師。中国名は高伯蘭)との関係について分析する。そして、満州事変前後、賀川が中国キリスト教指導者と面会してクリスチャン・インターナショナルなどの平和活動を展開した経緯を探求する。最後に、賀川と誠静怡の関係及び賀川が「五カ年運動」にどのような影響を与えたかを明らかにする。こうした賀川らの平和活動を明らかにすることによって、賀川研究の空白を埋めることができ、満洲事変前後の日中両国の友好交流史に有効な視座を提供できると考える。

第2節　誠静怡の生涯について

誠静怡は、敬一とも呼ばれ、1881年9月22日に北京市で生まれ、1939年

11月15日に死去、享年59歳であった。その父は、北京東城にあるロンドン会の牧師であったため、誠が6歳の時に、一家でキリスト教に入信した。誠静怡は、幼い時から家庭で宗教教育を受けた。1900年、天津養生書院を卒業し、天津で義和団の乱に遭遇した。1901年に結婚し、1903年にロンドンへ赴き、聖書の翻訳事業に従事した。1910年に華北の代表としてエディンバラで開催された世界宣教会議に参加し、中国教会建設に関する七分間の講演を行い、名を挙げたのであった。1913年、教会の自立、自養、自伝という三自政策を宣揚し、中国のキリスト教の本色化（土着化）に尽力して、中華続行委辦会（The Chinese Continuation Committee、後の中華全国基督教協進会）の幹事を務めた。1918年、彼は、余日章、石美玉らとともに、中華国内伝道会を設立した。1922年に上海市南京路で開催された全国キリスト教大会において、誠は、中華全国基督教協進会の総幹事となり、1933年まで勤めた[10]。1927年に中華基督教会が設立され、彼は初代の会長に選ばれた。そして、彼は、1934年から中華基督教会の総幹事になり、1939年11月15日に病死するまでこの役職を担当した。誠は、1928年に、エルサレム世界宣教会議に出席し、会議の副議長に選ばれ[11]、1938年には、インドのマドラス世界宣教会に出席した。誠は、「中華帰主運動」、「五カ年運動」、「教会合一運動」、「教会中心運動」、「本色教会運動」などの指導者として活躍した[12]。誠が1939年に病死した後、多くの人が多種の雑誌に寄稿し、誠の死を悼んだ。王稼書は、『中華帰主』において、誠について「我が国教会の稀世の才」と称した[13]。『田家半月報』で、「先生は博学多聞で、人となりは高潔であり、耶穌精神を深く得られる」と評価されている[14]。『明燈』では、「誠博士は、宣教事業に大きく貢献し、国内伝道を初めて提唱した」と評されている[15]。上述の雑誌の多くは、宗教を専門とする雑誌であり、賀川の論文や著書などが数多く掲載されている。

第3節　賀川と誠静怡の出会い

　賀川は誠静怡と、長年にわたって、友好関係を築いていた。次に、賀川と

誠静怡の面会を時系列で整理していく。

(1) 1927年──初の邂逅

賀川は1927年8月18日～28日に、中華全国工業委員会に招待され、上海で10日間開催された「基督化経済関係全国大会」に出席した。また、彼は、8月29日に国際工業服務協会(International Industrial Service League)に招待され、王立アジア協会(Royal Asiatic Society)に於いて、「日本労工運動」と題して講演を行った[16]。賀川は『身辺雑記』において、「支那キリスト教連盟総主事開催の会等実に愉快であった」と上海への旅について記している[17]。

賀川は秘書のタッピングとともに上海全国キリスト教経済会議に出席し、中国キリスト教連盟総主事主催の宴席に参加した。ヘレン・タッピング女史は1927年5月2日に米国のカガワ後援会によって派遣され、日本に到着したばかりで、賀川とともに中国に行くのは初めてであった[18]。そして、賀川が記した「支那キリスト教連盟総主事」とは誠静怡のことである[19]。賀川は当時、中華基督教協進会の総幹事であった誠静怡の招待に応じて参加し、誠静怡等との宴席が愉快であったと述べている。これが、賀川が誠静怡との初の邂逅であり、賀川に対して良い印象を与えたことがうかがえる。

(2) 1931年1月から2月の伝道──クリスチャン・インターナショナルの構想

1931年1月13日から2月13日まで[20]、賀川は、日本基督教連盟の伝道部の要請で、日本人のために中国で「神の国運動」を展開したと「身辺雑記」において記録している[21]。1月15日から18日に、賀川は、ケプラー(A.R. Kepler)の招待に応じ、滬江大学で中国教会指導者約50人とともに修養会を行った。中国側は「探究真理，獲益頗多」(真理を探求して、得た益は頗る多い)と評価している[22]。

その滬江大学での賀川の講演に、誠静怡も列席したことが *Friends of Jesus* で確認できる。イダ・ベル・ルイスがその友人へ宛てた手紙で、賀川の講演

を聴いたことについて、「上海フェローシップ会議」(The Shanghai Fellowship Conference)と題して、三十数人が参会したと記述し、誠静怡、ルーツ牧師、呉貽芳(金陵女子大学校長)ら中国のキリスト教指導者等が列席したことを記している[23]。滬江大学での講演が終わり、賀川は、1月20日に、蘇州へと赴き、南京に立ち寄り、その後、1月24日に山東省の済南に到着した。彼は、25、26、27の三日間、男青年会にて各教会の指導者に向けて講演を行い、30日から6日までは濰県(濰坊)で中華基督教会および華北長老会連合大会に参加した[24]。*Friends Of Jesus* には、賀川と誠静怡が青島で一緒に撮った写真がその巻頭に掲載されている。その写真の説明は、以下の通りである[25]。

図2.1　賀川と誠静怡の写真
(出典:*Friends of Jesus*, Vol. IV. No.2, February-April, 1931, pp.1-2)
　このページにある誠静怡博士と賀川博士の写真は、彼らが一緒に上海と濰坊にて会議に参加した後、青島で撮られたものである。後者(濰坊)での日程は、8日間の農村会議であり、次号で報道される。

なお、この写真は、マザー・タッピングが発案した「カガワ・カレンダー」の 1934 年 12 月号、1940 年 1 月号にも同じく使われている。日中両国キリスト教界の指導者の友好関係が確認できるだろう。賀川と誠静怡とは、一緒に上海と濰坊両地の会議に参加した。上述のように誠は、中華基督教会の会長であり、1931 年にはすでに中国の「五カ年運動」を展開させていたのである。賀川と「五カ年運動」の展開に関しては詳しく後述する。また、賀川と誠は、一回だけの面会ではなく、両地の会議に一緒に移動し参加した事実から、その親密さがうかがえよう。

会議後、*Friends of Jesus* には、「誠静怡博士がクリスチャン・インターナショナルにて」(Dr. Cheng on the Christian Internationale)と題して、東アジアのキリスト教会の連携、友好関係の構築及び賀川に対する感謝の気持ちを含めた誠静怡の文章が掲載されている。誠静怡は、賀川の構想したクリスチャン・インターナショナル(Christian Internationale)を強く信じ、キリスト教指導者の間での連携を通して日中友好関係を築こうとし、賀川の訪中に謝意を述べ、賀川に期待を寄せた[26]。クリスチャン・インターナショナルは、賀川が 1931 年 1 月に中国を訪問した際に活動を始めようとしたものであり、組織ではなく、一種の運動である。*Friends of Jesus* の記述によれば、そのクリスチャン・インターナショナルは、各国に於いて、小グループに分けて展開され、1922 年に開始された「イエスの友」運動、1928 年に開始された「神の国運動」とともに、賀川の精神運動の一環となっている。その正式なメンバーは、1931 年 10 月 21 日〜11 月 2 日に杭州・上海で開催された第四回太平洋問題調査会のグループに加入している。その方法については、①他国のグループと連携し、情報交換を行ない、各国で「神の国」の建設を相互援助すること、②連絡を取るため、広報または機構を設置すること、③アジアで、対面式の会議を開催すること、である。この運動を構想した際、賀川らは新渡戸稲造夫妻の家にてグループ会議を開いている。1931 年の太平洋問題調査会の会議中、ケプラーは、賀川のクリスチャン・インターナショナルの発想に関するメッセージを伝えた[27]。

ケプラーは、1931 年 1 月から 2 月にかけて、賀川とともに、上海、済南、

第二章 「神の国運動」と「五カ年運動」　65

灘県等の地を回った。上海から済南への列の中で、ケプラーは賀川と、クリスチャン・インターナショナルを組織化する計画を詳しく話し合った。済南は、日本占領下に置かれていたため、国際関係が非常に緊張しており、クリスチャン・インターナショナルを早期に組織すべきだと主張する賀川にケプラーは共感している[28]。前年の 1930 年 7 月 21 日から 8 月 3 日にかけて中国での伝道活動を行った際に、賀川は、ケプラーの邸宅に宿泊したこともある[29]。中国における賀川の伝道活動には、ケプラーの果たした役割が大きかったといえるだろう。

　こうして、誠静怡は、ケプラーの助力で展開された賀川のクリスチャン・インターナショナルの発想に共鳴し、「東洋諸国の間には、精神的な連合と定期的に教会が集う」ことの必要性を強調し、各国の教会を連合するという合一精神が必要だという点で賀川と共通している[30]。

(3)　1931 年 8 月における賀川、誠静怡、徐宝謙の対面──クリスチャン・インターナショナルの実践

　世界宣教大会キリスト教青年会は 1931 年 7 月 27 日から 8 月 3 日にかけてカナダのトロントにおいて、1931 年 8 月 4 日から 9 日にかけて米国オハイオ州クリーブランドにおいて開催された。この大会は「世界が一つになるために」(That they may be one)というスローガンをかかげていた[31]。1931 年 7 月 10 日、賀川は、カナダのトロントで開催される世界 YMCA 大会の招きで日本代表として小川清澄、村島帰之を随行し、平安丸で横浜より出発した[32]。中国側は、誠静怡、徐宝謙らが代表としてアメリカへと赴いた。誠静怡ら中国キリスト教徒代表者について、『留美青年』は、誠静怡が世界キリスト教青年会の代表としてアメリカへと赴き、中国人キリスト教徒を鼓舞したことや、誠の提唱する国際的な連携について記録している[33]。

　さらに、『留美青年』は、「東洋の基督教青年をリードする」(To Lead Christian Youth in Orient)と題して、賀川、誠静怡、徐宝謙らの面会ことについて詳しく記録している。『留美青年』の記事によれば、日中両国のキリスト教指導者の間で、賀川が 1931 年 1 月〜2 月にかけて中国を訪問した時

に提唱した、クリスチャン・インターナショナルという新運動が実践されていることがわかる。また、この新運動の先駆者には、賀川豊彦だけではなく、誠静怡、顧子仁、梁小初ら著名な中国のキリスト教徒がおり、中国のみならず、香港、ハワイ、日本の代表もおり、その国際性は豊かであった。日中のキリスト教界の指導者は、両国の友好関係を築くために連絡役幹事を指定し、クリスチャン・インターナショナルの精神に沿って、両国共通の緊急課題について話し合い、賀川の構想した平和理念の実践を目指していた[34]。

　また、『留美青年』の記事によれば、1931年8月に開催された会議において、徐宝謙(1892 - 1944)は、臨時に主席となり、「東洋の両国のキリスト教指導者の間で友好関係を深める手段と方法を考え出さなければならない」と述べた。賀川は、徐の発言に強く賛成し、両国指導者間の連携の必要性を強調した[35]。徐は平和主義者であり、日中両国の友好関係を築くために力を尽くし、賀川とも数度にわたって面会を行った。徐宝謙は、燕京大学教授で、著名なキリスト教徒であった。彼は、幼いときから、儒教教育をうけ、後にニューヨークのユニオン神学校で学び、コロンビア大学で博士号を取得した人物である[36]。

　1931年9月18日の満洲事変後、徐は、「日中自由主義者にとっての挑戦」(The Challenge to Sino-Japanese Liberals)と題して、日中両国のキリスト教徒学生の連携を試みたことを述べ、「日本の軍国主義者と政治家に抵抗するために、日中両国の自由主義者の提携が急務である」と主張している。また、徐は、満洲事変後、日本のキリスト教徒が軍事政策に反対し、賀川を始めとする日本のキリスト教徒が日本人の自己反省を促したと見て、賀川が「調停(intercession)を呼びかける決議の可決に関して重要な役割を果たした」と賀川を高く評価している[37]。

　こうして、賀川の構想したクリスチャン・インターナショナルは、誠静怡や徐宝謙、顧子仁に受け入れられ、日中関係の改善のために、中国本土で実践されたのみならず、アメリカでも展開されたのである。また、平和活動を構想するとともに、賀川は中国で展開された「五カ年運動」とも深く関与していた。

第4節　賀川と「五カ年運動」

(1)　背景

　1920年代前後、誠静怡が努力した「ミッション」から「中国教会」への建設というキリスト教の中国化運動が進展してゆく。一方、五四運動が起こり、国家統一、独立の意識が高揚する中、国民革命が進行していった。これと同時に、1920年から1927年にかけて学生を中心に反キリスト教運動も活発に展開されていた[38]。その間に、中国社会における反キリスト運動は2つの高潮期を迎えた。最初の高潮期は1922年〜1924年で、1922年4月に清華大学で開催された第十一回世界キリスト教学生同盟大会を契機としたものであった。この学生同盟大会に対抗するために、上海、北京、南京、広州、福州、武漢等、各地に反キリスト教組織が成立し、全国的な反キリスト教運動が展開された。第二の高潮期は、最初よりさらに激化し、1924年〜1927年に、共産党と国民党左派の指導下で展開され、キリスト教を帝国主義と同等に見なすものであった[39]。こうした反キリスト教運動の中、中国のキリスト教徒らは中国キリスト教の運命を憂い、対策を講じながら、「五カ年運動」を開始した。

(2)　「五カ年運動」の展開——賀川の訪中を期待する

　1929年春、広州、瀋陽(1928年以前は奉天と呼ばれたが、1929-1932年には瀋陽と呼ばれていた。1932年以降、「満洲国」が成立すると、再び奉天と呼ばれるようになった)、北平、漢口、上海各地の分区会議が行われた後、5月28日に、中国各教会及び全国の教会組織代表らは、杭州で開催された中華全国基督教協進会第七回総会に出席した。そして、信徒を増やし、「基督化生活」を促進し、民衆の宗教に対する必要性を満足させるために、各教会及びキリスト教団体を連合し、1930年1月1日に正式に「五カ年運動」を開始することを決定した。その目的は、教会内向けと教会外向けに分けられ、以下のようなものであった。甲：(教会内)信徒のキリストに対する認識を深

め、キリスト教精神を人生に貫徹させること。乙：（教会外）五年以内にキリスト教信徒の人数を倍増すること。この運動の企画と指導を担った執行委員会は中華基督教会であった[40]。

　こうした「五カ年運動」は、賀川とどのような関係をもっていたのであろうか。

　中国キリスト教界は「五カ年運動」が展開される前に、すでに賀川の指導を求めていた。The Chinese Recorder（『教務雑誌』）は、ヘレン・タッピングが1929年7月に Japan Christian Quarterly に寄稿した "The Message of the Kingdom of God Movement"（「神の国運動のメッセージ」）に注目し、1929年8月にこれを紹介している。それは、賀川が全国伝道運動の展開のために発信したメッセージであった。『教務雑誌』の編集者は、賀川に対して、「我々は、賀川が中国を訪れ、この賀川メッセージを我が『五カ年運動』の一部として加えようと期待している」と述べ、「賀川の目標は、日本のキリスト教徒の数を百万人に増やすことである。もし、百万人のキリスト教徒が皆、賀川の個人の奉仕と社会愛を体得したならば、日本のキリスト教はきっとかつてない発展を遂げるだろう。もし、中国の『五カ年運動』が、こうした個人のメッセージと社会更生を中国人の心に加えるならば、中国のキリスト教の未来には、明るい曙が来るだろう」と賀川に期待を寄せている[41]。「信徒倍増」という「五カ年運動」の目標に比べて、「神の国運動」の目標は大きく、百万人の信徒を目指していた。また、The North-China Herald and Supreme Court & Consular Gazette は、『教務雑誌』の報道に注目し、「反日活動の影響力が弱くならなければ、日本の宣教師が中国に来て良い事業を展開する可能性は低いだろう。反日活動の影響力が弱くなれば、賀川氏の中国訪問は、きっと中国教会に巨大な援助をもたらすことができる」[42]と賀川の中国訪問実現に心配を示しつつ、賀川の来中に期待している。

　この時期の中国では、1927年に国民党が共産党員を追放し、上海に近い南京に新しい国民政府を設立した。ののち、外国人とキリスト教に対する南京政府の姿勢は過去よりはるかに柔軟になったことで、宣教師の活動にとっての障害は一掃された。また、キリスト教に最も寛容でない政治集団であ

る中国共産党も、この時点では視野の外にあり、その影響力を及ぼせなかった[43]。さらに、北伐の完成を遂げた蔣介石は1927年12月に宋美齢と結婚し、1930年に洗礼を受けた。この出来事は、当然、キリスト教界にとっては非常に喜ばしいことであった。外国人も中国人も、これからキリスト教が大総統の視野に入るようになると期待している[44]。

「五カ年運動」の指導者である誠静怡は、「五カ年運動」を開始した前年の1929年、早くも賀川の指導する「神の国運動」に注目していた。誠は、1929年11月に、上海広学会から出版した『賀川豊彦証道談』中国語版への序文において、賀川の思想と行動を絶賛し、賀川を、キリスト教の指導者、キリスト教実践者、社会改良者と称している。また、福音の宣伝と社会改良を重視する誠静怡は、福音の社会性を強調する賀川のリベラルな思想に傾倒している。特に、誠は、賀川が日本で展開してきた百万信者の獲得を目標とする「神の国運動」に言及し、賀川の中国訪問に期待し、賀川から日本の「神の国運動」の経験を学ぼうとした[45]。それに応じた賀川は、「五カ年運動」が展開されている最中に中国を訪問し、上海、済南、濰県、青島など各地へと赴き、「神の国運動」を展開していった。

(3) 「神の国運動」と「五カ年運動」の表裏一体の関係

賀川は、中国のキリスト教界の招待に応じ、1930年7月19日に長崎から出港し、上海に向かった。神の国運動の展開のために、中国を訪問し、8月4日に帰国した。賀川は、「身辺雑記」において、2週間程度の訪中を記し、特に、誠静怡が会長となった中華基督教会に注目し、宣教師と牧師を高く評価している[46]。

賀川は、日本人と中国人グループに分けて伝道活動を行った。彼は、1930年7月21日の夜から24日にかけて、日本人のために「神の国運動」の講演会を開き、120名の決心者(キリストを信じる決心をした人)を得た。中国人のために21日の朝から26日まで1日に2回の講演を10回、上海市外の上海大学にて英語で行った[47]。賀川の講演について、*The China Press* は、「賀川博士は彼の社会事業について興味深い話をした」(Dr. Kagawa Gives Interesting Talk on His Social Work)と題して、賀川がケプラーの紹介を得て、7月25日夜9時15分に上海基督教青年会で行った講演を「興味深い講演」(Interesting Talk)と述べ、「賀川博士の話し方と優れた人格は、聴衆の敬服を得たのみならず、昨夜の彼の講演は多大な成功裏に終わった」[48]と賀川を高く評価している。The China Press は、「著名な社会運動家が日本の男子普通選挙権への戦いについて述べる」(Eminent Social Worker Describes Japanese Fight For Manhood Suffrage)と題して、日本の労働問題、共産主義者の活動、農民と労働者の教育などについて、1930年7月26日の賀川の講演内容を紹介している[49]。

　上海中日組合教会牧師であった古屋孫次郎(1880-1958)は賀川が上海で展開した「神の国運動」について『神の国新聞』に寄稿している。古屋によれば、三夜連続で1,100名余りの聴衆がおり、そのうち161名が決心カードに署名した。その数の多さから、賀川の影響力が強いことがわかる。また、上海にある日本基督教会と中日組合教会が連携して展開した1930年の「神の国運動」は、婦人をも含む「稀に視る盛会」だと評され、上海で歓迎されていたことがうかがえる[50]。

　また、賀川は、上海のみならず、青島でも「神の国運動」を展開した。星野貞一は、青島における「神の国運動」を詳しく記録している。

　星野によれば、賀川は、誠静怡を始めとする中華基督教連盟の招待に応じ、1ヶ月半をかけて、「神の国運動」を中国で展開した。賀川は、日本基督教会にある日本人のためのみならず、青島学院、青島中学校の学生や、基督教婦人会などのためにも講演を行い、中国人に多大な感動を与えた[51]。

　「神の国運動」は上海、済南、濰県、青島など各地で開催され、大連、奉天、満鉄附属地、沙河口、旅順など各地でも、堀貞一らによって展開されている。堀貞一は、現地の牧師や信徒のみならず、学生の精神教育にも貢献した[52]。こうして、「神の国運動」は中国の多くの地域で展開され、学生と女性を対象とする活動でもあった。

　上述の通り、賀川は1931年1月から2月にかけて中国を訪問し、上海から青島へと移動する際に、誠静怡と行動をともにした。両運動の内容から見

れば、すなわち、日本では、賀川の中国における伝道活動は、「神の国運動」と呼ばれるが、中国では、当時展開中の「五カ年運動」の講師として賀川を招いたのであろう。つまり、賀川が中国で実施した「神の国運動」は、中国の「五カ年運動」とは表裏一体となっている。そして、その仲介役を果たしたのは誠静怡であった。

(4) 賀川と「五カ年運動」──社会事業を中心に

では、賀川は「神の国運動」を通して、具体的にどのように中国の「五カ年運動」に関与したのだろうか。誠静怡は、「中国基督教運動概観」(1931)において、賀川が中国のキリスト教界に歓迎されることは、社会事業への中国側の関心を示していると考え、賀川が理論と実践の両面で、中国人に感動を与えたと述べている。また、誠は、賀川の主張する福音の社会性を再び強調している[53]。つまり、賀川が主導した「神の国運動」は、宗教的な側面だけではなく、社会事業の側面においても中国側から注目されていた。

前述の如く、賀川と誠静怡は、ともに上海と濰坊の会議に参加し、濰県での8日間ほどの農村会議(rural conference)に参加した[54]。社会事業の内容については、*The Japan Times* の記述で確認できる。農村会議について、*The Japan Times* は、「賀川を招いた委員会は、デンマークとスイスがキリスト教の信条の産業への適用によって助けられたように、中国が賀川の掲げた組合事業(Cooperative Work)、農民福音学校(Peasant Gospel Schools)と直接伝道(Direct Evangelism)という3つの信条によって助けられることを期待している」[55]と詳しく記録している。そのなかで社会事業としての経験を学べるのは、組合事業と農民福音学校の展開である。直接伝道の方法とは、教えを説くということを中心とする「神の国運動」の伝道方法を指すと考えられる。

図 2.2 賀川豊彦博士
(*The North China Herald and Supreme Court & Consular Gazette*, March 14, 1934, p. 411.)

まず、賀川と中国における組合事業の関連

性について考察する。1920年にすでに上海復旦大学教授であり中国組合運動（合作社）の祖とよばれる薛仙舟（1878-1927）と知り合った賀川は、1927年には再び日本より招かれて組合運動の理論と実践の指導を依頼され、上海大学で連続講演を行った。薛仙舟は上海から日本の産業組合運動の視察に赴き、賀川により便宜を図ったことがある[56]。

　1931年1月13日～2月12日に、賀川は、中華基督教会総幹事であったケプラーの招待に応じ、中国で説教活動を行った[57]。田催宝は、賀川の講演を聴き、その講演の内容をまとめて『微音月刊』に寄稿している。田は、賀川が指導した日本の組合運動について、「賀川氏は、組合運動は基督化生活を実践する良い方法であり［中略］実践の運動であると教えてくれた」と述べ、「中国内地交通の不便」、「中国人の知識が浅薄である」、「中国における一般平民の生活が困難」であるという3つの中国の状況を挙げ、「組合こそが問題を解決でき」、「組合運動が民生を改善する良い方法」であるとし、「組合運動が我が国に大いに必要であり、提唱されるべきだ」と述べている[58]。

　1934年3月14日、賀川は、フィリピンでの伝道を経て上海に立ち寄った。*The North China Herald and Supreme Court & Consular Gazette* は、「平和への鍵としての組合―賀川博士がその重要性を強調する」（Cooperation As Key to Peace—Dr. Kagawa Stresses Its Importance）と題して、写真入りで、賀川を社会事業家、国際的な名声を博した作家として紹介し、「組合貿易協定こそが、世界の国々の平和を実現できる」とする賀川の意見を記録している。記事の最後に、記者は、賀川博士は現代の日本では極めて優れた人物として、その誠実さと率直な態度を評価している[59]。

　次に、農民福音学校について考察する。農村教会信徒の訓練について、誠静怡は、中国郷村問題と識字問題に注目すべきだと述べ、「到民間去」（民衆の中へ入って行く）が重要であると考え[60]、農村の一般信徒への識字教育と伝道を重視した。実は、この時期、中国には「農村復興」を掲げいくつかのプログラムが実行されていた。キリスト教徒であった晏陽初は、河北省の定県において、農村の健康問題、社会経済の改善、農村学校、農業技術、農

村信用組合などの課題に対して数年間をかけて尽力していた[61]。誠は、国内の晏陽初が実行した識字運動の方法に注目し、評価している[62]。さらに、中華全国基督教協進会は日本の農民福音学校にも注目し、この経験に学んでいる。また、海老沢亮は、「五カ年運動」の農村伝道と識字運動の事業について、「農村伝道も五年伝道も共に、まづ文字を教える事に主力を注がんとしている事は同情に値する。五年の後には教会々員が皆聖書賛美歌をよめるやうにしたいという目標を立てている」と述べている[63]。日中両国のキリスト指導者が農村事業の展開について意見交換し、経験を交換する希望を持っていたことがうかがえよう。

　賀川が従事した農民福音学校は、「日本の農民福音学校」(Peasant Gospel Schools in Japan)と題され、1932年にJ.H.R.と署名した人物によって『教務雑誌』で紹介されている。このJ.H.Rは、中華全国基督教協進会農村幹事の張福良である。張は、日本の農民福音学校の経営方式を詳しく紹介し、「日本の農民福音学校が近年日本の基督教運動の中で最も重要な貢献である」と評価している[64]。また、張福良は、「郷村教会平信徒訓練問題」(1933年)と題して、日本の農民福音学校の概況を整理し、『中華帰主』に寄稿している。その中で、張は、賀川を「日本キリスト教社会主義指導者」と称し、「農民福音学校は神の国運動の凡ての事業の中で最も永久の価値のある成果である」と評価している[65]。

　このように、誠静怡をはじめとする中国のキリスト教界の指導者らは、組合事業と農村教育といった社会事業の側面から賀川との友好交流と経験交換に期待していた。

(5) 「神の国運動」と「五カ年運動」の比較

　賀川と誠静怡とは、長年の親友であっただけでなく、その思想には、エキュメニズムの影響、超教派と国際性という共通の性格があることを指摘しておきたい[66]。エキュメニズムとは、教会信仰合一運動、ないし世界教会主義ともよばれる。現代キリスト教内の各宗派と教派が合一する運動である。その発端は、1910年イギリスのエディンバラ国際宣教会議である。ジョン・

R・モットがその指導者であった。誠静怡は、「殊に御地に於て神の国運動が行われて居り、私共の方では五年計画の伝道を致して居りますので、相互に経験を交換し相助ける事は非常に望ましい事であります。両者は名は異なって居りますが同じ目的であります」と述べ、「神の国運動」と「五カ年運動」の経験の交換と相互扶助に対する期待を訴えている[67]。その同じ目的とは、信徒の増加、信仰を強めることであろう。これからは、賀川と誠静怡の思想と行動を考察しながら、今まで言及されてこなかった「神の国運動」と「五カ年運動」の共通点について考察する。

A　ジョン・R・モット（1865-1955）との関係

『神の国新聞』は、「1929年4月国際宣教連盟会長モット博士の来朝に際し、日本基督教連盟主催の下に鎌倉及奈良に於いて特別協議会が催された、其協議会の決議を以て、賀川豊彦氏の案に基づく全国伝道運動を計劃せらるるやう、日本聯盟に提案せらるる處あった」と記し、賀川の全国伝道運動計画が日本基督教連盟に提案されたことを記録している。また、モットは、「日本聯盟を通じて、先づ第一年の伝道運動費中へ金壱萬五千圓の寄附をせらるる事となった」と、「神の国運動」の実行に一万五千円を寄付した[68]。このことよりモットが「神の国運動」の発足に関与していたことが見て取れる。

それと同時に、誠静怡は、モットと「五カ年運動」の関係について、「1929年春に、世界基督教協進会の会長モット氏は中国を訪問し、教会の代表とともに教会の諸事情について協議した」と述べ、モットの訪中を記録している[69]。また、モットは、日本基督教同盟代表小崎弘道らと共に、外国人ゲストとして、「五カ年運動」が立案された中華全国基督教協進会第7回総会に出席し、「五カ年運動は中国信徒にとって、責任ある唯一の生きる道である」と発言している[70]。

誠静怡は、学生時代にはすでにモットと面識があり、1910年エディンバラ国際宣教会議でモットと再会し、その後はモットと密接な関係を有していた[71]。上述の如く、モットは1910年エディンバラ国際宣教会議、1928年エルサレム国際宣教会議で、エキュメニカルを訴え、教会の合一を提唱した。

第二章 「神の国運動」と「五カ年運動」　75

　こうして「神の国運動」も、「五カ年運動」も、ともにモットとは密接な
関係をしていたことがわかる。エキュメニカル運動は、両運動の超教派的性
格の形成と深く関わっていたと考えられる。

B　超教派の精神運動

　『神の国新聞』は、「本運動は協同の力を以て一教派の為し難き協同戦線を
張り」、「各教派企てられる傳道運動と緊密に相提携し相補足する筈でありま
す」[72]と記し、「神の国運動」の持っていた超教派的運動の性格を記録して
いる。運動に参加した具体的な教派は、日本基督教教会、組合教会、メソジ
スト教会、聖公会、バプテスト教会などであり、日本基督教連盟が運動の主
役を果たした。内村鑑三が主導した無教会派は「神の国運動」には参加して
いない[73]。

　それに対して、「五カ年運動」も超教派の運動である。誠静怡は、「中華全
国基督教協進会は全国の各教会と基督教の各団体を連合し、全ての力を統合
し、民国十九年一月一日から五年奮進し、伝道運動を始める」[74]と述べ、「五
カ年運動」の超教派的性格を明らかにしている。また、精神運動について、
誠は続けて「根本的に言えば、五カ年運動は宗教的霊性的運動であり、機械
的な事業ではない」、「五カ年運動の事業については、組織が簡便であればあ
るほどよくなり、精神が充分であればあるほどよくなる」と述べている[75]。

C　福音と社会問題の結合

　賀川は、「社会運動の究竟は要するに宗教運動である。宗教運動は即ち社
会運動である」[76]と述べ、精神運動と社会運動の一体化を訴えている。隅谷
三喜男は、「賀川にとっては、「精神運動と社会運動」は、もともと一つの運
動の二つの側面に過ぎなかった。それはかれが新川の貧民窟に入った時以来
変わることがなかった。したがって、労働運動の指導者になったことも、農
民組合の創立者となったことも、かれにおける『神の国運動』の一つの形態
にすぎなかったわけである」[77]と述べている。言い換えれば、「神の国運動」
は宗教運動であったのと同時に、日本の社会運動にも大きく関わっていたの

である。黒川によれば、「神の国運動の宣言」には、女子の教育、社会、政治及び産業界における地位の改善、児童人格の尊重、少年労働の禁止といった教育問題や社会問題の解決に関する項目があると共に、「神の国運動」は、廃娼運動、禁酒運動にも関わっていた[78]。

「五カ年運動」も宗教運動であると同時に、社会問題に大きく関与した。誠静怡によれば、中華全国基督教協進会経済関係委員会は、上海で「民生」に関する研究会を開き、各都市の代表五十人余りが「民生」問題について詳しく討論し、人々の生計問題に対して大きな責任を負っているという。また、多くのキリスト教組織あるいはキリスト教と関わっている組織が加入し、社会問題の解決に努力した。その中に、婦女節制会、慈幼協済会、中華国民拒毒会、平教総会といった社会問題に関わる組織がある[79]。それらが、婦女問題、幼児救済問題、麻薬禁止問題といった社会問題の解決に関わったこととは、「五カ年運動」が福音と社会問題を結合させていた大きな特徴を示している。

両運動を比較してみると、表2.1となる。

表2.1 「神の国運動」と「五カ年運動」の比較

	「神の国運動」	「五カ年運動」
時期	1928.7 ～ 1933.12 開始期：1928.7 ～ 1929.12 発展期：1930.1-1931.9 教育期：1931.9 ～ 1932.12	1930.1 ～ 1935 準備期：1930.5 ～ 12 前　期：1930.1 ～ 1931.9 後　期：1931.10 ～ 1935
目標	信徒百万人	甲：信徒の基督教に対する認識を深め、キリスト精神を人生に貫徹させること。 乙：信徒倍増。
対象	信徒と非信徒。都市居民とともに農民、漁民、労働者、学生等。	信徒と非信徒 農村伝道と農民が主体である。
財源	国際宣教連盟の寄付金15,000円 賀川の小説の印税収入の一部 「賀川支援金」 教会への献金	外国からの援助 教会への献金

内容	宣教運動、宗教教育、農村伝道、著書出版、農民福音学校、日本福音学校、日曜学校等の設立。	前期：宗教教育、家庭のキリスト、識字運動、伝道、受託主義、青年事業。 後期：宗教教育、教化、識字運動、伝道、受託主義、青年事業、郷村伝道、団契運動。
展開場所	植民地の朝鮮、台湾、そして中国大陸、香港、フィリピン等。	中国国内—華南、華中、華東、華北、東北 上海：伝道団団長董景安が一万信徒運動を開始。 湖南：陳崇桂が広東、香港にて伝道。 河南：農村伝道、家庭礼拝、信徒識字、児童婦女治療、農村信徒訓練。 福建、江西、山東、河北、遼寧：当地伝道拡大、奉仕活動、聖書研究、家庭帰主、宗教教育、青年指導、受託主義、文字伝道、著書出版等。 華北：退修会、識字運動、家庭礼拝、農業発展、衛生等。
性格	超教派と国際性	超教派
実施方法	文書伝道、直接伝道、聖書講演会、修養会等。	文書伝道、興奮会、修養会、講演会、巡回伝道等。
成果	伝道旅行の日数 735 日 集会数 1,859 回 聴衆概数 799,037 人 決心カード数 62,460 枚	全国信徒数 1928 年 446,631 人 1933 年 488,539 人 1935 年 512,873 人 1928 年～ 1935 年の信徒増加数：66,242 人

出典：「神の国運動」：「神の国運動計画に就て 全国諸教会の愛兄姉に訴ふ」『神の国新聞』第 575 号、1930 年 1 月 7 日、3 頁；加山久夫「賀川豊彦と神の国運動」『賀川豊彦学会論叢』第 14 号、2005 年、82-104 頁；劉莉『賀川豊彦与二十世紀中国基督教思潮』華中師範大学修士論文、2008 年；黒川知文「再臨運動と神の国運動—内村鑑三と賀川豊彦の終末観」『賀川豊彦学会論叢』第 24 号、2016 年、12 頁；『賀川豊彦全集第 4 巻』、キリスト新聞社、1981 年、395 頁。

「五カ年運動」：「五年運動会議 法草案(一九三三年秋季起至一九三五年春季止)」『中華帰主』第 138 期、1933 年、21-22 頁；王時信「五年運動第一年的回顧」『中華帰主』第 113 期、1931 年、20 頁より筆者作成；「誠静怡博士在退休会的演説辞」『希望月刊』第 9 巻第 1 期、1932 年、4-5 頁；徐以 (導読)『王治心撰 中国基督教史綱』上海古籍出版社、2011(1940 年初版)、216 頁。

(6) 「五カ年運動」の成果と影響

　「五カ年運動」はある程度の成果を収めたが、開始当時の全国の「信徒倍増」の目標を見てみると、予期した目標には達しなかった。たとえば、華中、西部の例を取り上げると、その信徒と識字率から「五カ年運動」の成果を垣間見ることができる。華中、西部指導者約 600 人の調査結果によれば、1930 年に、49,342 人が「受餐信徒」であり、14,477 人が洗礼を受けたが、1934 年は 57,577 人が「受餐信徒」であり、34,088 人が洗礼を受けた[80]。また、王治心がまとめた全国の統計データを見てみると、1928 年には、宣教師が 4,375 人、信徒が 446,631 人であった。1933 年時点には、宣教師 5,775 人、信

徒が 488,539 人となった。1935 年になると、宣教師 5,875 人、信徒 512,873 人であった[81]。1928 年から 1935 年にかけて、信徒は、66,242 人の増加しかなかった。このため、「信徒倍増」の目標にははるかに遠く及ばなかったのである。

　誠静怡は、1927 年には、中国のキリスト教運動が直面する困難を見極めている。それは、反キリスト教運動、共産主義、唯物論と無神論、狭隘な国家主義精神であった[82]。また、誠は、1933 年、中華全国基督教協進会第 9 回総会の感想において、現時点の中国の国難には、日本が中国の東北を奪ったこと、中国の国家政治の不統一、軍閥武人の専横跋扈、連年にわたる内戦、水害・旱魃などがあり、中でも最大の原因は、利己的な考えだと述べている[83]。

　一方、賀川は、日本の状況について、「軍国主義的反動は、キリスト教の諸運動に非常に困難を加えた」、「軍国主義者が日本の内閣を自由にするようになって、キリスト教会はまた沈滞する傾向を示した」と教会運動の困難を示している[84]。

　中国においては、外患も深刻だが、内的な精神が欠如していることが最大の困難であると誠静怡は考えた。当時の中国の政治、経済情勢を考えてみると、中国では内憂外患が甚だしく、人々が教会に無関心であったことは事実であったため、信徒倍増がそれほど容易に実現できなかったことは想像に難しくない。つまり、政治情勢が日中両国の両運動の進行を大きく左右していたと言える。

　しかしながら、「五カ年運動」は、信徒らの精神面での改革、一般信徒の識字率の向上などの面においては、成果を収めた言える。賀川は、誠静怡の要請によって中国を訪問し、中国の「五カ年運動」の展開のもとに、「神の国運動」を実施し、多くの中国人信徒を獲得した。特に、賀川と誠が提唱した文書伝道や識字運動、婦女問題の解決、幼児救済問題の解決、麻薬禁止問題の解決といった社会問題に関わった社会事業は、「五カ年運動」の展開とともに、近代中国の国民国家の建設に一定の役割を果たしたといえるだろう。

第5節　おわりに

　本章は、次の三点を明らかにした。①　賀川と誠静怡は日中両国の基督教指導者と連携し、賀川が構想したクリスチャン・インターナショナルを実践した。②　満洲事変前後の賀川と誠静怡の関係を中心に考察した。賀川が中国で実施した「神の国運動」は、「五カ年運動」とは表裏一体の関係にあり、その仲介役は誠静怡であったことを明らかにした。③「神の国運動」と「五カ年運動」には、モットの影響、超教派の性格、福音と社会問題の融合といった共通点がある。これらはすべてエキュメニカル運動の影響を強く受けていた。

　また、賀川は、福音と社会運動との融合を訴えるリベラルな宗教思想を以て誠静怡に影響を与えたのみならず、組合事業の設立、農民福音学校の試み、農村識字運動の展開など、社会事業の実践にも取り組み、中国の「五カ年運動」に大きな影響を与えた。賀川の思想は、誠静怡との共通性があり、中国の「五カ年運動」の理論的基礎ともなった。

　この二つの運動は金丸裕一が指摘した「指導と被指導」といった序列関係ではなく[85]、むしろ、経験の交換と相互扶助の関係にあり、エキュメニカル運動の精神が日中両国教会において対等に実践されたものである。

注
1 ）劉家峰「従差会到教会：誠静怡基督教本色化思想解析」『世界宗教研究』第 2 期、2006 年、114 頁。賀川豊彦と誠静怡は、いずれもプロテスタントである。本稿で検討する宗教関係者はプロテスタントに限定する。
2 ）加山久夫「賀川豊彦と神の国運動」『賀川豊彦学会論叢』第 14 号、2005 年、82-104 頁。
3 ）黒川知文「再臨運動と神の国運動—内村鑑三と賀川豊彦の終末観」『賀川豊彦学会論叢』第 24 号、2016 年、1-54 頁。
4 ）徐亦猛「中国におけるキリスト教本色化運動—誠静怡についての考察」『アジア・キリスト教・多元性』第 6 号、2008 年、87-96 頁。
5 ）劉家峰　前掲論文、113-122 頁。
6 ）布川弘著、広島大学大学院総合科学研究科編『平和の絆—新渡戸稲造と賀川豊彦、そして中国』丸善、2010 年。
7 ）劉莉『賀川豊彦与二十世紀中国基督教思潮』華中師範大学修士論文、2008 年。
8 ）アメリカ・コロンビア大学 Burke 図書館に所蔵されたアーカイブ *KAGAWA TOYOHIKO*

PAPERS 1929-1968 である。筆者は 2017 年 9 月 26 日～ 29 日にこのアーカイブから資料を収集した。Burke Library Special Collections 管理員である Betty Bolden 氏から貴重な資料を見せていただいた。(The Burke Library Archives, Columbia University Libraries, Union Theological Seminary, New York)。

9 ）アメリカ・イエール大学に所蔵されたアーカイブ『留美青年』(*Chinese Students' Christian Association in North America Records (1909-1952)*)。筆者は 2017 年 10 月、アメリカ・イエール大学を訪ねた際に、イエール神学校図書館特別コレクションコーナーの Senior Archives Assistant であった Joan R. Duffy 氏から便宜を計っていただいた。ここに記してお礼を申し上げる。『留美青年』の発行元である北米中華学生基督協会は 1909 年に、イエール大学在学生であった王正廷 (C. T. Wang. 後に国民政府の外交部長となった。)、コロンビア大学在学生であった郭秉文 (P. W. Kuo, 1879-1969)、ハーバード大学在学生であった余日章 (David Z. T. Yui)、ミシガン大学在学生であった W. C. Chen によって設立された。最初の会議は、1909 年 9 月 2 日～ 6 日までニューヨーク市、ハミルトンにある Colgate 大学で開催された。この協会の目的は、①基督教精神を促進すること、②モラルを深め、自己犠牲と自立を強めること、③学生の連合と協力を促すこと、④アメリカ生活と社会を学び、文書、講演、劇などを通して、中国文化と文明をアメリカに広げることにある ("1931-1932 pamphlet", *Chinese Students' Christian Association in North America Records (1909-1952)*)。以下 *CSCANAR* と略す。

10）「誠静怡博士史略」『中華帰主』第 201 期、1939 年、16 頁。

11）劉家峰「従差会到教会：誠静怡基督教本色化思想解析」『世界宗教研究』第 2 期、2006 年、113-114 頁。

12）「誠静怡博士史略」『中華帰主』第 201 期、1939 年、16 頁。

13）王稼書「景行録―悼念誠静怡博士」『中華帰主』第 201 期、1939 年、17 頁。

14）「追悼誠公静怡特刊 思念誠静怡博士」『田家半月報』第 6 巻第 23 期、1939 年、13 頁。

15）「小言―誠静怡博士」『明燈』(上海、1921-) 第 272 期、1940 年、1-2 頁。

16）日生「賀川豊彦与日本労工運動――一個簡単的介紹（附照片、表）」『東方雑誌』第 24 巻第 19 期、1927 年、26-27 頁。

17）「身辺雑記」(『賀川豊彦全集第 24 巻』キリスト新聞社、1983 年）88 頁。

18）「年表」(『賀川豊彦全集第 24 巻』キリスト新聞社、1983 年、596 頁。

19）「中華基督教連盟主事」が誠静怡であることについては、前掲浜田直也書 40 頁でも説明されている。また、日本にキリスト教連盟の常議員会会長である井深梶之助、幹事の宮崎小八郎、幹事の William Axling は、1927 年 4 月 14 日に、中華全国基督教に書簡を送り、漢口、上海、南京、北京等の地で北伐によって起こった事変について慰問の意を表した。中華全国基督教協進会は感謝の書簡を返した。これら 2 通の書簡は『中華帰主』に掲載されている。そこには、中華全国基督教協進会会長として余日章、総幹事として誠静怡の署名があった。余日章、誠静怡「1927 年日本基督教連盟来函及本会覆函」『中華帰主』第 73 期、1927 年、9 頁を参考。

20）1931 年 1 月から 2 月の賀川の訪中の詳細については、拙稿「戦前の中国における賀川豊彦の受容に関する一考察―1931 年から 1936 年までの雑誌や新聞を中心に」『賀川豊彦学会論叢』第 25 号、2017 年、1-37 頁を参照されたい。

21）「身辺雑記」『賀川豊彦全集第 24 巻』、キリスト新聞社、1983 年、125 頁。

22）「教訊：賀川豊彦在華演講日程（上海）」『興華』第 28 巻第 8 期、1931 年、32 頁。

23）*Friends of Jesus*, Vol. IV No. 2, February-April, 1931, pp. 72-75.

24）前掲拙稿、11-12 頁。

25）*Friends of Jesus*, Vol. IV. No. 2, February-April, 1931, pp. 1-2 (*KAGAWA TOYOHIKO PAPERS 1929-1968*)

26）*Friends of Jesus*, Vol. IV. No. 2, February-April, 1931, pp. 1-2 (*KAGAWA TOYOHIKO*

PAPERS 1929-1968)

27）Friends of Jesus, Vol. IV. No. 2, February-April, 1931, p. 3（KAGAWA TOYOHIKO PA-
PERS 1929-1968）

28）Friends of Jesus, Vol. IV. No. 2, February-April, 1931, pp. 67-68（KAGAWA TOYOHIKO
PAPERS 1929-1968）

29）「身辺雑記」『賀川豊彦全集第 24 巻』キリスト新聞社、1983 年、119 頁。

30）Friends of Jesus, Vol. IV. No. 2, February-April, 1931, pp. 1-2（KAGAWA TOYOHIKO
PAPERS 1929-1968）.

31）Wesley K. C. May, "An Impression of the World "Y" Conference", CSCANAR, Vol. 23
No. 1, October, 1931, pp. 4 and 8.

32）「年表」『賀川豊彦全集第 24 巻』キリスト新聞社、1983 年、601 頁。

33）CSCANAR, October 1931, Vol. 23, No. 1, p. 1.

34）CSCANAR, October 1931. Vol. 23, No. 1, p. 3.

35）CSCANAR, October 1931. Vol. 23, No. 1, p. 3.

36）山本澄子『中国キリスト教史研究 増補改訂版』山川出版社、2006 年、73 頁。

37）CSCANAR, Vol. XXIII, No. 4, January, 1932, pp. 3-4.

38）石川照子「第五章 中華民国の社会とキリスト教──一九一二から一九四九年まで」（石川照
子、桐藤薫、倉田明子、松谷曄介、渡辺祐子『はじめての中国キリスト教史』かんよう出版、
2016 年、122-123 頁。

39）徐炳三「福建聖公会与“五年布道奮進運動”」『宗教学研究』第 3 期、2005 年、179 頁。筆
者は、2017 年 9 月～ 10 月にアメリカの Overseas Ministries Study Center を訪ねた時、華中
師範大学の徐炳三氏に出会い、資料の調べ方を教えていただいた。ここに記して御礼申し上
げる。

40）「為籌備五年運動向全国同道徴求意見」『中華帰主』第 97 期、1929 年、2-3 頁。

41）"Mr. Kagawa's Message", The Chinese Recorder, Aug 1, 1929, p. 480.

42）"Chinese Recorder for August", The North-China Herald and Supreme Court & Consular
Gazette, Aug 24, 1929, p. 313.

43）Daniel H. Bays, A New History of Christianity in China, Wiley-Blackwell, 2012, p. 124.

44）Daniel H. Bays, A New History of Christianity in China, Wiley-Blackwell, 2012, p. 125.

45）誠静怡「序」（『賀川豊彦証道談』上海広学会、1929 年初版、1939 年再版）。『賀川豊彦証道
談』は、賀川が著した『イエスの宗教と其真理』をもとにした中国語版である。原著は、
1921 年 12 月 15 日に警醒社書店により出版されている。

46）「身辺雑記」『賀川豊彦全集第 24 巻』キリスト新聞社、1983 年、118 頁。

47）同、119 頁。

48）"Dr. Kagawa Gives Interesting Talk On His Social Work", The China Press, Jul 26, 1930,
p. 3.

49）"Eminent Social Worker Describers Japanese Fight For Manhood Suffrage- Dr. Toyohiko
Kagawa's Address On Labor Problems", The China Press, 26 July, 1930, p. 14.

50）『神の国新聞』第 607 号、1930 年 8 月 20 日、7 頁（復刻版、『神の国新聞』第 1 巻、緑蔭書房、
1990 年、263 頁）。

51）星野貞一「青島神之国運動」『神の国新聞』第 636 号、1931 年 3 月 11 日、7 頁（復刻版、『神
の国新聞』第 2 巻、緑蔭書房、1990 年、79 頁）。

52）「大連神之国運動」第 637 号、1931 年 3 月 18 日、7 頁（復刻版、『神の国新聞』第 2 巻、緑
蔭書房、1990 年、87 頁）。満州の「神の国運動」については、「満州神之国運動」1931 年 4 月
1 日、第 639 号、7 頁（復刻版、『神の国新聞』第 2 巻、緑蔭書房、1990 年、103 頁）を参照
されたい。

53) 誠静怡「中華基督教運動概観」『中華帰主』第 117 期、1931 年、4 頁。

54) *Friends of Jesus*, Vol. IV No. 2, February-April, 1931, pp. 1-2（*KAGAWA TOYOHIKO PAPERS 1929-1968*）.

55) "Personals and Local Items", *The Japan Times*, January 24, 1931.

56)「中国復興と日本」『賀川豊彦全集第 13 巻』キリスト新聞社、1982 年、18 頁。

57) 1931 年 1 月から 2 月にかけての賀川の訪中については、前掲拙論文 6-12 頁を参照。

58) 田璀宝「聴了了賀川豊彦氏的演講以後」『微音月刊』第 1 巻第 2 期、1931 年、110-111 頁。

59) *The North China Herald and Supreme Court & Consular Gazette*, March 14, 1934, p. 411.

60) 誠静怡「中華基督教運動概観」『中華帰主』第 117 期、1931 年、5-6 頁。

61) Daniel H. Bays, *A New History of Christianity in China*, Wiley-Blackwell, 2012, p. 126.

62) 誠静怡「中華基督教運動概観」『中華帰主』第 117 期、1931 年、5 頁。

63) 海老澤亮「中国に使して　隣邦中華民国の聖戦は　く進軍しつつあり」『神の国新聞』第 644 号、1931 年 5 月 6 日、2 頁（復刻版、『神の国新聞』第 2 巻、緑蔭書房、1990 年、138 頁）。

64) J. H. R., "Peasant Gospel Schools in Japan", *The Chinese Recorder*, Sep. 1, 1932, p. 591.

65) 張福良「郷村教会平信徒訓練問題」『中華帰主』第 134 期、1933 年、11-12 頁。

66) 賀川の思想にあるエキュメニズム（ecumenism）、超教派（interdenominational）と国際性（international）については、すでに Mullins が次の論文の中で指摘している。Mark R. Mullins, "Kagawa Toyohiko（1888-1960）and the Japanese Christian Impact on American Society" in Albert L. Park and David K. Yoo（eds.）, *Encountering Modernity*, University of Hawai'i Press, 2014, pp. 162-194. また、誠静怡の思想には、世界教会運動の影響が強く、超教派と国際性があるということについても、Wang XiaoJing が、その博士論文において明らかにしている。Xiaojing Wang, *The Church Unity Movement in Early Twentieth-century China: Cheng Jingyi and the Church of Christ in China*, New College, University of Edinburgh, October, 2012.

67) 誠静怡「同じ目的の五年伝道」『神の国新聞』第 642 号、1931 年 4 月 22 日、6 頁（復刻版、『神の国新聞』第 2 巻、緑蔭書房、1990 年、126 頁）。

68)「神の国運動成立の経過−我国の救の為に神の為し給う処を視よ」『神の国新聞』第 575 号、1930 年 1 月 7 日、2 頁（復刻版、『神の国新聞』第 1 巻、緑蔭書房、1990 年、2 頁）。一方、賀川は、黒田四郎とともに、1928 年 7 月から全国巡回伝道を開始したが、1929 年 11 月 6 日、日本基督教連盟による宣教開始 70 年記念式典において、「神の国運動」と名付けられて正式に発足した。前掲加山久夫論文、90 頁を参考。

69) 誠静怡「五年運動的浅近説明」『中華帰主』第 102/103 期、1930 年、23 頁。

70)「本会第七届年会之特色」『中華帰主』第 97 期、1929 年、3-5 頁。

71) *FRIENDS OF JESUS*, Vol. IV No. 2, February-April, 1931, p. 1（*KAGAWA TOYOHIKO PAPERS 1929-1968*）.

72)「神の国運動計画に就て　全国諸教会の愛兄姉に訴ふ」『神の国新聞』第 575 号、1930 年 1 月 7 日、3 頁（復刻版、『神の国新聞』第 1 巻、緑蔭書房、1990 年、3 頁）。

73) 黒川知文「再臨運動と神の国運動―内村鑑三と賀川豊彦の終末観」（『賀川豊彦学会論叢』第 24 号、2016 年、12 頁。

74) 誠静怡「五年運動的浅近説明」『中華帰主』第 102/103 期、1930 年、23 頁。

75) 誠静怡「五年運動的浅近説明」『中華帰主』第 102/103 期、1930 年、25 頁。

76) 賀川豊彦「精神運動と社会運動」『賀川豊彦全集第 8 巻』キリスト新聞社、1981 年、412 頁。

77) 隅谷三喜男『賀川豊彦』岩波書店、2011 年、185 頁。

78) 黒川知文「再臨運動と神の国運動―内村鑑三と賀川豊彦の終末観」『賀川豊彦学会論叢』第 24 号、2016 年、18-19 頁。

79) 誠静怡「中華基督教運動概観」『中華帰主』第 117 期、1931 年、4 頁。

第二章 「神の国運動」と「五カ年運動」 83

80)「五年運動工作調査結果」『中華帰主』第 152 期、1935 年、16-17 頁。「受餐信徒」とは、当時「聖餐」を受けていた信徒を指す。

81) 徐以 （導読）『王治心撰「中国基督教史綱」』上海古籍出版社、2011 年（1940 年初版）、216 頁。

82) Cheng Ching-yi "Some Problems Confronting the Christian Movement in China: As Seen by a Chinese Christian, an Address Delivered in Martyrs." Memorial Hall, Shanghai, April, 1927, p. 15, New Haven Yale Divinity School Library, Special Collections: Record Group 10, Miner Searle Bates Papers.

83) 誠静怡「第九届大会随感録」（『中華帰主』137 期、1933 年、5 頁）

84)「永遠の再生力」『賀川豊彦全集』第 4 巻、キリスト新聞社、1981 年、396 頁。

85) 金丸裕一は、両運動の関係について、「『神の国運動』に対する中国側の関心が高まった動向の中に、日本側は『指導と被指導』といった序列を見出してしまった」と述べている。金丸裕一「賀川豊彦による「中国」言説の一考察」『賀川豊彦論叢』第 26 号、2018 年、80 頁。

第Ⅱ部

戦前・戦中の中国における
雑誌や新聞からみる賀川像

第三章　民国期の中国における賀川に関する報道
──『東方雑誌』と『大公報』を中心に

第1節　はじめに

　本章は、中国で発行された雑誌『東方雑誌』と新聞『大公報』における賀
川に関する紹介や報道などを整理し、史料を紹介するとともに、賀川が民国
期の中国でどのように報じられたか、賀川の思想が中国でどのように受容さ
れたかを検討する。

　『東方雑誌』は1904年3月に創刊された総合雑誌であり、1948年12月に
第44巻第12号をもって廃刊となった。創刊号から第8巻までは政府発表の
報告などが多かったが、後に幅広い分野にわたり、論文や海外論調の紹介な
どが掲載された[1]。『東方雑誌』は、沈伯曾らクリスチャンの出資を得て夏
瑞芳らが創業した商務印書館によって創刊され、国政・外交・軍事・学術・
教育・文化といった幅広いジャンルにわたり、出版された[2]。編集方針は、
時代ごとに変遷してきたが、その変遷について、中国の学者は、次の5段階
を示している。①創刊初期：「国民を啓蒙し導き、東アジアと連携する」。②
初期〜1920年代前期：「世論の顧問役を果たす」。③1920年代中期：「中国
人の共通の読み物」。④1920年代後期から30年代：「中国知識人の新生を求
める」。⑤戦時中：「文化を発揚し、学術を伝播させる」[3]。後述の通り、賀
川に関する報道は、②、③、④期に集中している。つまり、賀川の報道は、
「世論の顧問役」期と「中国人の共通の読み物」期に多かった。洪九来が主
張するように、この時期、『東方雑誌』の執筆陣の知識人は、「世論」を導い
たのではなく、むしろ「世論」の顧問役を果たした。その中に寛容的な、「価

値中立」の自由主義精神が含まれている[4]。周知のとおり、中国では、1910年代後半から1920年代に、五四新文化運動が起こり、その影響によって中国思想界が一新された。そして、マルクス主義思想が中国の知識人によって中国に持ち込まれ、1921年に中国共産党が成立した。この時期は、欧米諸国や日本の思想文化が中国にますます紹介されるとともに、中国人が欧米諸国や日本に知的源泉を求めていた時期でもあった。このような背景もあり、上述した段階ごとに分けた国民政府支持の『東方雑誌』の旨と賀川の報道を比較しながら、民国期の中国における賀川に関する評価を捉えることが本章の目的の一つである。

　これに対して、『大公報』は、最初に1902年5月12日から天津での販売が始まった[5]。当時、『大公報』創刊の主旨は、「見識を広げ、民智を開き、私見を除き、是非の公正を存じさせ、大公の実を求める」(拓見聞開智慧去畛域存是非之公以求合大公之実)[6]というものであった。その『大公報』は英斂之により創刊され、その後継者の張季鸞、胡政之、呉鼎昌、王芸生らの編集のもと、中国近代社会と文化に大きな変遷をもたらしたという[7]。1902年創刊から1949年にかけて、『大公報』は、天津、上海、重慶、漢口、桂林、香港で異なる版を発行し、中国国内外の社会、文化、政治などを多方面から報じてきた。しかし、『大公報』は、1910年後半から経営困難に陥り、1925年に停刊に追い込まれた。26年に新記公司が経営を引き継いでから上海版を発行し、全国紙となり、1949年まで黄金時代を築いた。以降も性格を変えつつ1966年まで続いた(香港版は現在でも発行されている)[8]。つまり、『大公報』は、国民党側の政治論説系の新聞として、「公」の公正を重視し、中立の立場を取ると同時に、私見を除き、客観的な報道姿勢を求めた。本章で扱う賀川を報道した『大公報』のバージョンは、『大公報天津版』『大公報上海版』『大公報重慶版』『大公報桂林版』、そして『大公報香港版』である。後述の通り、1920年から1949年に、賀川は長年にわたり、『大公報』に注目されてきた。

　『東方雑誌』は学術雑誌として研究の深さとその専門性を求めていた。これに対して、『大公報』は、政論系の新聞として、その時事性と公共性が求

められ、新聞として世論を導く役割も重視された。両者とも国民党支持の立場であった。それぞれ違う視点から賀川を紹介することで、中国における賀川の評価をより多面的に考察できると考えられる。また、同じ主題であっても異なる報道の方法によって、賀川に対する中国側の見方は異なってくる。本章は、文化、思想面から『東方雑誌』における賀川の報道を、労働運動、著述、廃娼運動、農民運動、無産政党運動に分けて考察するとともに、時系列で1920年から満州事変、満州事変から日中戦争の勃発、日中戦争以降という段階で『大公報』における賀川の報道を整理する。このように、雑誌と新聞における賀川の報道を比較することによって、より全面的に中国における賀川に関する評価を探ることができるだろう。

　また、中国における賀川評価をより総合的に、立体的に検証するために、1923年の関東大震災以降、連携してボランティア活動を行ってきた吉野作造、組合事業で連携してきた新渡戸稲造の報道をも視野に入れ、比較し考察する。『東方雑誌』における報道件数は、筆者の確認によれば、それぞれ、賀川が19件、吉野が12件、新渡戸が6件であった。『大公報』での報道件数は、賀川が22件、吉野が12件、新渡戸が27件であった。しかし、吉野にせよ、新渡戸にせよ、1920年代〜30年代に、日本人の中で、賀川ほど中国で大きな関心を寄せられた日本人はいなかった。たとえば、1930年、賀川は中国人に「インドにはガンジー、ロシアにはレーニン、中国には孫中山、そして、日本には賀川豊彦がいる」[9]と評されるほどであった。ガンジー、レーニン、孫文といった世界的に有名な人と一緒に並び紹介されることは、賀川が日本の一シンボルである著名な人物であったことが中国側の記述によって物語られている。また、1919年の五四運動後、1925年五・三十運動、日中戦争、といった時期の中国の情勢を踏まえ、その当時の中国側は、賀川という"個"を通して、日本の大正デモクラシー、無産政党運動などをどう見つめていたかを垣間見ることができよう。関連して、賀川に言及した初期の中国共産党が発行した雑誌や新聞も対照しながら紹介する。

第2節　『東方雑誌』における賀川の報道について

　1920年代『東方雑誌』の賀川に対する注目点は、時代の変遷とともに、概ね労働運動→著述→廃娼運動→農民運動→無産政党運動へと推移していった。これを通して、大正デモクラシーの中で活躍した賀川とその仲間達の動きを垣間みることができる。

(1)　労働運動

　まず、労働運動について考察する。

　最初の『東方雑誌』における賀川の紹介は、1920年4月10日第17巻第7号に掲載される「日本最近之民衆運動及其組織」(1920)である。賀川は、「神戸に隠居する社会学家」として、社会問題研究及びマルクス主義の宣伝に熱心な河上肇とともに紹介され、鈴木文治、麻生久、棚橋小虎、久留弘三、松岡駒吉とともに、労働問題に対する「卓越した見識者である」と紹介されている。その文末において、日本の労働運動は、秩序組織が完備していると評価され、「物質的より精神的へと進み、徐々に愛他的傾向にある」と観察されている[10]。これは、日本の初期労働運動界におけるいわゆる賀川路線が反映されていることを伝えるものである。

　1920年7月25日号には、「日本的新思潮与新人物」と題して、「新進の賀川豊彦は、キリスト教狂信者である。彼は、神戸貧民窟で貧民とともに十年住んだ。彼は、痛苦哲学を主張するものであり、預言詩人であり、労働運動の実践家である(友愛会関西部理事)(中略)新人物の中で、異彩を放ち、人道的社会主義を主張する。それは実際の運動において、倫理的な雰囲気があり、宗教性が強かった。」[11]と賀川が労働運動の実践家であると評されている。また、賀川の思想が人道的な社会主義とみなされ、倫理的で宗教的な意義が含まれると中国人に認識されている。

　東京特約通信員である鳴田は、「日本社会運動の現状」(1921年3月25日)において、欧州大戦以来、現在の国体と政体の下、日本の社会運動が行き詰

まっていると観察している[12]。鳴田によると、賀川は、友愛会の中心人物として、会長の鈴木文治、麻生久、棚橋小虎、久留弘三、高山義三とともに紹介されている。その紹介記事は、次の通りである。

　「その五人の中、特に最も有名なのは、賀川と麻生である。賀川は、アメリカから帰ってきた留学生で、キリスト教信徒である。神戸貧民窟に十年住んだ。去年、中国にて貧民状況に関する実地調査を行った。氏は性質温厚で、文弁に優れ、非常に博学である。宣伝運動において、労苦をいとわない。曾て『友愛会』関西連合会会長を務めた。大正8年（1919）、「友愛会」が東京で大会を開き、賀川氏は新人物を率い、「友愛会」内の旧勢力を圧倒した。大会後、『友愛会』全体が新色彩を放つ。賀川氏は平和主義者、精神主義者、理想主義者であり、階級闘争を否認する。近来労働運動は、戦闘的であり、物質的であり、実際的な態度を有する。したがって、賀川氏の立場は、往々にして苦境に陥る。去年「友愛会」が大坂で大会を開き、賀川氏が関東派に強く攻撃される理由もここにある。（関東は東京横浜当地である）。賀川氏は普選運動を重視し、将来は必ず議会で活躍するだろう。」[13]

（日本語訳は引用者による）

　ここでは、日本の労働運動界において、前述した賀川路線は次第に後退していく様子が伝わっている。平和主義者、精神主義者、理想主義者、階級闘争を否認するといった賀川に対するイメージは、鳴田にも認識されている。鳴田がみた、階級闘争を否認する賀川の思想は、胡適とも共通している[14]。その「日本社会運動の現状」という文章の最後に、賀川は、必ず「議会で活躍する」との期待が寄せられていた。

　1921年7月〜8月の神戸川崎・三菱大争議について、『東方雑誌』は、「日本神戸造船廠之罷工事件」（1921年9月10日号）と題し、神戸川崎三菱大争議を報道している。『東方雑誌』は、「工場管理宣言」を引用し、労働者の人格承認の要求を取り上げ、それが「日本労働界が進歩してきた一端である」

と賞賛している。その文末に、賀川の名前が取り上げられ、「二十九日に労働者と警察隊の間に衝突が起き、当地の官憲が神戸各署の警察官全員の出動を命じ、労働運動の本部を襲い、賀川豊彦ら幹部二百数十人を捕らえている」との記述があり、「今後は如何に変化していくだろうか」と関心を示している[15]。

『東方雑誌』の執筆者陣の他、陳独秀は、「日本の賀川氏は、日本の貧民窟に十数年住み込み、アメリカの貧民窟にも実地調査に行ったことがある。[中略]賀川は上海の閘北と営盤口等の現地の貧民窟で調査を行った。そこでの労働者の生活状況は、上海の富裕な金権力者には容易に見えないものである」と賀川の上海貧民窟の調査を紹介した。また陳は、中国の労働運動は、「人類の同情心と同胞への感情を喚起させ、貧しい労働者を助け、我々が堪えない苦しみを労働者にさせないよう」[16]努力すべきだと訴えている。陳独秀は、労働者のために力を尽くした賀川から感銘を受けたのである。

それに関連して、賀川が指導した神戸川崎・三菱大争議は、中国共産党初期の刊行物にも注目されていた。中国共産党初の機関紙である『共産党』は、月刊誌として、1920年11月7日に創刊されたが、6号を発行した後、1921年7月に休刊となった。この機関紙は中国全土で秘密裡に発行され、李達が編集長を務め、陳独秀、李達、施存統、沈雁冰がその主要な執筆陣となった[17]。『共産党』1921年7月号は、「日本神戸造船工人大罷工之経過」(1921)と題して、神戸川崎・三菱大争議の経過について詳しく報道している。『共産党』は、「彼らの活動に我々は非常に敬服している」と述べ、「賀川豊彦、久留弘三、佐々木純一、野倉萬治ら四人が委員となり、川崎の労働者を慰問し、川崎造船所を訪問し、団体交渉権の意義を訴えたが、当局はそれを聞き入れない」と報道した。また、この記事では、その結果、「ストライキの指揮者である賀川豊彦氏が警察によって警察署に拘留され、起訴された」と述べながら、それが「労働者の勝利だ」、それが「労働者の階級は覚醒した」、「その悲壮な宣言や、ストライキ中の工場の占拠や、警察に敵対する勇気や、そして、失敗後も労働界と連絡を取る計画などから見れば、彼らの士気は決して小さくない」と争議を高く評価している[18]。共産党の成立初期に、賀川の思想

と行動が陳独秀ら共産党員の創立者に勇気を与えていることがわかるだろう。

　神戸川崎・三菱大争議後、賀川は労働運動の最前線から退き、農民運動に
転身した。『東方雑誌』は、その転換を物語っている。1923年に、東方布衣
は、「日本社会運動家之近況」(1923)と題して、「日本社会運動家には、賀川
豊彦がいる。彼は、キリスト教の労働運動思想者である。神戸新川貧民窟に
居住している。その影響力は、徐々に低下している」[19]と賀川の労働運動界
における影響力を失っていったことに注目している。

　以上、中国では、日本の労働運動界における賀川の位置について詳しく報
じられていることがわかる。

(2)　著述

　1921年、賀川がその著作を以て中国人から注目を浴びたのは、「社会主義
と進化論の関係」(1920)という論文であった[20]。「東西方文化調和論」を訴
える陳嘉異は、賀川の論説こそ我々にとって学ぶべきだと主張し、次のよう
に述べている[21]。

　　賀川の社会主義に対する態度は、一方には科学に基づき、他方では、
　　人間意志の努力を求めた。我々にとって、それを学ぶべきではないか。
　　賀川は日本では唯心史観を主張し、マルクス派の唯物史観とは区別して
　　いる。

　　　　　　　　　　　　　　　　　　　　　　　　　（日本語訳は引用者による）

　このように、陳は、科学と精神（人間意志）の融合もしくは科学と宗教の融
合を主張するとともに、人間意志の重要性を強調した賀川流の思想を認識し
ている。賀川による「社会主義と進化論の関係」は、もともと『改造』第1
巻第7号に掲載され、1920年に東京警醒社から出版した『人間苦と人間建
築』という図書に収録されたものである。同書は、『精神運動と社会運動』
の続編として、1919年から1920年にわたり、賀川が各種の新聞雑誌に発表
した17篇の論文を収録したものである[22]。

図 3.1 「賀川豊彦最新肖像」
(日生「賀川豊彦与日本労工運動——一個簡単的介紹」『東方雑誌』第 24 巻
第 19 号、1927 年 10 月、29 頁。)

　マルクス主義や進化論が西洋や日本から伝播されてきた 1920 年代初期において、陳にとっては、賀川の思想が良い知的源泉となったといえよう。
　他方、陳は、自由恋愛と家庭関係の関係について、堺利彦が『改造』第 2 巻第 1 号で述べた賀川に対する評価を借りて、「賀川は、自由恋愛のために家庭関係を破壊してはならないと主張する。それは忠実かつ誠実だ」[23]と賀川を高く評価している。
　薇生は、『早稲田文学』第 193 号大正 10 年度(1921 年)の「文芸と思想大観」における宮島新三郎の「創作界の傾向と事件」を抄訳し、「一九二一日本小説界」(1922 年)と題して、「新聞には、通俗小説以外、相次いで長編芸術小説が連載されている。単行本には、賀川の『跳過死線』(かつて『改造』に掲載する)」と紹介している[24]。
　賀川の『死線を越えて』(1920)は、大正期のベストセラーとなり、二百回重版したという。そのタイトルは、薇生によって『跳過死線』と訳されてい

るが、夏丏尊は「評論：賀川豊彦氏在中国的印象」において、『死線を越えて』を『越死線』[25]と訳したので、それ以降は、ほとんど『越死線』と訳されている。たとえば、胡穎之による「日本無産政党的再生及其将来」(1926年)[26]、または、日生による『賀川豊彦与日本労工運動——一個簡単的介紹』(1927、図3.1)があるが[27]、その中で、『死線を越えて』は『越死線』と訳されている。

　また、夏丏尊は、「日本的一燈園及其建設者西田天香氏」と題して、賀川を武者小路実篤、西田天香と並んで、日本現代社会改造家の中で、自身の最も憧れる三人として紹介している[28]。夏は、その落款で、「日本大地震僅か四日」と記し、日本の関東大震災に関心を寄せた。つまり、夏は、賀川、西田、武者小路の被災者を救済する精神が日本には必要であると意識したのだろう。

　小説の他に、賀川が著した『階級闘争史』は、田漢(1898 − 1968)に注目され、田漢の論文「詩人与労働問題」に登場している。中国国歌『義勇進行曲』を作詞した田漢は、詩歌と労働者の関係を論説し、「詩人が更に労働者と自称すべきだ」と主張し、賀川の『階級闘争史』の中にある「自由民間的階級闘争史」[29]を抄訳し、賀川の思想に共感を寄せた。

(3)　廃娼運動

　華汝成は、関東大震災後、東京婦人矯風会らが呼びかけた反娼妓運動に注目し、早稲田大学教授の帆足理一郎が著した「日本的廃娼運動」を抄訳し『東方雑誌』に寄稿したが、その中で賀川に言及している。華汝成は、京都帝国大学へ留学し、植物学を専攻した人物である。1929年に『優生学 ABC』を表し、民国世界書局から出版している。のちに、上海水産学院教授に就任した[30]。賀川について、華は、賀川を「日本社会改造運動の健将である」と称し、賀川の発言を次のように記録している[31]。

　　　中国新文化運動の名士は、口で言うだけで、実行が伴わない。したがって、名士が多ければ多いほど状況は悪くなる。人は内部の力を持って、

逆境と戦わなければ、彼の心中の世界は悲惨で恐怖に満ち絶望的となる。もし、人が、十字架にかけられる犠牲となる決心を持たなければ、一切の困難を克服し、世界を改良することはできない。諸君よ、賀川氏の教訓は、我が国新文化運動者の通弊に的を射るだろう。我々は、何かやろうとするときに、この教訓を忘れてはいけない。(中略)諸君よ、公娼制度を完全に廃止するために、堅い犠牲心を抱き、全ての困難を乗り越えなければならない。

(日本語訳は引用者による)

　というように、華は、娼妓制度を廃止するために、賀川が主張する実践精神を高く評価し、賀川が訴えた犠牲の精神を学ぶ必要があると述べている。

(4)　農民運動

　忻啓介は、「日本最近的小作争議問題」(1926)において、日本における小作問題が近代思想の産物であり、労資の闘争であると観察し、日本の小作を紹介することによって「我々の参考になる」と述べている。忻は、日本における小作問題の意義と農民運動の発展と現状を分析し、小作争議が発生した原因を次の十点挙げた。(1) 分配上における地主と小作人の利害相反。(2) 都市が発展する一方、農村が破壊され占領された。(3) 農村部では、商業の経済組織が日々発達していく。(4) 生活の向上。(5) 不作とその他の災害。(6) 小作料の増加。(7) 慣行制度の不完備。(8) 農産物物価の変動。(9) 思想的変遷。(10) 耕地の狭小。さらに、忻は、1926 年 7 月に日本政府が提案した立法綱要に注目し、それを、「小作法案」、「永小作の処置」(民法により小作が期間満了の際にどう処理されるべきか)、「小作組合法案」といった小作に関する法案を中国人に紹介している。

　賀川については、忻啓介は、新潟県北蒲原郡の木崎村にある農民学校に注目を寄せている。忻は、賀川が校長を務めた農民学校について、「日本で実現された唯一の農民学校である」と紹介し、それが建築家や、教育現場の教師や、芥川龍之介、菊池寛、佐藤春夫、藤森成吉といった後に著名になった

第三章　民国期の中国における賀川に関する報道　97

作家などからも支援を得たことが語られている。

(5)　無産政党運動

　胡穎之は、「日本無産政黨的再生及其将来」(1926)と題して、日本の無産
政党について、民衆を代表する労働農民党の歴史背景、その宣言政治綱領と
規約、首領(指導者)、普通選挙との関係、労働農民党の将来などについて詳
しく紹介している。日本農民組合について、胡穎之は、「日本農民組合中央
委員会が大阪で綱領と規約創立委員会を催し、高野岩三郎、賀川豊彦、堀江
帰一、安部磯雄等四人が創立委員となる」と紹介している。また、胡は、杉
山元治郎、賀川豊彦、安部磯雄三人の労働農民党の指導者に注目し、彼らを
「日本知識階級の水準線以上である」と高く評価している。特に、胡は、賀
川の生涯について詳しく紹介し、賀川が「神戸貧民窟に雑居し、貧民伝道に
献身しながら、心理学、哲学、生物學、神学などの研究に」取り組んでいる
と述べ、賀川の著書『貧民心理の研究』、『精神運動と社会運動』、『主観経済
の原理』、『涙の二等分』(詩集)、『死線を越えて』(小説)、『地殻を破って』(散
文詩)、『友情』、『生存競争の哲学』、『空中征服』など18編を挙げ、関心を
示している [32]。

　黄幼雄も、「日本的現勢」(1927)において、「日本農民組合中央委員会が声
明書を発表し、再起を決意した」と労働農民党の勢いに注目し、「高巧岩三郎、
賀川豊彦、堀江帰一、安部磯雄四人が創立委員となる」と紹介している。ま
た、黄は、賀川の弟子であった杉山元治郎が中央執行委員長を務めた労働農
民党は1926年3月5日に結党式を行ったことにより、日本の無産政党が正
式に成立したと観察している。当時の日本政府が農民労働党を厳しく取り締
まった一方で、労働農民党にはほとんど干渉しなかった原因について、黄は、
農民労働党が左派としての傾向がある一方、労働農民党の政策綱領は穏健で
あり、むしろ右派としての傾向があり、すなわち労働農民党に自由主義が七
分あり、社会主義が三分しか占めないと述べている [33]。

　童蒙正は、日本労働組合運動史を、萌芽時代(1898-1901)、萎縮時代(1902-
1912)、再生時代(1912-1916)、発育時代(1917-1923)、成長時代(1924- 現在

1927年）にわけて、それぞれの代表人物と無産政党について論じ、「日本労働組合運動は、欧米よりはその後ろにつくが、相当な地位を占めている」と評価している。賀川について、童は「賀川と安部磯雄が労働農民党の中央執行委員となる」と紹介するとともに、「社会民衆党で安部と賀川両氏が共同行動をしている」と述べている[34]。

　何作霖は、「世界各国名流反対徴兵制度運動」(1926)と題して、イギリスの Special Ad Hoc Committee という特設委員会が徴兵制に反対する宣言を国際連盟に提出しようと、1926年8月29日に「徴兵制度反対宣言」を発表したことを紹介した。何は、賀川について、「日本基督教主義者賀川豊彦らが署名賛成の列に入っている。この宣言は、必ず実行できるとは限らないが、世界各国の一流人士の世界平和に対する熱望がうかがえるだろう」[35]と述べている。当時、賀川とともに署名した70名余の「世界名士」には、ドイツの理論物理学者であるアインシュタイン(1879-1955)、インドの政治家・民族運動指導者であるガンジー(1869-1948)、インドの詩人タゴール(1861-1941)、スウェーデンの女性解放運動家であるエレン・ケイ(1849-1926、宣言が発表される前の4月25日に死去)、イギリスの数学者・哲学者バートランド・ラッセル(1872-1970)、フランスの小説家・劇作家・思想家であるロマン・ロラン(1866-1944)といった当時錚々たる人物がいた。

(6)　小括

　これら文章は、賀川のことをテーマとして紹介するのではなく、大正デモクラシー、無産政党運動において活躍した世界的に有名な日本代表としての賀川、というイメージが伝わってくる。

　賀川自身をテーマに『東方雑誌』に初めて寄稿したのは、1927年10月、日生によるものであった。日生は、賀川の生涯に注目し、「賀川が日本で『貧民の救世主』と言われている」と紹介し、「日本有数の経済学者」、「著作等身」(著作が背の高さほどもある)の著作家と紹介している。特に、日生は、賀川の作品を表にまとめ紹介し、伝記、物語、心理学、詩集、経済学、社会主義、宗教教育、哲学などのジャンルに分類している。日生が賀川に対して

強い関心を持っていたことがうかがえよう[36]。

　もちろん、『東方雑誌』は賀川の思想に対して、全面的に肯定的であったわけではなかった。まれに賀川の発言を批判的に見る記事もあった。それは、第5章で述べるように、1935年に『東方雑誌』の執筆陣が執筆したものではなく、フィリピン人が賀川の発言に対して批判したものであり、『東方雑誌』の執筆陣が翻訳したものである。フィリピン人が日本政府に対する不信感を賀川に投影しているのではないかと第5章で推測している。

　しかしながら、日中戦争が勃発した二ヶ月後の『東方雑誌』（1937年9月1日号）には、賀川の夫人である賀川春（1888-1982）が注目される。韻霓は、日本の女性解放運動に注目し、この運動が西洋文化とフランス革命の影響を受け勃興したと述べ、「青踏社」（ママ、青鞜社か）、キリスト教婦女矯風会などを紹介し、「大正十一年三月神戸において、賀川豊彦夫人（春）が指導者となった覚醒婦女協会は有力な婦女団体である」[37]と述べている。日中戦争が勃発したにもかかわらず、賀川夫人春（図3.2）が中国人に注目されていることがわかる。

図3.2　「賀川豊彦氏の家庭」

（『女星』第6巻第6期、1937年、3頁）

第 3 節 『大公報』における賀川の報道について

　前述の通り、賀川に対する『大公報』の報道は、時事性があり、それぞれ次の四期に分けることができる。すなわち、(1) 1920 年から満洲事変まで (1920-1931)、(2) 満洲事変から日中戦争まで (1931-1937)、(3) 日中戦争の勃発から第二次世界大戦終結まで (1937-1945)、(4) 戦後 (1945-1949) である。

(1)　1920 年から満洲事変までの報道 (1920-1931)

　賀川を最初に報道したのは、「日本自由労働者組合的真相」(1920) と題する記事であった。それは、東京特約通信からの転載で、日本の労働運動に注目している。賀川は、鈴木文治、吉野作造とともに、知識階級の労働運動派に属していると紹介されている。その主張は、「労働時間の減少、労働者生活の改善、労働者の人格を高める。労働者が商品であるという観念を打破する」と報道されている [38]。労働者人格の重視といった点についての賀川に関する報道には、『大公報』と『東方雑誌』は共通している。

　1920 年 12 月、天津日本租界における災民救済寄付名簿において、賀川は、150 円の大金を寄付したことが報道されている [39]。

　1926 年 12 月、『大公報天津版』は、『東方雑誌』と同様に、1926 年の「徴兵制度廃止宣言」に注目する。『大公報』は、「世界名士平和宣言」(1926) と題して、「徴兵制反対宣言」には、賀川が日本を代表する署名者として取り上げられている [40]。前述の通り、アインシュタイン、ロマン・ロラン、ガンジーなど世界的に有名な人物が徴兵制廃止に署名した時、38 歳の賀川は唯一の日本人としてその活動に参加したのであった。

　同年 12 月、『大公報』は「日本無産政党之説明」と題し、無産運動前線にある人物として杉山元治郎に注目した。杉山が「大正八年に大阪弘済会育嬰部に就任し、賀川豊彦氏と接触し、農民組合運動に傾倒するようになった」と、杉山元治郎が賀川から影響を受けたことが記載されている [41]。

　それと関連し、労働農民党の設立に関与した賀川の名は、中国共産党機関

紙『向導』にも紹介されている。1927 年 1 月に発行された新聞紙『向導』
第 182 期には、山水と署名して「日本無産階級統一陣営破裂後（12 月 17 日
東京通信）」と題する文章がある。賀川については、労働農民党の「大会中、
キリスト教徒賀川豊彦が推薦した委員長杉山元次郎が辞職した。大会では、
日本で最も進歩した革命理論家大山郁夫氏が候補となる。今後労働農民党は、
きっとさらに異彩を放つだろう」と報じられている[42]。賀川が中国共産党
の機関紙に注目されたことは重要な意味を持つと考えられる。

　1928 年 4 月に、賀川の著作が『大公報』に紹介される。賀川の『偶像之
所支配』（『偶像の支配するところ』）が、沖野岩三郎の『星乱飛』（『星は乱れ
飛ぶ』）とともに、『日本現代長編小説全集』の第二十一巻として紹介されて
いる。『大公報天津版』（1928 年 4 月 9 日号）には、「日本新潮社（東京市牛込
区矢来町）出版之現代長篇小説全集。全部二十四巻。於今年三月発行第一巻。
以後月出一巻」という記載がある。この記事によると、『日本現代長編小説』
は月に 1 巻ずつ出版され、1928 年 3 月にその第 1 巻が出版された。賀川の『偶
像の支配するところ』は、1929 年 6 月 1 日に日本の新潮社から出版された
ものである。しかし、1928 年 4 月 9 日には、その第 1 巻が出版されてすぐに、
『大公報天津版』に報道されていた[43]。賀川の著作に対して『大公報天津版』
の編集者らが高い関心を寄せていたことがうかがえよう。

　1928 年 10 月 21 日号は、上海「新生命」第一巻第九号に掲載された「英
美徳法日各国的無産者之政治運動」を報道し、日本の普選運動に注目してい
る。その中で、賀川、尾崎行雄、今井嘉幸らは大阪で普通選挙を求めたデモ
を実行したことが注目されている[44]。

　『大公報天津版』1930 年 3 月 5 日号は、日本の無産政党運動については、
「日本無産党亟謀合併」（1930）と題して、日本の無産政党合併を記録している。
記事によれば、安部磯雄（社民）、島中勇蔵（社民）、堺利彦（東京無産）、松谷
与二郎（大衆）、河上肇（労農）、水谷長三郎（大衆）、賀川、永井融、下中弥三
郎らが意見交換を行った。賀川の意見については、「即時合併、則幹部失其
立場、応由連盟而進於合併」と記録されている[45]。

　『大公報天津版』1931 年 6 月 30 日号は、中国における民衆教育の実施に

102

ついて李志青の提言を報道している。賀川について、記者の李志青は次のように報道している [46]。

　　民衆教育、有如斯光大之使命、則応具此種毅力決心、並加充分的休養、研考思維合衷共済、神収実効而復国魂、如日本之賀川豊彦博士、抱著救同胞的精神、他有個眼睛瞎了、是因他在神戸貧民窟裏同着害眼病的窮人居住的縁故、他的牙不完全、是因一個討乞蠢漢一拳的施予、他甘心窮苦、従事社会工作、他是造福民衆的、是有利他愛人的真精神。

日本語に訳せば、以下の通りである。

　　民衆教育を実行する使命を持つならば、根気と決心を備え、十分な休養を取り、互いに連携する必要がある。そうすれば、必ず効果を収め、国魂を回復することができるだろう。たとえば、日本の賀川豊彦博士は、同胞を救う精神を懐く。彼の目は見えなくなっている。それは、神戸貧民窟で眼病を患う貧民と一緒に住んでいるからである。彼の歯が欠けている原因は、物乞いに殴られたからである。彼は、貧苦に甘んじ、社会事業に従事し、民衆のために奉仕するとともに、他人を愛する真の精神を有する。

（日本語訳は引用者による）

　民衆教育を実施するために、賀川の奉仕と利他精神が必要であると李志青は主張している。

　このように、1920年から満洲事変まで、賀川に関する報道は、すべて『大公報』の天津版に集中した。大正デモクラシーの中で、労働運動、無産政党運動といった方面で活躍した賀川は、中国で高い関心を寄せられていた。

(2)　満洲事変から日中戦争へ（1931-1937）

　満洲事変から日中戦争の勃発までは、賀川に関する『大公報』の報道は

第三章 民国期の中国における賀川に関する報道 103

1920 年代に比べて減少している。

『大公報天津版』1934 年 3 月 19 日号(12)は、宗教思想の側面から賀川の思想について言及している。山東省済南の斉魯神学院の龔徳義は、「キリスト教は最後の宗教か」(基督教是否最後的宗教？)と題し、賀川の思想に注目している。龔徳義の経歴は不詳であるが、斉魯神学院の教師であった可能性が高い。彼は、「賀川の『愛が生命の律である』という言葉が耶蘇宗教の中心思想を示している」と述べ、「それが倫理的で積極的な愛であり、最高の自我を統合する原則及び方法である。それが個人と社会の融合、神との融合に達する最適な方法である」と理解し、福音と社会の融合を唱えた賀川のリベラルな宗教思想を受容している[47]。

1936 年に、2 月 26 から 29 日に、日本で陸軍の青年将校らによってクーデターが起こり、大蔵大臣高橋是清、内大臣斎藤実らが殺害された。いわゆる二・二六事件である。『大公報』1936 年 2 月 28 日は、その事件を即時に報道し、「事変」、「政変」と称し、事件の詳しい状況を紹介している。その同紙面に、賀川の発言が次のように報道されている[48]。

　　現時在美遊歴之日本基督教領袖賀川豊彦氏本日発表談話　預料日本軍方将自促其傾覆、氏謂「渠等殺害我国最具才幹之領袖、」氏談及少壮軍官暴動事、謂軍方本身意見歧出、不能再維持其権力、対於彼等之流血事件、不久将発生反感云。

日本語に訳せば、以下の通りである。

　　現在アメリカで遊説している日本のキリスト教指導者賀川豊彦は、本日談話を発表した。同氏は、日本の軍隊は、自らその転覆を促すと述べ、「汝が我が国の最も才能ある指導者を殺害した」と訴えている。また、同氏は、青年士官の暴動について、軍それ自身でも意見が一致せず、その権力を維持することができないと述べ、彼らの流血事件に対しては、すぐに反感が寄せられるであろうと述べている。

（日本語訳は引用者による）

1936年、海外で日本の軍国主義に対する賀川の批判的な発言は『大公報天津版』で報道されている。

また、賀川の文学作品である『一粒の麦』は映画化され、1936年3月25日（水曜日）夜7時半に天津市東馬路青年会大礼堂で上映されることが『大公報天津版』によって予告報道されている。それは、農村改良事業と農村更生に関する内容で、感動的なストーリー展開であると紹介されている[49]。原作『一粒の麦』は1931年に発行されて、東亜キネマによって日本国内で無声映画として公開されている。映画化については、俳優代表としての里見明（1901-1971）が賀川と面会し、指導を受けた[50]。農村改良事業と農村更正を唱えた賀川の文学作品が1930年代に流行っていた中国農村改革運動の知的源泉となったと言っても過言ではないだろう。

天津版以外、『大公報上海版』1936年6月26日号は、賀川の著書である『基督教社会主義論』が阮有秋によって翻訳され、李搏による翻訳で出版予定だった石川三四郎の『基督教社会主義』とともに「キリスト教社会主義」のジャンルで紹介されている[51]。

とはいえ、日中戦争以降、賀川に対する『大公報』の関心は徐々に低下した。

(3) 日中戦争から第二次世界大戦終結まで

日中戦争が勃発した後の1939年10月31日、『大公報重慶版』の国際宣伝部門は、「アメリカの新聞が敵の妄想を破る——クリスチャン・センチュリーは賀川の呼びかけに反駁する」（美報斥敵人夢想—基督教世紀駁賀川的呼籲）と題して、『基督教世紀』（クリスチャン・センチュリー）が賀川の呼びかけに応答した記事を載せている。その見出しは、賀川を「敵」と見なしている[52]。しかし、実際には、『基督教世紀』の報道は、日本政府の対外政策と賀川の立場を区別したものである。『基督教世紀』は、日本政府を批判したが、賀川の立場は平和主義であると報道した。その記事によれば、賀川はアメリカの『基督教世紀』紙に電報を打ち、「基督教の宗教勢力を動かせ、日米通商

航海条約を復活させよう」と呼びかけていた。それに対して、『基督教世紀』
は、「賀川氏は、平和を愛している。彼の誠意に対しては、我々は全く疑う
ことがない。我々は、賀川氏とともに努力することを喜ぶ。もし賀川氏が日
本政府に覚悟を持たせるならば、我々もアメリカ政府に政策を変えさせる。
そうすれば両国の間で、相互信頼の回復が可能になり、いわゆる友好通商条
約も、真に太平洋とアジアの平和を築き、世界的な災難を避けることができ
るだろう」と返事している。

　宗教の力を発揮し、日本とアメリカの関係を回復させようとする『基督教
世紀』と賀川の理想主義的な立場は共通している。「敵」とは、中国の『大
公報』が日本の外交方針と賀川のそれとを同一視していたため、このように
呼んだのであろう。結局、報道から2年後、太平洋戦争が勃発した。宗教勢
力は、国益、外交問題といった大きな現実的課題に直面するとき、往々にし
て制限されていることがうかがえよう。

　一方、『大公報重慶版』が賀川を「敵」と見なし報道したのに対して、『大
公報香港版』は、同じ記事を全文転載し、「敵」という言葉を「日本人」と
変え、報道している[53]。

　こうして、日中戦争勃発以降、さらに太平洋戦争以降の中国大陸における
賀川に関する報道は減少した。また、この時期では、中国の『大公報』は日
本の外交方針と賀川のそれとを同一視し、賀川を「敵」と見なした。

(4)　第二次世界大戦後

　1945年8月6日に広島へ、8月9日に長崎への原子爆弾の投下を経、8月
15日に昭和天皇による玉音放送をもってポツダム宣言の受諾を宣言した日
本は、9月2日、降伏文書に署名し、第二次世界大戦の終結を迎える。そして、
GHQ（連合国最高司令官総司令部）から日本政府への指令により、非軍事化・
民主化の方針に基づいた「新日本の建設」が進んだ。

　降伏文書調印後から一ヶ月余、『大公報重慶版』1945年10月8日号は、日
本陸海軍の武装解除や、ポツダム宣言によって日本の民主化がもたらされる
ことなどに関心を示し、「日本で最も活発な動向が日本の政党の復活である」

と観察している。賀川については、『大公報重慶版』は、「社会主義的色彩を帯びる一派に属する」と紹介し、「旧社会大衆党委員長である安部磯雄、宗教家及び著述家である賀川、大原社会問題研究所長である高野岩三郎を中心とする日本社会党の準備委員会が展開されている」と報じている。日本社会党は、日本の国情では戦後日本政治に要求される路線に最適であるので、今後は最も注目に値する党であると報道されている[54]。

　日本社会党については、『大公報重慶版』1945 年 10 月 17 日号でも報道されている。『大公報重慶版』は、アメリカからの電報を掲載し、前田多門文部大臣による極端な民族主義思想を持つ教師の解職令や、教育制度の徹底的な改革などに言及し、日本社会党が 3 つの政綱を成立させたことを報道している。その 3 つの政綱とは、次の通りである：①労働者階級を成立させる。②武力主義に反対し、世界各国と提携し、平和を求める。③資本主義を排除する。日本社会党について、「著名な宗教指導者である賀川豊彦がその党の指導者である」と報じられている[55]。日本社会党における賀川の影響力の大きさが伝えられている。

　また、その 5 日後、『大公報重慶版』1945 年 10 月 23 日号は、再び日本社会党に注目し、「賀川豊彦及びその他の社会党指導者は、すでに資本主義の廃止および社会主義国家の建設を党の基本建議とした。」と報道している[56]。

　他方、『大公報』の記事には、賀川に対する肯定的な評価ばかりではなく、批判的な報道も見られる。しかし、それは中国人が執筆したものではなく、デヴィッド・コンデ（David Conde）というアメリカ人の論説を転載したものである。『大公報上海版』1947 年 8 月 18 日号は、コンデによる論説を翻訳し、「日本精神革命嘗否実現」(1947) と題して、日本で進んだキリスト教の精神運動について報道している。その中で賀川は、戦時中、アメリカを批判し、日本の対外戦争を支持し、1944 年 12 月に日本陸軍の宣伝者として中国へと赴いたことも紹介されており[57]、賀川が途中で平和主義を捨てたことが指摘されている。

　それ以降、賀川については、「キリスト教社会事業者及び手工業専門家としてインド・マドラスを訪問し、インドの手工業を指導した」[58]、1949 年に、

「日本農民組合の顧問に、片山哲、賀川豊彦、杉山元治郎がいた」[59]など、といった報道しかなかった。

その後、中華人民共和国が 1949 年 10 月に樹立される。『大公報』はその報道の性質を変化させつつあったが、賀川に対する報道は消えていた。

1951 年 5 月、中国の共産党政権は、中国における賀川のあらゆる著作の発行を禁止し[60]、解禁までに長い時間待たなければならなかった。

第 4 節　おわりに

本章は、学術雑誌『東方雑誌』と政論新聞『大公報』における賀川の報道を整理し、それぞれ異なる報道方式によって賀川を報道したことを明らかにした。賀川は、『東方雑誌』、『大公報』といった民国期に国民党政府支持で自由主義を唱えた雑誌や新聞のみならず、中国共産党初期の党の機関紙『共産党』、『向導』といった共産主義を訴える側からも関心を寄せられていた。中国における賀川の評価を考察することは重要な意味を持つであろう。

『東方雑誌』における賀川に対する報道は主に 1920 年代に集中し、賀川に対する最初の報道により、賀川に対する関心が徐々に強まり、萌芽期よりブームへと発展していた。その主題は、労働運動、農民運動、廃娼運動、貧民窟での救済活動、無産政党運動といった社会運動に集中した。また、『東方雑誌』は、賀川の思想を紹介し、文化思想面から賀川に注目し、賀川の思想から「知的資源」を求めていた。こうした社会運動は、賀川が活躍した大正デモクラシー運動の一端を反映したと考えられる。

賀川が文化思想面から『東方雑誌』に高く関心を寄せられた原因は、おそらく賀川が中国人側に立ち、中国人に同感を示したからであろう。それは、1922 年中国で勃興した反キリスト教運動に対する賀川と吉野作造の見方から垣間見ることができる。第一章で述べた通り、対華二十一ヵ条要求に対して、賀川は同情の態度を示すが、吉野作造は日本の行為を擁護した。それによって、賀川と吉野の中国観が異なったことわかる。また、中国の反キリスト教に対する両者の態度が異なったことから、両者に対する中国人の関心が

異なっていることもうかがえる。賀川は、中国の反キリスト教側は、唯物主義と反宗教主義、反資本主義が混同していると批判する一方、「教会が反省すべき善き時期」[61]であると教会の反省を促した。また、賀川は、「支那の青年学者と社会運動者の一派が、反宗教運動を始めたのに就て、兎角の批評があるが之は決して笑うベキものでは無い、宗教信者の間に反社会運動の人々がある以上、社会運動をする人の間に、反宗教的に出るのは決して不思議では無い」[62]と中国の反キリスト教運動に理解を示している。それに対して、吉野は、中国の反キリスト教運動について、「一種の排外思想（殊に排英米思想）」、「翻訳的社会主義の主張」、「幼稚な翻訳時代を脱せず」、「社会主義と宗教との関係に関する研究が未だ甚だ幼稚である」と指摘した。この吉野の「支那に於ける反基督教的運動（上・下）」は、田漢によって翻訳され、『少年中国』(1922)に掲載されていた[63]。こうした賀川と吉野による中国人への見方の違いは、両者に対する中国非キリスト教の知識人側の関心の違いにつながるのだろう。

　『大公報』に至っては、それが政論系新聞であり、賀川に対する報道に時事性があり、各時期の賀川の思想や言動をリアルに反映している。時系列で考察した結果、1920年から満洲事変まで(1920-1931)は、賀川に対して最も関心を示した時期であり、賀川が従事した労働運動、平和運動、無産政党運動、著述活動に高い関心を示している。満洲事変から日中戦争まで(1931-1937)は1920年代に比べて減少したが、賀川による軍国主義への批判や、賀川の作品は注目されている。日中戦争の勃発から第二次世界大戦の終結まで(1937-1945)は、日中戦争の勃発に伴い、賀川に対する関心は低くなり、賀川を「敵」と見なし、批判的にみた時期であった。そして戦後(1945-1949)は賀川の指導した日本社会党に高く関心を示し、日本社会党の綱領が日本の戦後政治に最適であると論評されている。しかし、1949年後には、賀川に対する報道はなくなった。1951年5月、中国共産党により、すべての賀川の著作は「禁書」となった。

　新渡戸と比較して考察してみると、新渡戸が宗教面からほとんど注目されることなく、政治面に集中して注目されていたのとは異なり、賀川は、中国

で宗教面と社会面両面から注目を受けてきたといえる。

注

1）丸山昇、伊藤虎丸、新村徹編『中国現代文学事典　再版』東京堂出版、1991 年、212 頁。
2）坂元ひろ子『中国近代の思想文化史』岩波新書、2016 年、66 頁。
3）石雅潔、李志強「《東方雑誌》辦刊宗旨的演変」『新聞愛好者』第 8 期、2010 年、78-80 頁。
4）洪久来『寛容与理性：《東方雑誌》的公共輿論研究（1904-1932）』上海人民出版社、2006 年、11-12 頁。陳声珝『二十世紀二、三十年代中国世論界対徳国的認知―以《大公報》、《東方雑誌》為中心的考察』南京大学修士論文、2011 年、4 頁を参考。
5）「本報章程」『大公報天津版』1902 年 6 月 17 日、1 頁。
6）「祝辞」『大公報天津版』1902 年 6 月 17 日、1 頁。
7）侯傑、辛太甲「英斂之、《大公報》与中国近代社会文化変遷」『天津社会科学』2003 年第 1 期、128 頁。
8）前掲坂元ひろ子『中国近代の思想文化史』、103 頁。
9）王「賀川豊彦」『明灯』（上海、1921-）第 154 期、1930 年、302-303 頁。
10）「日本最近之民衆運動及其組織」『東方雑誌』第 17 巻第 7 号、1920 年 4 月、29-31 頁。
11）「日本的新思潮与新人物」『東方雑誌』第 17 巻第 14 号、1920 年 7 月、125 頁。
12）鳴田「日本社会運動之現状」『東方雑誌』第 18 巻第 6 号、1921 年 3 月、79-84 頁。
13）鳴田「日本社会運動之現状」『東方雑誌』第 18 巻第 6 号、1921 年 3 月、85 頁。
14）胡適は、1920 年 9 月 7 日の日記に、賀川について「此人在貧民窟住十年、是個実行家。他是基督徒。他雖信社会主義、但不信階級戦争説。曽有《主観的経済学》之作。我們談得很暢快。」と記し、賀川が社会主義を信じ、階級闘争を信じないと述べている。曹伯言整理『胡適日記全集』第二冊、2004 年、705 頁。
15）「日本神戸造船廠之罷工事件」『東方雑誌』第 18 巻第 17 号、1921 年 9 月、78 頁。
16）陳独秀「此時中国労働運動底意思」『労働界』第四冊、1920 年 9 月（任建樹主編『陳独秀著作選篇』第二巻、上海人民出版社、2009 年、266 頁。
17）董婧「中国共産党的第一份党刊：《共産党》」『中国社会科学報』2011 年 10 月 27 日号（http://cssn.cn/ddzg/ddzg_zt/201111/t20111111_815536.shtml）。
18）「日本神戸造船工人大罷工之経過」『共産党』第 6 号、1921 年 7 月、49-55 頁。
19）東洋布衣「日本社会運動家之近況」『東方雑誌』第 20 巻第 10 号、1923 年 5 月、68 頁。
20）賀川豊彦（陳嘉異訳）「社会主義与進化論之関係」『東方雑誌』第 18 巻第 9 号、1921 年 5 月、50-63 頁。
21）前掲賀川豊彦（陳嘉異訳）「社会主義与進化論之関係」、62 頁。
22）『賀川豊彦全集第 9 巻』キリスト新聞社、1973 年、469 頁。
23）前掲賀川豊彦（陳嘉異訳）「社会主義与進化論之関係」、51 頁。
24）薇生「一九二一日本小説界」『東方雑誌』第 19 巻第 2 期、1922 年 1 月、100 頁。
25）夏丏尊「賀川豊彦氏在中国的印象」『民国日報・覚悟』第 7 巻第 14 期、1922 年、1 頁。
26）胡穎之「日本無産政党的再生及其将来」『東方雑誌』第 23 巻第 11 号、1926 年 6 月、36 頁。
27）日生「賀川豊彦与日本労工運動――個簡単的介紹」『東方雑誌』第 24 巻第 19 号、1927 年 10 月、29 頁。
28）丏尊「日本的一灯園及其建設者西田天香氏」『東方雑誌』第 20 巻第 20 号、1923 年 10 月、53 頁。
29）田漢「詩人与労働問題」『少年中国』第 1 巻第 8 期、1920 年、14-16 頁。
30）斎振英、張培富「《学芸・水産月刊》与新中国早期水産科学伝播」『求索』2017 年第 8 期、

170 頁。

31) 華汝成「日本的廃娼運動」『東方雑誌』第 20 巻第 23 号、1923 年 12 月、46-47 頁。

32) 胡穎之「日本無産政党的再生及其将来」『東方雑誌』第 23 巻第 11 号、1926 年 6 月、27-41 頁。

33) 黄幼雄「日本的現勢」『東方雑誌』第 24 巻第 1 号、1927 年 1 月、102-103 頁。

34) 童蒙正「日本検挙共産党事件述評」『東方雑誌』第 25 巻第 10 号、1928 年 5 月、37-45 頁。

35) 何作霖「世界各国名流反対徴兵制度運動」『東方雑誌』第 23 巻第 24 号、1926 年 12 月、67-71 頁。

36) 日生「賀川豊彦与日本労工運動——一個簡単的介紹」『東方雑誌』第 24 巻第 19 号、1927 年 10 月、25-30 頁。

37) 韻裳「日本婦女生活之考察」『東方雑誌』第 34 巻 16-17 号、1937 年 9 月、102 頁。

38) 東京特約通信「日本自由労働者組合真相」『大公報天津版』1920 年 7 月 14 日、3 頁。

39) 「天津日界北支那災民救恤会捐助華北華洋義賑会捐款姓氏数目披露（続）」『大公報天津版』1920 年 12 月 6 日、6 頁。

40) 「世界名士平和宣言—提議各国廃除徴兵制」『大公報天津版』1926 年 9 月 6 日、6 頁。

41) 「日本無産政党之説明」『大公報天津版』1926 年 12 月 16 日、1 頁。

42) 山水「日本無産階級統一陣営破裂後（十二月十七日東京通信）」『向導』第 182 期、1927 年、11-14 頁。『向導』は週刊誌で、1922 年 9 月に上海で創刊、1927 年 7 月に終刊、201 期発行した。編集陣には蔡和森、瞿秋白がいた。

43) 「日本現代長篇小説 全集」『大公報天津版』1928 年 4 月 9 日、9 頁。

44) 「英美徳法日各国的無産者之政治運動」『大公報天津版』1926 年 10 月 21 日、1 頁。

45) 「日本無産党亜謀合併」『大公報天津版』1930 年 3 月 5 日、4 頁。

46) 李志青「民衆教育芻言」『大公報天津版』1931 年 06 月 30 日、11 頁。

47) 夔徳義「基督教是否最後的宗教？」『大公報天津版』1934 年 3 月 19 日、2 頁。

48) 「暴変後之日本政局 行兇軍官等今日将帰営 継閣人選有近衛平沼山本諸説」『大公報天津版』1936 年 2 月 28 日、3 頁。

49) 「青年会将映電影『一粒之麦』」『大公報天津版』1936 年 3 月 23 日、13 頁。

50) 『台湾日日新報』1931 年 4 月 20 日、6 頁。

51) 『大公報上海版』1936 年 6 月 26 日、12 頁。

52) 「美報斥敵人夢想—基督教世紀駁賀川的呼籲」『大公報重慶版』1939 年 10 月 31 日、3 頁。

53) 「美報斥日本人夢想—基督教世紀駁賀川的呼籲」『大公報香港版』1939 年 11 月 3 日、3 頁。

54) 「日本新党之動向」『大公報重慶版』1945 年 10 月 8 日、3 頁。

55) 「麦克阿瑟対美播講 日境武装部隊完全復員 初期佔領政策順利完成」『大公報重慶版』1945 年 10 月 17 日、2 頁。

56) 「研究日本賠款問題 美代表団下月赴日 日政府将解散財閥組織 日社会党宣布政綱要求改革」『大公報重慶版』1945 年 10 月 23 日、2 頁。

57) 「日本精神革命嘗否実現」『大公報上海版』1947 年 8 月 18 日、3 頁。

58) 『大公報上海版』1948 年 12 月 6 日、2 頁。

59) 藍穹「関於日本農民運動」『大公報』1949 年 7 月 12 日、3 頁。

60) 龔天民「賀川豊彦其人其事（四）」『展望』（香港：基督教輔僑出版社）第 3 巻第 12 期、1960 年、12 頁。

61) 「1922 年 5 月号 五軒長屋より」『賀川豊彦全集第 24 巻』キリスト新聞社、1983 年、7 頁。

62) 「反宗教運動と反社会運動」（「1922 年 6 月号 五軒長屋より」）『賀川豊彦全集第 24 巻』キリスト新聞社、1983 年、7 頁。

63) 田漢「日本学者対"非宗教運動"的批評」『少年中国』第 3 巻第 9 期、1922 年 4 月、17-26 頁。

第四章　民国期の中国における賀川に関する報道
──『大陸報』を中心に

第1節　はじめに

　本章は、民国期(1912-1949)の中国で発行された『大陸報』(The China Press)を主な資料として、賀川研究ではこれまで使用されてこなかった[1]『大陸報』の紙面における賀川についての報道を整理する。また、賀川が中国でどのように報道されたか、賀川が中国を訪問した際に中国人にどのような影響を与えたかを明らかにする。

　『大陸報』は、1911年8月29日に上海で創刊された、英文日刊紙である。著名なアメリカ人記者であるトーマス・ミラード(Thomas F. Millard, 1868-1942)によって創刊されたものであり、孫文が出資したものであるといわれている。それは、上海で発行され、はじめてアメリカ流の編集方式を用いた新聞である。『大陸報』は、広く人気を博し、1949年まで38年にわたって発行された。最初の主筆はミラードだったが、後に董顕光(1887-1971、新聞記者、作家、外交官)がその主筆を務めた[2]。ミラードは、著名な中国専門家であり、中国の政治と対外関係に対して深い興味を持っていた。彼は、1917年に『密勒氏評論報』(Millard's Review of the Far East)を創刊し、後に、国民党中央政府駐ワシントン顧問となった。『大陸報』は、初期は親中の立場を取り、ミラードの政治立場と対中態度を表す重要なルートであった[3]。後に、『大陸報』は、ライバル紙『字林西報』から批判され、イギリスの広告業者からも抵抗を受けたため、1918年に、イギリス人経営者に売却された。そして、1930年、上海の英文日刊紙である『大陸報』は、張竹平(1886-1994)に

よって引き継がれ、『大晩報』、『時事新報』、申時電訊社と並び、「四社」と称され、共同経営されていた[4]。前述の董顕光は、1929年に、『大陸報』の総経理執行役員と編集責任者を務め、1934年に蔣介石の紹介で中国国民党に入党し、政治家としてのキャリアを積みはじめていた。その他にも、沈剣虹(1908-2007)は、1932年に燕京大学を卒業した後、『大陸報』の記者を務めた[5]。こうして、『大陸報』は、当初アメリカ人によって経営されたが、1929年後半以降は、国民党寄りの知識人によって経営されることになった。また、『大陸報』の論調は、親米的な性格が強かった。

　『大陸報』における賀川に関する報道は、中国人経営下の1920年代後半から1930年代に集中しているため、民国期の中国における賀川の評価を知ろうとすれば、『大陸報』は非常に有効な資料となる。

　本章は、1925年最初の報道から1931年満洲事変の勃発まで(1925年－1931年9月18日)、満洲事変から日中戦争の勃発まで(1931年9月19日－1937年7月7日)、日中戦争以降(1937年7月8日－)、という区切りをし、賀川が『大陸報』でどのように報じられたかを考察する。そして、今まで知られてこなかった中国における賀川の日程を追跡しながら、賀川が当時の中国人にどのように評価されたかを探る。特に、本章は、次の三点に重点を置き、今まで知られていなかった賀川と中国人との接触を明らかにする。①1930年7月から8月にかけての、上海における賀川の交流活動に関する『大陸報』の報道。②1934年、中国人に対する賀川の謝罪についての『大陸報』の論調。③1936年、アメリカにおける賀川と中国人との意見対立、そして1936年以降、中国人が賀川に対する評価を変えた経緯。

第2節　時系列でみる『大陸報』における賀川の報道について

(1)　1925年から満洲事変までの報道(1925年－1931年9月18日)

　『大陸報』が、最初に賀川について報道したのは、1925年4月26日号「現代日本の理想主義者—独特の性格を持つ貧民窟のキリスト教宣教師、小説家、そして詩人」と題する記事であった。それは、ニューヨーク・タイムズから

第四章　民国期の中国における賀川に関する報道　113

の転載で、ガードナー・ハーディング（Gardner L. Harding）という人物によるものであった。この記事において、第一次大戦後の日本社会で、西洋式の道徳観念と東洋式の精神的体験を結びつけた賀川は、社会の理想主義と社会改良運動の指導者として、日本をリードしたと評されている。また、新しい方向へと進んでいくと評され、「スラムのキリスト教説教者、詩人、小説家、社会改造者」として報道されている。特に、ハーディングは、貧民窟における賀川の奉仕や、賀川の自伝的小説である『死線を越えて』や、関東大震災後に東京帝国大学教授の末広厳太郎（1888-1951）と連携して行った復興活動などについて報じ、アメリカが賀川の「第二の母国」（Second Country）であると考えた[6]。こうした『大陸報』初出時の賀川についてのイメージは、それ以降の賀川についての好感度の高いイメージの基礎を築いたといえる。

　1925年8月23日号では、賀川の上海訪問と、賀川の小説『死線を越えて』（Before the Dawn）などが注目されている。『大陸報』の記事によれば、『ロンドン・タイムズ』が猛烈な批判を浴びるかもしれないと考えていた賀川の『死線を越えて』は、意外にも上海の書店でベストセラーとなっている[7]。賀川の『死線を越えて』が非常に早くから海外で翻訳、出版されていたことが見て取れる。

　『大陸報』1926年6月20日号は、前章で述べた『大公報』と同様に、賀川が新潟県木崎村にある無産階級の農民学校の校長を引き受けたことに注目している[8]。

　1928年5月13日号は、賀川を「日本にいるアッシジのフランシスコ」と称し、「真の労働組合があれば、労働争議は少なくなる。労働組合運動は、暴力運動ではなく、連帯運動である」[9]という賀川による日本の労働組合運動についての言葉を記録し、紹介している。

　労働運動以外では、賀川が従事した禁酒運動も注目されていた。『大陸報』1928年12月9日号は、当時日本で話題となっていた禁酒運動を取り上げ、6,000人が全国禁酒法を制定するように呼びかけ、パレードを行ったことを報じている。賀川については、十数人の労働・社会運動指導者とともにそのパレードの先頭に立ったと報道されている[10]。

1928年12月、アメリカの24州36校の大学から来た学生が、国民政府統治下の中国・蘇州を訪問しようとした。その際、彼らは、日本も訪れ、京都、奈良、東京、日光、鎌倉、大阪などを2週間かけて回った。『大陸報』1929年1月9日号は、アメリカ人学生の日程を紹介しながら、「これらの学生は、幸いにも、著名な国際連盟日本代表の新渡戸稲造博士、著名な民衆指導者・社会改良家である賀川豊彦博士に歓迎された」[11]と記録している。国際交流活動における賀川と新渡戸の連携が注目されている。

1930年2月22日号は、1930年第17回衆議院議員総選挙の結果に注目し、犬養健（1896 - 1960）、大山郁夫の当選、そして、安部磯雄、鈴木文治、賀川の落選を報道している。同記事は、賀川を「著名なキリスト教社会運動家」と称し、賀川が落選した原因については、「賀川が国会議員への立候補を嫌がっており、その関心を主に社会事業に寄せている」[12]ためと分析している。実は、当時の賀川はもともと国会議員になる意思がなかった。

第二章で述べた通り、賀川は、中国のキリスト教界の招聘に応じ、1930年7月19から8月4日にかけて中国を訪問し、中国で「神の国運動」を展開していた。『大陸報』は、これら一連の活動を報道し、詳しく紹介している。

『大陸報』1930年7月11日号は、賀川を、「日本史上最も優れた社会改良家」、「多くの著書を持つ作家」、「彼が著した『貧困の原因』（Cause of Poverty）が国際的に名声を博している」と紹介している。同号の報道によれば、賀川は、7月22日12時15分に北京路3号で上海米国大学同学会（American University Club of Shanghai）主催の午餐会（Tiffin）に出席し、「日本の労働問題と社会運動」と題する講演を行う予定である[13]。

上海米国大学同学会は、1905年に創立され、1908年から中国人会員を募集し始めた[14]。これは、アメリカにある大学の在学生または卒業生のために作られた会である[15]。1930年7月19日から8月4日までの賀川の滞在講演は上海米国大学同学会が主催した。

賀川の上海への到着後、7月21日午後5時15分に上海にあるMission Buildingで説教祈祷会に参加し講演を行うことを、1930年7月21日号は、賀川を「最も傑出した日本人キリスト教徒」[16]と紹介しつつ、報道している。

7月22日12時15分、上海米国大学同学会主催の午餐会が予告通り開催され、その午餐会に、賀川を含め、少なくともプリンストン大学卒業生8人が参加した。そのメンバーには、当時滬江大学校長劉湛恩(Herman C. E. Liu, 1896-1938、中国の著名な教育家、滬江大学初の中国人校長)、米国大学同学会の前会長であったジュリアン・アーノルド(Julean Arnold, 1875-1946)などがいた。パットン牧師(Rev. C. E. Patton)が司会を担当した。『大陸報』1930年7月23日号の記事によれば、賀川は、日本における一般的な労働条件について概説し、改革を目指した様々な組織や機構などについて詳細に紹介した。また、彼は、女性の人口の重要性について語り、日本がホワイトスレイブリ(white slavery)[17]を取り除かなければ、悲惨な状態に陥ると述べた。同記事で、賀川は、「日本で有名な詩人及び散文作家である」と報じられ、「賀川博士講演の顕著な特徴は文学界における日本人の品位が高まったことを示している」と高く評価されていた。労働問題について、『大陸報』は、「彼は、現在、中国労働者の労働条件を研究する使命を担っており、このテーマに関する一連の講義を行っている」[18]と述べ、中国の労働条件を研究し、成果を上げることを賀川に期待していた。

図4.1　賀川豊彦
(Henry Huizinga, "Kagawa, The Man", *The China Press*, 24 July 1930, p. 3.)

『大陸報』1930年7月23日号、賀川を「国際的な影響力を持つ小説家」、「日本の最も重要な労働運動指導者である」と称している。その自伝的小説『死線を越えて』は、"Across the Death Line"また"Before the Dawn"という2つのタイトルを以て出版されたと紹介され、「この小説はおそらく自国よりも日本以外の国でもっと有名である」[19]と報道されている。『死線を越えて』に対する『大陸報』執筆陣の関心が高かったことがうかがえよう。

当時滬江大学英語系の主任であった郝斉佳（ミシガン大学博士）は、「賀川豊彦という人物について」(Kagawa, The Man)と題して、写真付きで（図4.1）、『大陸報』1930年7月24日号に寄稿している。郝斉佳は、賀川を「日本における新しい預言者」、「国際的な名声を博す小説家・詩人」、「ジェーン・アダムス式の社会運動家」として紹介している。また、郝は、「アジアにおいて、多くの預言者が生まれた。孔子、釈迦、キリスト、ムハンマド、その他多数。現在、インドのガンジーと日本の賀川は、このリストに属す」と賀川を絶賛し、「創造性の持ち主」として紹介している[20]。

1930年7月25日号は、賀川は、夜9時15分に外国キリスト教青年会(Foreign Y.M.C.A)で、日本の労働者を代表し、半生を通じて従事してきた改革運動について語る予定であると報道している[21]。

1930年7月26日号は、賀川を「人望のある日本人、社会改良家」として紹介し、賀川の「上海での追随者と崇拝者がますます増えている」と観察し、「その演説は確かに大成功だ」と報じている。また、その記事によれば、7月25日夜の集会で、賀川は、ケプラー(A. R. Kepler)からの紹介を得、集会に参加した聴衆に感謝し、講演の最後まで聴衆を「友人達」と呼んでいた。講演会で、賀川は、日露戦争終結後の日本の状況について語り、日本が相当に微妙な状態を迎えたと述べた。また、彼は、日本全体は貧困かつ不況下にあるにもかかわらず、強いロシアに勝ったことに対して誇りを持っていたと述べ、このような情勢で救済活動を始めたと説明した[22]。

1930年7月26日号は、賀川を「日本の著名な社会運動家」として紹介し、賀川の発言をまとめている。賀川は、日本の労働運動、農民運動、普選運動、廃娼運動、教育の普及といった方面から日本の社会改革について紹介し、講

演を行った。彼は、日本におけるマルクス主義の影響力の増大、共産主義の暴力活動によって農民が保守的になったことなどを論じ、日本全体に「キリスト教の原理」を普及しなければ、労働運動もうまくやれないと訴えた[23]。

こうして、短期間でもあった1930年7月から8月の上海滞在で、賀川は、米国大学同学会の招待に応じ、上海にいる米国の大学の修了生もしくは在学生と交流活動を行った。また、彼は、労働運動、農民運動、普選運動、廃娼運動、教育の普及などにのテーマをめぐって、中国人に対して講演を行い、追随者と崇拝者を獲得し、大いに名声を博した。

第二章で明らかにした通り、賀川は、「神の国運動」を展開するために、1931年1月から2月に中国の上海、蘇州、南京、そして山東省を訪れた。『大陸報』は、賀川の上海における活動を追跡し報道している。

『大陸報』1931年1月18日号は、賀川のことを「日本の傑出した社会運動家、自由主義運動の指導者」と称し、賀川が1月19日12時15分に、寧波路Ladow's Tavernというホテルで、上海の協和礼拝堂（Shanghai Community Church、現在、国際礼拝堂と称す）の年次会合に参加することを予告していた[24]。後に、1月24日号は、その集会の様子を記録している。賀川は、特別ゲストとして招待され、100人余が出席した。そして、その集会で、中国問題、上海の国際問題、およびより広い側面からみた国際関係という3つのテーマが討論された[25]。

1931年7月末から8月はじめ、賀川は、カナダのトロントで開催された世界基督教青年大会に出席した。『大陸報』1931年8月1日号は、賀川の会での様子を記録している。記事によれば、賀川は、「大会の主要人物」として紹介され、現代文明で人間の動機が経済的なものに寄りすぎることを批判する講演を行い、注目を浴びた。また、その講演会で、賀川は、世界大恐慌は自己犠牲によってのみ解決できると宣言した[26]。

以上が『大陸報』による1925年の最初のものから1931年の満洲事変勃発直前のものまでの賀川に対する報道である。『大陸報』は、『大公報』と同様、大正デモクラシーの中で、労働運動、農民運動、禁酒運動といった社会運動において活躍した賀川のイメージを伝えた。そして、1930年7月から8月

の上海滞在を通して、賀川は、米国大学同学会の招待に応じ、中国人と接触し、日本の労働運動、農民運動、普選運動、廃娼運動、教育の普及について多くの講演を行った。この訪問で、賀川は、国際的に有名な社会運動家として中国で非常に高い評価を得た。この時期は、『大陸報』における賀川の名声のピークであった。

(2)　満洲事変から日中戦争までの報道（1931年9月19日－1937年7月7日）

満洲事変勃発後も、賀川は、著作、平和活動及び宗教運動に関して、『大陸報』で頻繁に報道されていた。

『大陸報』1932年3月13日号は、1932年3月14日12時15分に、協和礼拝堂霊修会を担当したエラム・アンダーソン（Elam Anderson）が、賀川の著作『愛の生命法則』の批評会を開催することを予告していた[27]。

1932年7月9日号は、賀川を「日本の組合運動の指導者」と称し、「日本の若き将校らの拡張主義に対して最も有力な反対者である」と見なしている[28]。若き将校らとは、おそらく、1932年、五・一五事件の主謀者たちに代表される勢力であると考えられる。組合こそが軍国主義を抑えるという賀川流の思想が中国側に認識されたのであろう。

1932年12月25日号は、賀川を社会運動家、労働指導者、教育家、牧師、伝道者、組織と神秘主義を融合した人物として紹介し、賀川が著した宗教書『愛の生命法則』（Love, the Law of Life）、『神による新生』（New Life through God）の出版を紹介している[29]。

また、『大公報』と同様に、賀川の『一粒の麦』は、『大陸報』にも注目されていた。『大陸報』1933年10月22日号は、賀川を「極東で最も注目を浴びている人物の一人」、「貧困問題に対して実に比類なき洞察力を持っている」と評価した。そして、賀川の著作『一粒の麦』が、すでに150版を重ねて、舞台や映画にもなったと紹介されている[30]。

著作紹介の他、「賀川」をテーマとする講演会の開催もしばしば報じられた。賀川に直接会っており、日本で長年生活していたフレッド・テイラー（Fred Taylor）夫人は、「賀川」をテーマとして、1933年11月13日（月）12時15

分に上海の協和礼拝堂で、ウィリアム・アクスリング（William Axling）が著した賀川伝に基づいて講演を行った[31]。1932 年にアクスリングが Student Christian Movement Press から出版した *Kagawa* という伝記である[32]。賀川の事業が講演者によって紹介されることで、さらにより多くの人がその名を知るようになったことが想像できる。

　さて、満洲事変後、『大陸報』が賀川に最も注目していた年は 1934 年と 1936 年であった。予告した通り、以下この 2 年に重点を置いて整理する。

　まず、1934 年の報道を考察する。

　賀川は 1934 年 1 月から 3 月に、フィリピン国家キリスト教連盟（The National Church Federation of the Philippines）の招聘により、フィリピンのマニラに滞在した。その帰途で、1934 年 3 月 9 日、10 日、11 日に上海に立ち寄り、数回の講演を行う予定であった。『大陸報』は、1934 年 1 月 26 日号[33]、1934 年 1 月 28 日号[34]、1934 年 3 月 8 日号[35]の 3 号で賀川の上海滞在を繰り返し予告し、報道していた。賀川に対する『大陸報』の関心の高さが見て取れる。

　特に、1934 年 3 月 8 日号は、賀川を「著名な社会運動家・作家」と称し、賀川の 3 日間にわたる上海滞在の日程を以下のように詳しく予告している[36]。

　1934 年 3 月 9 日　夜 7 時、上海日本人 YMCA の主催で、Boone 街にある日本人倶楽部での歓迎会に参加、すき焼きを食べ、演説を行う。朝鮮の京城英和女子音楽学校のアーン・ケッティ-ヤング（Ahn Ketti-Young）教授は、集会のために独奏する。司会は、イヌイ（K. S. Inui）博士である。

　3 月 10 日　正午、上海日本人 YMCA に招待される。午後 5 時半、中国人 YMCA 指導者と面会。夜 8 時、中央日本人小学校でスピーチ。

　3 月 11 日　午前 9 時から 10 時、滬江大学の教授陣と学生に向かって講演。正午、上海日本人倶楽部で日本人指導者と面会。午後、協和礼拝堂で講演。夜 8 時、中央日本人小学校でスピーチ。

　3 月 12 日　午前 9 時、日本に帰る。

　事実、賀川の上海滞在は、1934 年 3 月 8 日号の予告通りに進められた。

　『大陸報』1934 年 3 月 10 日号は、3 月 9 日に開催された歓迎会を報道し、

賀川を「著名なキリスト教指導者、社会運動家」と称し、多くの国から100人以上の参加を報じている。その時、日本公使館の坂本義孝（Dr. Sakamoto, the Japanese Legation）なども列席した[37]。坂本義孝（国際政治学者の坂本義和はその次男）は、元上海日本人YMCAの理事であり、上海の東亜同文書院教授となり約10年間、日中両国の学生を多く指導した。坂本は、日本YMCAの中国大陸での事業の中心人物だった末包敏夫に「徹底した平和主義者であった」と評価されている[38]。

特に注目すべきは、1934年3月11日午後5時に協和礼拝堂で行われた、「東洋における平和」（Peace in the Orient）と題する賀川の講演会である。

『大陸報』1934年3月12日号は、「東洋における平和」の内容を詳しく紹介している。その記事によれば、賀川は、東洋における日本の過ちは、イギリスとフランスの後継となったことであると述べた。彼は、世界平和のために、国々はより小さく分割されるべきだと主張し、資本主義の悪影響を排除するために協同組合組織が大いに役割を果たすべきだと訴えた。また、賀川は、東洋への「白人侵入」の歴史を辿り、ヨーロッパやアメリカが「侵略者」として、中国、日本、フィリピンそして東洋の国々にやってきたと述べた。賀川は、日露戦争期、日本がロシアから中国と朝鮮を救い出したと主張した。さらに、賀川は、フィリピンの独立運動に対するルーズベルト大統領の態度を賞賛するとともに、フィリピン独立が実現できた時には、アメリカ軍がフィリピンから撤退すべきだと主張した[39]。

なお、同号同じ『大陸報』3月12日号は、フランス語で "BON VOYAGE, Dr. Kagawa"（「良い旅を！賀川博士」）と題して、賀川を「世界的に有名な日本人社会運動家・キリスト教指導者」と評し、『南華早報』1934年3月3日号に掲載された賀川の中国人に対する以下の謝罪文に注目し、転載している。『大陸報』の報道は、次の通りである[40]。

西洋人と中国人の両方の観点からみると、現代日本の指導者には、罪悪感（sin）が欠けているという特徴がある。しかし、これがすべての日本人に普遍的な特徴であると考えるべきではない。『南華早報』で報道

第四章　民国期の中国における賀川に関する報道　121

されたことを検討するために、賀川博士によるある声明を読むべきであろう。『香港日報』３月３日号は、賀川の話を掲載している。

　「私は心を痛めている。私は、中国の人民に対する我が国の政策に罪悪感（guilt）を感じている。私は彼らに謝罪しなければならない。私は、中国人と日本人はアジアにおける兄弟であり、親友になるべきであると思っている。私はすでに起こった出来事は非常に残念に思う。しかし、私は、何もできない。日本では、私の周囲には同じように考える人がたくさんいるが、残念ながら彼らは権力者ではない。」

　たしかに、賀川博士のような人が日本で権力を握っていないのは、非常に残念なことである。それは、中国、ソビエト・ロシア、米国にとって不幸なことであるが、何より日本人自身にとっても不幸なことである。斎藤内閣が政権を維持している間、絶え間ない腐敗に関する報道がなされ、学校に関連するスキャンダルでさえ、相次いで報道されている。日本のマスコミによると、日本の政治生活の中で、信頼されてより良い政治を実践できる優れた人物は一人もいないからである。

　しかし、賀川博士が、自国のなげかわしい状況を改善するために何もできないという時、自分の力を過小評価している。彼は、すでに多くのことに取り組んだ。彼が「現代東洋の３人の賢者」の一人と呼ばれたのに、理由がないわけではなかった。他の二人は、孫文とマハトマ・ガンジーである。私達は、彼の指導した「神の国運動」の成功とともに、彼が日本で従事した全ての事業が成功するよう願っている。彼の影響力の倍増が、良い結果につながることは予測しやすい。

（日本語訳は引用者による）

　つまり、『大陸報』は、賀川を当時の日本の指導者と区別し、賀川による謝罪を積極的に受け止めた。西洋人と中国人から見れば、当時の日本人指導者には罪悪感（sin）が欠けていたが、賀川は中国人に対する日本の政策に罪悪感を持っていたと『大陸報』は考えていた。また、『大陸報』は、日本で賀川の影響力が不足していることを残念に思いながら、彼を、ガンジー、孫

文と並ぶ「現代東洋の三人の賢者」の一人と評価し、その影響力の増大に期待を示していた。先行研究の紹介で述べた通り、金丸は、賀川が信仰による sin たる「罪」からの救済と、crime たる「罪」の赦しを結びつけ、多くの人々に向かって語り続けたと分析している[41]。しかし、『大陸報』の報道によれば、中国人は賀川が日本の政策に強い罪悪感(sin)を持っていたと見ている。以上のように、現代の研究者の賀川への見方と過去の当事者の見方にはズレがあると言えよう。

　これ以降も、賀川は依然として『大陸報』に注目されていた。『大陸報』1934 年 9 月 9 日号は、賀川による『キリストと日本』(Christ and Japan)の出版を報じている。『キリストと日本』について、『大陸報』は、「キリストと日本の関係についての彼の著書は期待に応える」と述べ、「賀川博士は、日本と日本人について議論を展開し、日本人の性格の強さと、弱さについて分析した。我々は、日本には『価値を提示する神秘的な力』があることを彼から学んだ」[42]と評論している。前述したトマス・ジョン・ヘスティンズが主張するように、賀川が「科学的神秘主義者」であることを連想できよう。

　1936 年以降、賀川による短い言葉が、しばしば『大陸報』の「今日の引用」と題するコーナーで紹介されている。たとえば、1936 年 2 月 12 日号に「アメリカには天国と地獄がある。私は、両方とも見たいと思っている」[43]、同年 3 月 28 日号に「99％の日本人知識人は戦争に反対する」[44]があった。その多くは、『キリストと日本』という本から取り出した言葉であった。『キリストと日本』は、『大陸報』の記者陣によく読まれたことがうかがえよう。

　1936 年 4 月 27 日号は、「日本から 3 人が世界宗教会議に参加―賀川豊彦、鈴木大拙、姉崎正治が、7 月のロンドン会議に参加」と題して、賀川を「実践的キリスト教の日本人先駆者である」(Foremost Japanese Proponent of Practical Christianity)と評価した。また、賀川は、鈴木大拙、姉崎正治と並べて、著名な日本人神学者たち(Three Eminent Japanese Theologians)と紹介された[45]。

　以上が賀川に対する『大陸報』の肯定的な報道であった。他方で、賀川に対する批判的な報道も 1936 年にみられる。『大陸報』は、1936 年 3 月 25 日

の夜にミシガン大学で起きた出来事を記録している。

　『大陸報』1936年5月29日号によると、3月25日夜、ミシガン大学アナーバーキャンパスで行われた質疑応答フォーラムにおいて、賀川は、「満洲国」という言葉を使い、中国人を怒らせた。その結果、ミシガン大学の中国人留学生35名が退場した。賀川は、抗議した中国人留学生の1人に、「アメリカの新聞にも使われているから」と語り、この言葉を使う理由について説明した。それに対して、ミシガン大学の中国人留学生協会は、後日、賀川宛てに次の公開状を発表した[46]。

言葉遣いに対する厳正な声明

　我々は、日本の軍国主義に対抗している君は、常に公平な心の持ち主で、世界的な視野を持っていると考えている。つまり、我々は、君を我々の友人としている。我々は君の誠意を疑わない。もし君が、日本政府自身による造語であり、極めて不誠実な言葉「満洲国」を撤回するならば、我々は、君と友好関係を再び持ちたいと思っている。そうすれば、我々はアメリカの友人が誤解するのを防ぐことができる。

　（中略）

　君の世界平和へのメッセージが誠実であるなら、我々中国人は、その深い意味を理解するように努力する。しかし、その前に、我々は君に、我々にとって非常に不快なこの言葉を放棄し、「満洲」と呼ぶよう求める。単なる征服者の現状を維持するという意味を持つこの「国」という政治用語を使うならば、こうした平和の説教を行っているのは全く無意味であろう。

（日本語訳は引用者による）

　このように、中国人留学生らは、賀川に「満洲国」という言葉の撤回を求めた。「満洲国」という言葉を使うなら、平和の説教は全く望めないと考える中国人留学生側は、ナショナリズムの観点から、当時日本人の多くが認めていたように「満洲国が既成事実である」とする賀川の言論を厳しく批判し

た。後に、この声明が多くの中国で発行された新聞に転載された。たとえば、上海の *The China Weekly Review*[47]などである。これを契機に、『大陸報』における賀川の評価は、転換を迎えたといえよう。

　さらに、賀川と中国人との意見対立は続く。『大陸報』1936年7月11日号の報道によると、世界問題への関心が高まる中、国際関係を議論する研究会は、アメリカ・フレンズ奉仕団（1917年に成立したアメリカの宗教組織）の賛助で、1936年6月から7月にアメリカの複数の大学で開催された。国際問題の専門家で、「著名な日本のキリスト教指導者・協同組合運動指導者」と紹介される賀川もこれに参加した。そして、中国からは、著名なYMCA指導者である顧子仁（1887-1971）が参加した[48]。賀川は、経済問題がナショナリズムの根底にあると主張し、ナショナリズムの経済的な基盤を破壊するために協同組合の設立を促すべきだと訴えた。それに対して、顧子仁は、賀川の意見に強く反発した。顧は、中国のナショナリズムは、各省に分散する力を結束させ、強大な中央政府を作ることができると主張した。その結果、中国人と日本人講演者以外の、ヨーロッパ大陸やアメリカの政府関係者は、ナショナリズムをめぐって賀川と顧が対立したことから、現在の世界においては、最も深刻な問題はナショナリズムの擡頭及びこれによって生じた激しい人種対立であるという意見で一致した[49]。第二章で述べた通り、顧子仁は、1931年7月から8月にかけて誠静怡、徐宝謙らとともに、賀川と面会し、アメリカでクリスチャン・インターナショナルの平和活動を実践した。しかし、1936年時点で、国家的危機に直面した顧は、中国を救うためにナショナリズムが必要であると考え、中国におけるナショナリズムの拡大に期待し、賀川の意見と対立した。賀川は、当時の中国人のナショナリズムを正確に認識し得なかったことも指摘できよう。

　それに対して、小日本主義を訴えた石橋湛山（1884-1973）は、高まってきた中国人のナショナリズムを認め、満蒙問題の根本的解決策には、「支那の統一国家建設の要求を真っ直ぐに認識」することにあると主張し、満洲放棄論を堅持していた[50]。満洲問題に関する賀川の見方は、石橋湛山とは異なり、中国人のナショナリズムに共感を示すものではいなかったことを認めざるを

第四章　民国期の中国における賀川に関する報道　125

得ない。

　それ以降、賀川に対する報道はほとんどなくなった。1937年7月3日号は、賀川を「著名な社会運動家・作家」と称し、東京帝国大学で開かれる世界教育連盟主催の第7回世界大会への出席を記録している[51]。

　このように、ナショナリズムを重視する現実主義者であった顧子仁は、組合こそ世界の平和を実現できると主張する理想主義者であった賀川と、意見が対立した。以上の対立構造の中で、賀川は、中国側に不信感を持たれ、報道も次第にされなくなっていった。

(3)　日中戦争以降（1937年7月8日ー）

　日中戦争勃発以降、『大陸報』による賀川に対する報道は3件のみである。一つは、1938年インド・マドラス世界宗教大会をめぐる記事であった。

　1938年11月8日号は、「世界的に著名な社会改良家・作家」と紹介し、「ガンジー、胡適と並び、アジアで最も影響力を持つ三大人物の一人」と見なし、賀川のマドラス大会参加を予告している。また、同号は、『上海日報』（Shanghai Nippo）の記事を転載し、賀川を「著名なキリスト教社会運動家」と称し、賀川の以下の発言を記録している。「大会終了後、私はインド各地を7週間回って講演を行う。日中両国の敵対状態については話したくなく、ジャワに立ち寄って、来年の4月に日本に帰る予定である」[52]。

　1941年10月3日号は、賀川による「我々の現代の機械化された文明は、巨大な恐竜のように、頭脳が非常に小さいが、その巨大な体はすでに麻痺している」[53]という言葉を紹介している。

　そして、太平洋戦争が勃発し、『大陸報』は休刊した。1947年9月に一度復刊したが、1949年に上海が共産党によって解放され、『大陸報』は廃刊を迎えた。

第3節　おわりに

　本章は、時系列に沿って1925年から1941年までの『大陸報』における賀

川に関する報道を整理し、58件の報道を分析した。まず、賀川に付された肩書について考察しながら、1930年に上海で賀川が行った交流活動、1934年の中国人に対する賀川の謝罪に対する『大陸報』の見方を明らかにした。そして、1936年、アメリカで賀川と中国人の意見が対立し、その結果、中国人が賀川に対する評価を変えた経緯を本章で考察した。

　まず、肩書からみると、1925年から満洲事変の勃発までの『大陸報』は、主に社会運動の面から、賀川に注目していた。満洲事変から日中戦争の勃発まで、『神の国運動』の展開に伴って、賀川は社会運動と宗教活動の両面で中国側から関心を寄せられていた。この時期、社会運動より、むしろ宗教運動に力を入れる賀川像が注目されていた。そして、日中戦争勃発以降は、戦争に伴って賀川に関する報道が消えた。

　報道を詳しくみてみると、まず、1925年から満洲事変勃発までの時期は、賀川は、労働運動、農民運動、廃娼運動、無産政党運動、教育の実施をめぐって多くの講演を行い、中国人と接触し、中国で非常に高い評価を得た。特に1930年、賀川は、上海米国大学同学会のネットワークを通して、日中米の宗教指導者と接触した。この時点が、『大陸報』における賀川の名声のピークとなった。次に、1932年から日中戦争勃発までの時期は、賀川に対する評価が変化していった。1934年時点では、『大陸報』は、賀川を、当時の一般的な日本人と区別し、賀川の中国への謝罪を積極的に受け入れ、賀川に期待した。しかし、1936年に、賀川は「満洲国」という言葉を使用したため、中国人に批判された。また、組合こそが世界を救い得ると主張する賀川は、ナショナリズムを重視した中国人現実主義者と意見が対立し、中国人から不信感を抱かれた。ゆえに、1936年こそが、中国における賀川評価の分岐点であると考えられる。そして、日中戦争勃発後、賀川に対する報道は少なくなった。

　以上、民国期の中国における賀川の報道を整理し、中国における賀川評価の変遷を考察した。

第四章　民国期の中国における賀川に関する報道　127

注

1 ）金丸裕一は、中国で発行された157件に及ぶ賀川豊彦に関する中国語文献を使用し、中国における賀川豊彦の評価を実証的に研究しているが、『大陸報』という重要な新聞については、ほとんど見落としている。唯一注目されているのは、"Chinese Walk out on Speech by Kagawa, Japanese Talker's Use of Word 'Manchukuo' Provokes Incident", *The China Press*, 29 May 1936 という記事である。金丸裕一「中国における賀川豊彦評価をめぐって―1920年から1949年の事例研究―」『立命館経済学』第65巻第6号、2017年、189-208頁。

2 ）袁伊「近代在華美式報刊之魁楚―『大陸報』」『新聞研究同導刊』第6巻第11期、2015年、265頁。

3 ）王韋、張培「1917-1941:《密勒氏評論報》"涉華報道" 理念探求」『歴史教学』第6期、2012年、52頁。

4 ）林牧茵「移植与流変―密蘇里大学新聞教育模式在中国（1921-1952)」復旦大学博士論文、2012年、74頁、126頁。

5 ）林牧茵「移植与流変―密蘇里大学新聞教育模式在中国（1921-1952)」復旦大学博士論文、2012年、158-160頁。

6 ）Gardner L. Harding, "Social Idealism in Modern Japan: Slum Christian Preacher, Novelist, Poet Is Unique Character", *The China Press*, 26 April 1925, p. B1.

7 ）*The China Press*, 23, August 1925, p. C5.

8 ）"Mr. Toyohiko Kagawa Noted Social Worker", *The China Press*, 20 June 1926, p. 17.

9 ）"Miss Kyong Bae Tsung and the Thousand Character Movement", *The China Press*, 13, May, 1928, p. 8.

10）"Prohibition Movement is Launched in Japan—6000 Dry Crusaders Stage Demonstration in Tokio", *The China Press*, 9 December 1928, p. D29.

11）"Floating College from America Arrives Here in Cruise around World- President Van Buren Brings Co-Educational Institution of 95 Students; Sails at Noon Today for Hongkong", *The China Press*, 9 January 1929, p. 1.

12）"Victors in Election are Ken Inukai of Seiyukai; Ikuo Oyama, Proletarian- Main Feature thus far is Unexpected Defeat of Three of Eight Radicals Who were Returned to Diet in 1928", *The China Press*, 22 February 1930, p. 1.

13）"Noted Japanese Social Reformer Will Talk at A.U.C. Tiffin", *The China Press*, 11 July 1930, p. 2.

14）張志偉『基督化与世俗化的挣扎：上海基督教青年会研究，1900-1922』国立台湾大学出版中心、2010年、166頁。

15）Paul French, *Carl Crow—A Tough Old China Hand: The Life, Times, and Adventures of an American in Shanghai*, Hong Kong University Press, 2006, p. 153.

16）"Dr. Kagawa to Speak", *The China Press*, 21 July 1930, p. 2.

17）white slavery：娼妓を指す。

18）"Japanese Leader Addresses Local Tiffin Party- Dr. T. Kagawa Tells A.U.C. Hosts of Labor State, Literary Tastes", *The China Press*, 23 July 1930, p. 1.

19）"BREVITIES; LOCAL AMD GENERAL, Dr. Kagawa at 'Y'", *The China Press*, 23 July 1930, p. 16.

20）Henry Huizinga, "Kagawa, The Man", *The China Press*, 24 July 1930, p. 3.

21）"BREVITSES- LOCAL AND GENERAL-Dr. Kagawa at'Y'", *The China Press*, 25 July 1930, p. 16.

22）"Dr. Kagawa Gives Interesting Talk on His Social Work", *The China Press*, 26 July 1930, p. 3.

23) "Eminent Social Worker Describers Japanese Fight for Manhood Suffrage, Dr. Toyohiko Kagawa's Address on Labor Problems, Communist Activities, Purity Question Delivered at Club", *The China Press*, 26 July 1930, p. 14.

24) "Friendship Body to Meet at Old Carlton", *The China Press*, 18 January 1931, p. 8.

25) "COMMUNITY CHURCH", *The China Press*, 24 January 1931, p. 17.

26) "Governor Judd Hopes to Pacify Warring Houses- Hawaiian Students Vote for Twenty Greatest in History", *The China Press*, 13 July 1931, p. 6.

27) *The China Press*, 13 March 1932, p. 11.

28) "WORLD PRESS OPINION- Transition Now Taking Place in Japanese Political Scene Explained", *The China Press*, 9 July 1932, p. 16.

29) *The China Press*, 25 December 1932, p. F16.

30) "A Grain of Wheat-By Toyohiko Kagawa", *The China Press*, 22 October 1933, p. 11.

31) "Address Will Follow Tiffin", *The China Press*, 11 November 1933, p. 11; "Talk on Kagawa Will Follow Tiffin-Meeting", *The China Press*, 12 November 1933, p. 12; "Auxiliary's Meeting Held Monday", *The China Press*, 14 November 1933, p. 11.

32) William Axling, *Kagawa*, London: Student Christian Movement Press, 1932.

33) "Local News Brevities", *The China Press*, 26 January 1934, p. 14.

34) "Mr. Toyohiko Kagawa, a Well-Known Japanese Christian Social Worker", *The China Press*, 28 January 1934, p. 5.

35) "Shanghai Japanese to Welcome Dr. Kagawa: Well-Known Writer, Social Worker Here Tomorrow", *The China Press*, 8 March 1934, p. 16.

36) "Shanghai Japanese to Welcome Dr. Kagawa: Well-Known Writer, Social Worker Here Tomorrow", *The China Press*, 8 March 1934, p. 16.

37) "Kagawa, Noted Japan Christian Leader, Arrives —Many Attend Dinner at Japanese Club for Religious, Social Worker: Chinese 'Y' Will Be Host at Tiffin Today", *The China Press*, 10 March 1934, p. 9.

38) 池田鮮『曇り日の虹―上海日本人 YMCA40 年史』上海日本人 YMCA40 年史刊行会、1995 年、238 頁。

39) "French, British Mistakes in Orient Scored: Dr. Kagawa Says Nippon Policy in Far East Followed Other Powers Noted Christian Worker Hits Ideals of League", *The China Press*, 12 March 1934, p. 2.

40) "BON VOYAGE, Dr. Kagawa", *The China Press*, 12 March 1934, p. 4.

41) 金丸前掲論文、203-204 頁。

42) "Penniston John B, "JAPANESE LIBERAL HITS MANCHURIAN INVASION: Kagawa Says Intellectuals United in Stand Against Action, Blames Professional Patriots in Latest Publication", *The China Press*, 9 September 1934, p. 20.

43) "Today's Quotations", *The China Press*, 12 February 1936, p. 10.

44) "Today's Quotations", *The China Press*, 28 March 1936, p. 10.

45) "Japan, to Have 3 Men at World Religious Meet- Kagawa, Suzuki, Anezaki Will Go to London for July Conference", *The China Press*, 27 April 1936, p. 2.

46) "Chinese Walk Out on Speech by Kagawa- Japanese Talker's Use of Word 'Manchukuo' Provokes Incident", *The China Press*, 29 May 1936, p. 14.

47) "Students Demonstrate in Shanghai on May 30: Go on Strike in North China", *The China Weekly Review*, 6 June 1936, p. 16.

48) "World Affairs Institutes Grow to 10 This Year- Chain of Colleges to Hold Meetings This Year", *The China Press*, 11 July, 1936, p. 5.

49) "Koo, Is Speaker at U.S. Midwest Meet- Says Nationalism in China Uniting Country", *The China Press*, 9 August 1936, p. 3.

50) 増田弘『石橋湛山―思想は人間活動の根本・動力なり』ミネルヴァ書房、2017 年、131-135 頁。

51) "Many Notables to Take Part in Tokyo Meet: 7th World Educational Conference to Begin on August 2 NOTED EDUCATORS TO BE PRESENT Talks on Promotion of Education Scheduled", *The China Press*, 3 July 1937, p. 13.

52) "Nazi War on Christians Hit by Reich Priest, Attacks Idea Serving Nation Fulfils Duty to God-China to Send 45 to Mission Meet: Conference to Be Held in Madras, India, Next December", *The China Press*, 8 November 1938, p. 7.

53) *The China Press*, 3 October 1941, p. 10.

第Ⅲ部

台湾・香港における
賀川の交流活動とその受容

第五章 『台湾日日新報』からみる賀川と台湾との関係
——大正期・昭和戦前期の台湾訪問を中心に

第1節 はじめに

　本章は、大正期・昭和戦前期における賀川豊彦の台湾訪問を手がかりに、賀川の台湾での行動や台湾に関する著作などを整理し、安部磯雄らの台湾観と比較しながら、賀川の伝道活動を明らかにするものである。

　序章における先行研究の紹介で述べた通り、近年、賀川と海外との関係に関する研究は進んでいるが台湾との関係についての研究は非常に少ない。米沢和一郎による賀川研究の集大成『人物書誌大系 37　賀川豊彦Ⅱ』では、欧米や中国大陸などにある賀川情報の一部は扱われているものの、台湾での賀川情報はまったく扱われていない[1]。小南浩一は賀川の戦時下の行動と賀川の中国に対する謝罪を論じているが、台湾については言及していない[2]。浜田直也は、1920 年において賀川と孫文との会談を中心に、賀川と蔣介石、宋美齢、張学良らとの関係を論じているが、賀川の訪台や、日本統治時代の台湾と賀川との関係については触れられていない[3]。金丸裕一は中国の賀川評価を中心として研究してきたが、台湾との関係は述べていない[4]。台湾では、黒田四郎の『人間賀川豊彦』が 1990 年に邱信典によって訳され、人光出版社から出版されている[5]。賀川の自伝小説『死線を越えて』(1920)は、2006 年に江金龍によって訳され、橄欖出版社から出版されている[6]。陳珠如は 1927 年に中華全国基督教協進会によって開催された「基督化経済関係全国大会」を中心として、その主要な参加者であった霍徳進、賀川豊彦、陳其田等の思想の紹介とそれらが社会的福音にもたらした影響について論じて

いる[7]。津田勤子は、董大成、林国煌らをとりあげ、彼等の戦前・戦後のアイデンティティの形成状況などについて研究しているが、彼らと賀川との思想についての影響関係は分析していない[8]。栃本千鶴は、施乾の「乞食」救済事業と賀川の関係を指摘し、賀川が台湾人に与えた影響を明らかにしたが、賀川が日本人から影響を受けたことについては言及していなかった[9]。

このように先行研究を概観すると、賀川と日本統治時代の台湾との関係について分析した研究がなく、これまでなおざりにされてきたことに気づく。また、賀川の台湾での活動を見ていく上で必須となってくる台北組合基督教会との関係に注目した研究もなく、賀川の台湾訪問を十分に整理した論文は見当たらなかった。

本章は、主に1922年、1932年、1934年、1938年[10]の賀川による台湾訪問の足取りを手がかりに、賀川が台湾とどのように関わってきたか、日本人と台湾人両方に向けての賀川伝道活動がどのように行われたかを明らかにすることを目的とする。また、賀川自身の書いた「身辺雑記」、"台湾紀行"とも言うべき『星より星への通路』(1922)などを基礎資料に用い、大正期・昭和戦前期における賀川の台湾観を検討する。

本章が賀川の台湾での活動に注目するのは、以下の理由からである。日本統治時代の台湾における日本のキリスト教会は、日本基督教会15ヶ所、日本聖公会5ヶ所、日本組合キリスト教会2ヶ所、日本美以美教会2ヶ所、日本聖教会22ヶ所、救世軍6小隊を含んでいた。しかし、これら日本人が設立した教会の活動の大方は、日本人に対する伝道であった[11]。従って、日本人向けのみならず、台湾人にも展開された賀川の伝道活動が、日本のキリスト教会とは違う性格を持っていたことに注目することは重要な意義があると考えられる。また、賀川が台湾伝道を通して、台湾の政治、教育政策等に提言したことの検討は台湾の教育思想史研究にも資することであり、賀川研究の空白を埋めることもできるだろう。さらに、こうしたこれまで注目されてこなかった賀川の台湾観を解明することによって、キリスト教指導者である賀川を例として、安部磯雄と比較しながら、大正期・昭和戦前期の日本キリスト教徒の台湾観を垣間見ることができるだろう。よって、台湾との関係

の研究は、賀川の全体像を究明することに不可欠であると言える。

第2節　『台湾日日新報』の紙面における賀川

　『台湾日日新報』は台湾併合後の1898年に創刊された。1944年の戦争末期は、総督府が新聞に強いコントロールを加え、『台湾日日新報』は他の新聞と合併して、『台湾新報』と改名された[12]。『台湾日日新報』は、日本統治時代の新聞の中で、その発行部数が最も多く、発行期間が最も長い。内容は、政治、経済、社会、文化、娯楽などであり、報道の地理的範囲は日本内地及び台湾のみならず、中国東南沿海、欧州、アメリカ、東南アジア等にもおよんでいる[13]。賀川は大正・昭和戦前期、『台湾日日新報』で40回報道されている。詳しい報道内容については、表5.1の通りである。

表5.1　『台湾日日新報』の紙面における賀川

No	発行日 （面）	見出し	内容	分類
①	1921年 2月8日 （2）	神戸の血の雨	「福井捨一　賀川豊彦等が献身的に組織に尽力せる神戸購買組合は五日神戸東川崎小学校に於て宣伝演説会を開き賀川豊彦購買組合の演説を初むるや」	記事
②	1921年 7月31日 （5）	遂に流血を見たる労働争議　双方の重軽傷者数百名　大検挙開始さる　賀川豊彦以下の幹部三百余名の検束	「労働争議は遂に流血の惨を見るに至れり殊に勝ち誇りたる罷業団は白昼市内に警官と衝突する事頻出たるより当局は断然神社参拝を禁止し総検挙を断行する事となり友愛会顧問賀川豊彦氏は遂に引致されたり其筋の警戒は二十九日頃高潮に達し居り三十日遂に三百余名を検束し」	記事
③	1921年 8月2日 （2）	賀川氏収監	「神戸労働争議の大立物賀川豊彦氏は検事局にて取調の結果終に一日騒擾罪に起訴され令状執行収監されたり」	記事
④	1921年 8月7日 （7）	新川部落の神様賀川豊彦氏部落民数百	「神戸の貧民窟新川部落に住む賀川豊彦氏が今回の争擾にて収監さる、や同部落民は数百人列を為して所轄署に押寄せ早く先生を返へして下さい若し返へさなければ新川に居ても楽しみが無いから他の部落に行くと駄々を捏ね中には泣出すものさへあり」	記事

⑤	1921年 8月7日 (6)	貧民部落民泣訴	「住神戸貧民窟新川部落之賀川豊彦氏。今回以争擾時間収監。為是同部落住民数百人。成列到所轄署前言請作速。還我先生。若不肯還。則吾輩居於新川。無復所楽。当往他部落。言時中有泣下者。」	記事 （中国語）
⑥	1921年 8月12日 (7)	賀川豊彦氏出獄す＝証拠不十分で不起訴＝「またストライキをやる元気あり」	「(神戸特電)七月二十九日夜騒擾罪を以て川崎争議団本部より三の宮警察署に引致され引続き神戸監獄橘分監に収監されてゐた賀川豊彦氏は爾来厳重なる取調を受けつつあったが，証拠不十分で不起訴となり(中略)八時過賀川夫人春子は木綿の著物に一重帯姿で裏門前の差入屋の前に現はるるや」	記事
⑦	1921年 8月13日 (7)	決して無意味な屈伏ではない問題は懸案 而かも階級意識の収穫 日本労働界の一進歩賀川豊彦氏は語る	「十日夜証拠不十分にて出獄したる賀川豊彦氏は十一日早朝より各方面を挨拶に廻はりしが友愛会神戸支部にて語る(中略)第一、全職工が此の争議で明かに階級意識を収獲した第二、罷業終熄の宣言に惨敗を堂々宣言して就業した態度は日本労働界の大進歩で今後非常に仕事が遣り能くなった第三全世界に労働運動の進歩を紹介せしめた。」	記事
⑧	1922年 1月27日 (7)	賀川豊彦氏 二月十一日来台	「『死線を越えて』の著者賀川豊彦氏は予てから来台するといふ噂はあったが今度日本基督教会の招聘に応じ二月十一日来台四日間台北の上中南部へ行くと。」	記事
⑨	1922年 2月7日 (7)	来る十一日 賀川豊彦氏が来台する	「日本基督教会の教職の一人此度当地日本基督教会の招聘を受け来る十一日賀川豊彦氏が来台する事になった。同氏は着台後左の講演会を開く予定である。会場は凡て日本基督教会堂(中略)女学生大会には現に学生ならざる者と雖も曾て学生たりし婦人は聴講する事が出来る。」	記事
⑩	1922年 2月9日 (2)	賀川氏渡台 夫人同伴蕃界視察	「賀川豊彦氏は婦人春子同伴にて八日午後四時門司解纜亜米利加丸にて渡台せり全島の基督教伝道状態幷蕃界を視察し三月下旬帰神の予定なりと」	記事
⑪	1922年 2月10日 (7)	賀川豊彦氏の宗教講演	「明十一日から十四日まで日本基督教会堂で開かるる賀川氏の講演会には成る可く靴若くは草履にて出席せられ定刻前に参集し聴講券は「壱」「弐」の区別を混同せざるやう注意せられたい」	記事
⑫	1922年 2月12日 (5)	賀川豊彦氏昨日来台	「『死線を越えて』の著者賀川豊彦氏は昨日来台した。主義者刈の頭髪に縁無眼鏡をかけ、平民帽を戴き、紺の折襟を著た五尺二寸もあらうかと想はる、小柄な男振り、チョット見には三十歳位の紅頬の青年で(中略)労働貧民の同情時として到る処の貧民窟を訪ね、其生活状態を観察せんなど大馬力である(中略)労資協調、普選問題、思想の趨向など間に応じて論じ立てまくし立てる鋒先の鋭さ、論旨の徹底せるには気の弱いものは呑まれて終う	記事

第五章 『台湾日日新報』からみる賀川と台湾との関係　137

			(中略)出迎の人の間には先生々々と大に敬慕の意を表してゐる人も多かった(中略)尚賀川氏其主義の共鳴者たる妻君を伴つて来てゐる」	
⑬	1922年 2月24日 (4)	賀川氏講演	「賀川豊彦氏は二十四日午後一時から基督教会で高雄婦人会の為に講演し夜は七時から一般の講演会を開く筈」	記事
⑭	1922年 2月25日 (2)	無絃琴	「当代の風雲児賀川豊彦君は死線を越えたり太陽を射たりして一躍文壇の寵児となった果報者だが悲しい事にはまだ此の男台湾をよく了解していなかったらしく(中略)台湾にはウジャウジャと蕃人が充満してゐさうだ、そして台湾は全つきり未開の土地で宗教なんぞはテンから広まっていないものと思っていたらしい(中略)台湾に対する何の予備智識もなしに平気で斯んな事を喋舌るのが所謂新人なんだろうが、一面から言へばその豫備智識を内地の人々にプロバガンダする事を忘れている吾々在台人にも一半の責任がないとは言えない」	記事
⑮	1922年 2月27日 (4)	基督講演	「嘉義日本基督教会堂。主催賀川豊彦氏基督講演会、月之廿六日。」	記事 (中国語)
⑯	1922年 3月2日 (4)	賀川氏講演	「中南部地方巡演中なる賀川豊彦氏は三月一日午後六時より新竹倶楽部集会場に於いて基督教講演会開催の予定」	記事
⑰	1922年 3月3日 (2)	賀川氏蕃地へ	「賀川豊彦氏は二日新竹発桃園より角板山に到り蕃界を視察し」	記事
⑱	1922年 3月7日 (2)	会事	「日本基督教会(東門外研究所北隣)本日午前九時半婦人会賀川豊彦氏婦人春子女史講話「イエスの女弟子」来聴自由。」	記事
⑲	1922年 10月1日 (7)	自棄か自暴か恋に破れた小文の家出　懐中には賀川豊彦の「太陽を射るもの」一冊	「曽て賀川豊彦の『死線を越えて』を読んで居たが最近は其後編たる『太陽を射るもの』を何処からか借りて居た」	記事
⑳	1923年 4月10日 (7)	第二の賀川豊彦氏が現はれる妹と共に一燈園にゐたが今は神戸の貧民窟に	「鈴木五郎氏(三〇)は輪田高等女学校出身の妹ちか子(二一)と共に西田天香の懺悔の生活に共鳴し相連立て」	記事
㉑	1923年 5月30日 (8)	世界公論 (五月号)	社会改造の原理とその宗教(賀川豊彦)	著作名 紹介

㉒	1924年 6月21日 (2)	労働党組織の前提か　安部氏等の政治研究会は	「賀川豊彦、大山郁夫、安部磯雄氏等の政治研究会は都下思想評論家を網羅し来二十八日芝協調会館に創立大会を開き」	記事
㉓	1924年 6月30日 (2)	政治研究会創立総会　殴る蹴るの騒動を演ず	「二十八日午後六時より芝区協調会館にて政治研究会の創立大会が開かれ賀川豊彦氏の開会の辞に始り布施辰治氏座長となり」	記事
㉔	1924年 8月16日 (5)	渡米する賀川豊彦氏	「賀川豊彦氏は十二月二十八日から来春一月二日迄開かる、米国州基督教自由学生伝道団主催の学生大会に出席」	記事
㉕	1924年 12月4日 夕刊(3)	愛と宗教(一)	享楽主義、功利主義、完全主義、社会主義、唯物史観等に反論。(筆者によるまとめ)	著作内容 掲載
㉖	1924年 12月6日 夕刊(3)	愛と宗教(三)	日本には為政者にも政治家にも度量がない。社会に功利主義が強すぎる。(筆者によるまとめ)	著作内容 掲載
㉗	1924年 12月7日 夕刊(3)	愛と宗教(四)	続前。	著作内容 掲載
㉘	1925年 7月17日 夕刊(2)	天刑病者への福音　賀川豊彦氏等の発起で救済会組織を計画中	「我国は不幸にして癩病患者の多きこと世界一にして二万人を突破する有様なるが之が精神的並に物質的慰安を講ずる為め基督教青年会の賀川豊彦、斎藤宗一、鈴木順次諸氏発起となり癩病患者救済会を組織し当局と社会局に向って猛烈な運動を為すこととなった」	記事
㉙	1929年 1月22日 夕刊(3)	新刊紹介	世帯(新年号)女性より高所に眸を放て(賀川豊彦)	著作名 紹介
㉚	1930年 1月31日 夕刊(1)	賀川氏の擁立を断念　馬島氏を担ぐ	「賀川氏は最初から推薦候補である為め選挙運動にも姿を見せず従って社民党でも遂に断念し賀川氏の代りに新に馬島偶氏を立候補せしめ陣容を立直すこと〲なった」	記事
㉛	1930年 2月11日 夕刊(3)	新刊紹介	就職戦線に立つ人々へ(賀川豊彦、矢野恒太、坪谷善四郎)	著作名 紹介
㉜	1931年 4月20日 (6)	賀川豊彦氏の『一粒の麦』東亜で映画化	東亜キネマは目下読書界を席巻してゐる賀川豊彦氏の名著『一粒の麦』(中略)作者賀川豊彦氏が去る四月五日奈良市に於て開催された演説会に出席した」	記事
㉝	1931年 7月29日 (2)	賀川豊彦氏今秋来台	「基督教を奉じ、多年我国貧民の救済に尽瘁しつつある賀川豊彦氏は今回台北市内の日本基督教会、組合教会、聖公会の招きに応じ十月下旬来台『神の国運動』普及の為全島を伝道講演旅行をなす由」	記事

㉞	1931年9月23日夕刊(3)	新刊紹介	子供の教育(九月号)子供の習癖を直す工夫(賀川豊彦)	著作名紹介
㉟	1932年3月24日夕刊(2)	賀川豊彦氏二十三日離台 台湾女性観を語る	「台湾の女、そうだな全体として内地の女よりも性質が良いかも知れないな(中略)内台結婚については或一面から見れば悪い点もある様に云はれてゐるが台湾が日本の領土であり台湾に内地人が住む以上、止を得ないと云ふよりもむしろ当然の事だらうと思ふ」	記事
㊱	1932年4月20日夕刊(2)	漁民救済に賀川豊彦氏起つ 台湾から帰って猛運動	「賀川豊彦氏は今度新たに全国七百万の漁民救済のために起つこととなり、これがため嚢頃台湾から帰ると直ぐ各地の漁村組合、水産学校、青年団更に県の水産家等を訪うて席の温まる暇もなく東奔西走している」	記事
㊲	1934年2月7日(3)	賀川氏の講演会盛況	「高雄に於る賀川豊彦氏の講演会は六日午後一時から公会堂で開催したが昼間にも拘らず多数市民来聴して盛況を極め同氏は非常時に於る精神修養と題し独特の熱弁を揮って聴衆に深い感動を与えた、尚同氏は特に婦人のためこれに先立って午前十時から婦人会館で同様講演をなした」	記事
㊳	1938年11月20日(7)	賀川豊彦氏ら一行基隆寄港 台北で一行を歓迎	「国際キリスト教連盟主催の世界キリスト教大会に出席の日本代表賀川豊彦、千葉勇五郎、久布白落実、河井道子、斎藤惣一、湯浅八郎、村尾昇一の諸氏及本邦在住の外人を併せた一行二十二名は十九日午後二時伏見丸で基隆に寄港日本旅行協会の斡旋で特別仕立の局営バスにて来北」	記事
㊴	1941年2月25日(3)	賀川豊彦氏近く本島へ	「今回賀川豊彦氏は自費を以て台湾伝道を決行することになり左の如き伝道日程を発表した、同氏今回の目的は南進基地として非常なる重要性をもって来た台湾島民に対し宗教を通じて島民の心構へを一層強調しようといふのである」	記事
㊵	1941年8月18日(3)	米国の基督教徒は参戦に絶対反対 賀川豊彦氏の土産談	「日米宗教会議に出席した賀川豊彦氏、小川清澄、小倉指郎両牧師、五年間ニューヨークでもヴァイオリンの修業をみっちりしてきた満鉄総裁 大村卓一氏令嬢多恵子嬢(二六)」	記事

『台湾日日新報』の紙面により筆者が作成

　表5.1をみると、『台湾日日新報』の見出しと内容には、「労働」、「貧民」、「部落民」(ママ)など言葉がよく使われている。これらによって、賀川の活動は下層民向けの性格を有するということを垣間見ることができるだろう。それと同時に、賀川は、「友愛会顧問」(1921年7月31日号(5))、「新川部落

の神様」(1921年8月7日号(7))、「大正期ベストセラーとなった『死線を越えて』の著者」(1922年1月27日号(7)と1922年2月12日号(5))、「当代の風雲児」(1922年2月25日号(2))、大山郁夫、安部磯雄等とともに思想評論家と称され(1924年6月21号(2))、紹介されている。40件の報道を分類すると、大きく「記事」、賀川の「著作名紹介」(新刊紹介)、および賀川の「著作内容掲載」という三つのカテゴリーに分かれている。その中で、「記事」は最も多く33件あり、「著作名紹介」は4件あり、「著作内容掲載」は3件ある。なお、1921年8月7日号(6)と1922年2月27日号(4)の記事は中国語で書かれている。

　表5.1で示した33件の「記事」を詳しく分析していくと、次のようなことがわかった。(1)1921年の神戸川崎・三菱造船所大争議をめぐる賀川の動向がよく報道されていた。(2)台湾のキリスト教会関係で訪台したことが多かった。(3)賀川の政治関係の行動が注目されていた。

　こうして記事の全体像を総括すると、台湾における賀川の評価はほとんど肯定的であった。しかしながら、稀に賀川の発言を批判的に見ていた記事もあった。表5.1の1922年2月25日号(2)には、賀川について「この男台湾をよく了解していなかった」という評価もある。それは「在台人」である記者が、賀川の「台湾にはウジャウジャと蕃人[14]が充満してる」、「台湾は全つきり(ママ)未開の土地で宗教なんぞはテンから広まっていない」という理解を批判してのことである。

　次に、記事数の推移を時間軸で見ていきたい。

　表5.2のように、賀川が『台湾日日新報』で最初に報道されたのは1921年である。この年の記事は、全40件のうち7件(17.5％)もあった。記事数は1922年が最も多く、12件(30％)となっている。1924年には6件(15％)あるが、その後は段々と報道が減少する傾向にある。1932年訪問直前の1931年には、3件(7.5％)あり、少し増えたが、1921年、1922年と比べるとはるかに少なくなってきたということが分かる。賀川は1932年に、日本で展開された「神の国運動」の延長線で台湾を回り、伝道活動を行い、1934年にフィリピン伝道で台湾を経由した。1938年にインドのマドラスにおける世

表 5.2 『台湾日日新報』における賀川に対する報道の概観

項目 年	分類			件数	項目 年	分類			件数
	記事	著作名 紹介	著作内 容紹介			記事	著作名 紹介	著作内 容紹介	
1921	7	—	—	7	1932	2	—	—	2
1922	12	—	—	12	1933	—	—	—	—
1923	1	1	—	2	1934	1	—	—	1
1924	3	—	3	6	1935	—	—	—	—
1925	1	—	—	1	1936	—	—	—	—
1926	—	—	—	—	1937	—	—	—	—
1927	—	—	—	—	1938	1	—	—	1
1928	—	—	—	—	1939	—	—	—	—
1929	—	1	—	1	1940	—	—	—	—
1930	1	1	—	2	1941	2	—	—	2
1931	2	1	—	3	合計	33	4	3	40

『台湾日日新報』より筆者が作成

界宣教大会に往く時に台湾を経由した。だが、その後『台湾日日新報』において賀川に関する報道はほとんどなされなくなった。

　『台湾日日新報』の性格を考えると、台湾文化協会の活動を非難していることからも、総督府政策を批判する立場に立つ思想や行動を歓迎しなかったであることがうかがえる。許世楷（1971）は「総督府御用新聞『台湾日日新報』は長文の社説を掲げて同協会（台湾文化協会）を非難」と記し、『台湾日日新報』が台湾総督府の広報的性格を有していたことを指摘している[15]。また、『台湾新民報』を除き、台湾人には新聞発行の自由がなく、日本人発行の新聞も検閲を受けることが義務付けられていたのである[16]。つまり、当時台湾総督府の広報としての役割を果たした『台湾日日新報』は、総督府の政策に批判的な立場であった賀川を歓迎できなかったのだろう。それ故、賀川を報道する記事が少なくなってきたのである。

第3節　賀川の台湾訪問

(1)　1922年の訪台

　賀川は、「破戸漢」(ゴロツキ)に金を要求され、脅されたことがきっかけで夫人の春とともに台湾へ伝道旅行に出たのである。賀川の1922年の台湾訪問は日本キリスト教会の招聘に応じて実現した。賀川は「身辺雑記」において、「旅より旅に、私は少し妻と二人で台湾の伝道旅行に彷徨して来まして」[17]というように台湾訪問のことを語っている。

　賀川は春とともに2月8日午後4時に門司から亜米利加丸にて出発し、「全島の基督教伝道状態」及び「蕃界」を視察し[18]、3月10日に門司に上陸し、帰国した[19]。賀川の姿について、『台湾日日新報』1922年2月12日号(5)には、写真入りで、次のような記事がある[20]。

　　　　『死線を越えて』の著者賀川豊彦氏が昨日来台した。主義者刈の頭髪に縁無眼鏡をかけ、平民帽を戴き、紺の折襟を著た五尺二寸もあらうかと想はる、小柄の男振り、チヨット見には三十歳位の紅頬の青年で(中略)労働貧民の同情時(引用者注：者か)として到る処の貧民窟を訪ね、此生活状態を観察せんなど大馬力である(中略)労資協調、普選問題、思想の趨向など問に応じて論じ立てまくし立てる鋒先の鋭さ、論旨の徹底せるには気の弱いものは呑まれて終う(中略)出迎の人の間には先生々々と大に敬慕の意を表してゐる人も多かった

　身長が「五尺二寸」ほど、見た目「三十歳位」の青年のような賀川は、台湾にある貧民窟を訪問し、台湾の貧民の生活状態を視察したうえに、「労資協調、普選問題、思想の趨向」などを鋭く論じ、論旨が徹底した舌鋒の鋭さは聴衆に強い印象を与えたと想像できる。この記事における「労資協調」とは、労働者と資本家の協調を重視することであろう。また、「普選問題」とは「普通選挙」のことであろう。それは、賀川起草による友愛会関西労働同

図 5.1 「賀川豊彦氏昨日来台」
(『台湾日日新報』1922 年 2 月 22 日、5 頁)

盟会の創立宣言の中の一項目である。「思想の趨向」とは協調主義的な労働組合から戦闘的な労働組合へと脱皮した友愛会の性格に関する思想的な変化のことであろうか[21]、それとも、社会主義、無政府主義を含む当時の思想的な動向を論じたかはこの引用文のみでは判定しがたい。

1921 年前後の日本社会は、第一次世界大戦、米騒動の直後で、貧困問題が深刻となる一方、労働運動、農民運動が盛んになり、結社の自由、普通選挙権、8 時間労働制、最低賃金など労働者の権利が求められた時期でもあった。

『台湾日日新報』の1921年7月31日号と1921年8月2日号は、神戸川崎・三菱造船所大争議の指導者として、賀川は起訴され収監されたと伝えている[22]。この時、新川貧民窟の住民たちは、賀川を拘留した所轄署にて彼の釈放を求めた。『台湾日日新報』1921年8月7日号6面には、中国語で、その7面には日本語で「同部落民は数百人列を為して所轄署に押し寄せる早く先生を返してください若し返さなければ新川に居ても楽しみがないから他の部落に行くと駄々を捏ね中には泣出すものさへあり」[23]という記事がある。

　事実として、この時期の賀川は、1909年のクリスマスイブから神戸新川貧民窟に身を投じて以来、既に10年以上にわたって貧民と深い絆を結んでいたのである。貧民の状態とその生活の観察に力を尽くした若き賀川はおそらく多くの人に強いインパクトを与えただろう。だからこそ、賀川に大いに敬慕の意を表している人が多かったわけである。

　賀川は、1ヶ月をかけて春とともに、台北、高雄、台南、新竹、桃園、基隆、台東花蓮港等地を回って、伝道講演を行った。1922年2月12日、台湾文化協会および台湾民衆党を創立し、非暴力民族運動の指導者であった蒋渭水(1890-1931)は、台北の春風得意楼で賀川の歓迎会を開き、交流活動を行った(図5.2)[24]。台湾の社会運動家らと積極的に交流した賀川が、同地の社会運動に対して関心を持っていたことがうかがえよう。

　『台湾日日新報』をみると、賀川の台湾における講演内容はほとんどキリスト教に関係するものであった。ロバート・シルジェン(Robert Schildgen)によれば、賀川が台湾を訪問した時に、伝道活動は許されたが、社会問題(social questions)についての講演は固く禁じられていた[25]。訪台後、賀川は「身辺雑記」において、「台湾の生蕃伝道は当局の許可しない為に、暫時の間見合はすより外はないと思って居ります。」[26]と、山地先住民に対する伝道は許可を得る必要があったと述べている。

　つまり、当時台湾総督府は、賀川らの日本人に対する伝道活動を許可したが、台湾における社会問題への言及や、山地先住民向けの伝道活動などは制限していた。台湾総督府による内地人、本島人と山地先住民に対する差別待遇を賀川の訪台経歴から垣間見ることが出来るだろう。

図5.2 蔣渭水（前列左から5人目）が春風得意楼で賀川（同右から6人目）の歓迎会を開いた

（黄煌雄『蔣渭水伝：台湾的孫中山』時報文化出版、2006年、45頁）。

　では、賀川の1922年の訪問は、台湾人にどのような影響を与えたのだろうか。一つの例を挙げて検討していく。賀川は1922の訪台の際、台北で最も古い長老派教会の艋舺教会を訪れている。同年に、「愛愛寮」を創立者した施乾（1899－1944）は賀川と接触したと推測され、影響を受けた[27]。施乾は、賀川の『貧民心理の研究』を引用しながら、乞食社会での生活を通じて、乞食の心理について研究を重ね『乞食社会の生活』（1925年刊、全179頁）を著している。また、その施乾は、賀川から社会事業としての農業運営、協同組合思想をも学び、賀川と同時代を生きた西田天香、河上肇らからも影響を受けていた[28]。現在、「愛愛寮」は、「財団法人台北市私立愛愛院」と改名され、多くの高齢者を収容する老人福祉施設となっている[29]。このように、賀川は伝道活動を通して、台湾人と接触し、乞食研究の思想、農業運営の思想、協同組合思想などの側面において台湾人に影響を与えたのである。福音伝道と社会運動の融合を訴えた賀川の思想が台湾で実践されたといえるだろう。
　また、賀川とともに行動していた春も3月7日に「イエスの女弟子」と題

して講演を行った。『台湾日日新報』1922 年 2 月 12 日号には、「尚賀川氏は
其主義の共鳴者たる妻君を伴って来てゐる」という記述がある[30]。基督教
伝道講演を行う女史として、賀川の生涯の助手役として重要な役割を果たし
た春は講演を通して、台湾の聴衆にインパクトを与えたのだろう。

(2) 1932 年の訪台と台北組合教会

　1932 年 3 月 5 日、賀川は神戸から出発して、8 日 1 時過ぎに基隆に着き、
早坂一郎等に迎えられ、台北に向かった[31]。早坂一郎(1891-1977)は、日本
の古生物学者、地質学者、台北帝国大学地質学教授であり、台北の日本基督
教会長老でもあった。元々賀川は、日本基督教会、日本組合教会、日本聖公
会の招きに応じ 1931 年 10 月下旬に「神の国運動」の普及のために伝道講演
旅行をする予定であったが[32]、カナダのトロントで開催の世界 YMCA 大会
から日本代表として招かれたため、1931 年 7 月 10 日から 11 月 12 日まで、
小川清澄、村島帰之を伴ってカナダへ赴いた[33]。結局、予定されていた台
湾訪問は 1932 年に実現された。
　台湾の教会史を少し踏まえると、台湾におけるキリスト教伝道の嚆矢は
1624 年のオランダによる南部台湾占領と 1626 年のスペインによる北部台湾
占領の時期であった。プロテスタントの伝来は、1865 年にスコットランド
長老派教会宣教師マックスウェルが南部台湾に布教を開始し、1872 年にカ
ナダ長老派教会宣教師マッケイ(馬偕)が北部台湾の伝道を始めたことによる。
後に、両者は迫害されたが、その影響力の表れと見なされる耶蘇聖堂や礼拝
堂が台湾に残っていた[34]。日本人による台湾での伝道の始まりは、台湾が
日本の植民地となった翌年の 1896 年であった。1896 年に日本基督教会が台
北に創立され、1897 年には聖公会が台湾で伝道を開始した。組合教会の伝
道については、1897 年に、帝国生命保険会社に勤務していた元山末雄、新
竹庁で開拓事業を経営していた奈須義質、台湾新聞社首筆であった梶原保人
の三人によって話し合われた[35]。その後、日本内地にあった組合教会本部は、
朝鮮での伝道が多大な成果を得たこともあり、台湾伝道を開始する必要を痛
感し、1911 年 11 月 12 日に日本組合教会幹部沢村重雄及び宣教師ペッドレ

ーを派遣して台湾の実況を視察した。その結果、1912 年 1 月 14 日元山の私宅に於いて組合教会創立に関する協議会が開かれた[36]。

　賀川が 1932 年 3 月に台湾を訪問したのは、組合教会 20 週年記念事業の開催の折りであった。組合教会 20 週年記念事業開催決定の総会が 1931 年 1 月に催され、次のような 20 周年事業を開催することが決められた。(1)「教会創立 20 週年記念事業」(近森一貫)、(2)「仮支教会設置案」(三井栄次郎)、(3)「先任各牧師を招待すること」(羽鳥花兄)、(4)「永続的の事業として」「一時的の催として」、「資金調達方法」(渡部政鬼)、(5)「献身的大伝道会施行」など(渡辺甚蔵)[37]。賀川の台湾訪問はおそらく(3)「先任各牧師を招待し」伝道を行うという項目に当たるものであろう。

　『台北組合基督教会二十年史』は、賀川の訪台を次のように詳しく記録している[38]。

　　　神の国運動＝賀川豊彦氏来台
　　昨年秋決行の予定なりし「神の国運動」は賀川氏洋行の為延引し、今年三月実行された。
　　三月一日より二日迄三教会青年連盟にて毎夜準備祈禱会、三日より七日迄三教会連合にて毎夜準備祈禱会を行ひ八日より本運動を開始し左の通り遂行した。

八日夜　　日基会堂、修養会	会衆	三〇〇名
九日午前十時　淡水中学	学生	四五〇名
同午後四時　総督府	官吏	三五〇名
同夜　鉄道ホテル大講演会	会衆	一、二〇〇名
	決心者	四七名
十日午前十時　婦人大会	婦人	四〇〇名
	決心者	四九名
同午前三時　帝大	学生	六五名
同夜　日基会堂、大講演会	会衆	一、〇〇〇名
	決心者	八二名

賀川が台湾で「神の国運動」を展開させたのは3月8日以降であった。ここでの三教会とは、日本基督教会、日本組合教会、日本聖公会のことである。

3月9日に、賀川は、淡水を訪問し、「馬偕博士」[39]の墓前にて、牧師の孫雅各、淡水中学校校長の偕叡廉のほか、馬偕の家族と写真を撮った[40]。賀川自身も「こんどの旅行でうれしかったのは、淡水中学について、台湾伝道の英雄的創始者、馬偕博士の子孫と令孫にあったことであった。」[41]と記し、「馬偕」の家族との出会いを喜んでいた。

賀川の講演を聞いた人々は、「信徒」、「学生」、「官吏」、「婦人」、「本島人」、「患者」、「一般日本人」といった台湾における相異なる社会階層に分布していることが分かる。本島人の聴衆は、12日と13日合わせて405名となっている。また、賀川の講演を聞いてキリスト教への入信を決意した決心者（キリスト教への入信者のこと）は、9日47名、10日午前には49名、10日夜には82名、11日111名、12日26名、13日17名、14日23名となっていた。こうした参加者と決心者の数字から賀川の伝道活動の強い影響力がうかがえる。

だが、1932年当時、台湾の宗教界に対する賀川の評価はそれほど高くなかった。賀川は「身辺雑記」において、台湾の宗教界について次のように語っている[42]。

　　台湾の宗教界は、誠に幼稚なもので、ほとんどみるべきものがない。「マサ」といって、航海を守ってくれる船の神が、非常に信仰されにゐる。本島人のキリスト教は、カナダおよび英国の長老教会が伝道したものであるが、十年間に著しい発達も示していない。内地人のキリスト教も、十年間に進歩した跡を、私は発見し得ないことを悲しむ。私はほとんど日本全国を廻って、今の形の伝道方法では駄目だとつくづく思ふのである。つまり余り観念的になりすぎて、実生活の上にキリスト愛を実現しやうという気持ちが少く、新教徒はあまりにも個人的な分裂主義をとって、一致合同の精神をとらず、互助相愛の実を示さない。牧師と牧師との間に聯絡がなく、その間に経済的圧迫は加って、貧民は益々苦しむ。

これはどうしても根本的に愛にめざめて、愛を基礎とした生活に復帰すべきものだと私は思ふ。

　このように、賀川は、台湾のプロテスタント教徒の間にある分裂主義、牧師と牧師との間に連絡がないことを批判しながら、台湾教会において合同精神、互助相愛の精神の必要性を提唱している。

　他方、賀川は、早坂から地質と漁業に関する話を聞き、「早坂教授に色々教えて貰った（中略）少しも考へなかったことを、今度は大分知り得て嬉しかった。」[43]と述べ、日本に戻って救済運動を起こした。『台湾日日新報』には、「漁民救済に　賀川豊彦氏起つ　台湾から帰って猛運動」と題され、次のような記事が掲載されている[44]。

　　常に新運動の急先鋒に起つ賀川豊彦氏は今度新たに全国七百万の漁民
　　救済のために起つこととなり、これがため曩頃台湾から帰ると直ぐ各地
　　の漁村組合、水産学校、青年団更に県の水産家等を訪うて席の温まる暇
　　もなく東奔西走している…

となっている。おそらく、賀川は早坂から台湾の漁民の貧しさを知り、日本内地の漁民の貧しさをも連想し、漁民救済運動を一刻も早く起こそうとしたのだろう。

　こうして、賀川の 1932 年の訪台経緯をみると、彼は、基督教指導者として単に施乾といった台湾人に乞食研究、農業運営、協同組合思想などでの影響を与えたのみならず、台湾にいた日本人から、漁民救済運動といった面において影響を受けもしたことがうかがえる。

(3)　1934 年の訪台

　賀川は 1934 年 2 月 1 日から 3 月 14 日までフィリピン基督教聯盟の招待によるフィリピン伝道に出かける。2 月 1 月に門司発の扶桑丸[45]で台湾に向かい、台湾の高雄から 2 月 6 日にメキシコ丸で出発、2 月 12 日にフィリピン

に着いた。その帰途は、香港、広州、上海などを経由した[46]。

The Chinese Recorder（『教務雑誌』）は、賀川の 1934 年 2 月の訪台経緯と講演内容を詳しく記している[47]。The Chinese Recorder によれば、賀川は台北において、3 日連続で 3 〜 4 回の大集会を行った。台北にある大稲埕教会において、賀川は、「十字架における愛の啓示」(Love as Revealed in the Cross)と題して講演を行い、その広告では彼が「愛の使徒」(The Apostle of Love)と紹介されている。また、婦人会での講演における賀川の演題は「現代文明と宗教生活」(Present-day Civilization and Religious Life)であった。千人以上の聴衆のいた集会では、彼が「危機時における精神覚醒」(Spiritual Quickening in a Time of Crisis)と題して説教したということが読み取れる。上述の大稲埕教会は太平町教会のことである。それは、1933 年に上与二郎[48](1884-1984)牧師の提案で、台湾人が居住する区域である台北大稲埕に、「太平町伝道所」と名付けられ創立されたものである。太平町教会は独立した教会ではなく、台北幸町教会の分会であった[49]。賀川の台湾での活動を報道した The Chinese Recorder と『台湾日日新報』の内容を対照させると、賀川の演題は次の通りとなる。

2 月 4 日　午後 2 時　　太平町教会「十字架における愛の啓示」
2 月 6 日　午前 10 時　婦人会「現代文明と宗教生活」
2 月 6 日　午後 1 時　　公会堂講演会「危機時における精神覚醒」

一方、賀川の伝道活動に対する台湾での反応について、『台湾日日新報』1934 年 2 月 7 日号(3)は、「賀川氏の講演会盛況」と題して次のように記録している[50]。

　　高雄に於ける賀川豊彦氏の講演会は六日午後一時から公会堂で開催したが昼間にも拘らず多数市民来聴して盛況を極め同氏は非常時に於る精神修養と題し独特の熱弁を揮って聴衆に深い感動を与えた。尚同氏は特に婦人のためこれらに先立って午前十時から婦人会館で同様講演をなし

第五章　『台湾日日新報』からみる賀川と台湾との関係　151

た。因みに同氏は六日午後四時出帆のメキシコ丸でマニラにむけ出発した。

　このように、賀川は「十字架における愛の啓示」、「現代文明と宗教生活」、「危機時における精神覚醒」といった精神修養に関する講演を通じて台湾の観衆に深い感動を与えた。また、妻の春は1922年3月7日に婦人会で「イエスの女弟子」と題して講演を行ったことがあったので、おそらく賀川の今回の婦人会での講演は、前回春がここで講演を行い、婦人会に世話になったことに対する返礼であろう。この点にも賀川夫婦と台湾婦人会との深い関係がうかがえるのである。

　他方、1934年の訪台はフィリピン伝道往路の経由地として立ち寄ったものであったので、フィリピンでの伝道活動についても検討する。まず、フィリピン伝道に対する報道を紹介する。*The North-China Daily News*（『字林西報』）1934年3月9日号[51]と *The China Weekly Review* の1934年3月17日号という二つの新聞に賀川のマニラ訪問が掲載されている。*The China Weekly Review*（『密勒氏評論報』）1934年3月17日号に掲載された内容を簡潔に概括すると、次の通りである。賀川のフィリピン訪問は、フィリピンのキリスト教団体であるフィリピン国家キリスト教連盟（The National Church Federation of the Philippines）によって実現した。フィリピン訪問後、上海に立ち寄り、歓待を受けた。上海での夕食は日本人倶楽部で済ませ、昼は中国キリスト青年会（the Chinese Y.M.C.A.）で食事をした[52]。

　The China Weekly Review は、1917～1945年に、アメリカの著名なジャーナリストであったジョン・パウエル（John Benjamin Powell, 1886-1947）によって上海で編集されたものである。1945年以降はその息子に受け継がれた。それは、中国のナショナリストを強く支持し、率直に日本軍を批判していた[53]。上述の記事では、賀川は著名な日本のキリスト教指導者、社会運動家と紹介されている。また、その文脈から、*The China Weekly Review* の賀川に対する評価は肯定的であったと言えるだろう。賀川は3月11日に上海鴻徳堂で日本軍が中国を侵略したことに対して当時の中国人に謝罪したということ

152

がよく知られている[54]。おそらく、この日本軍批判の立場が *The China Weekly Review* の編集者と賀川の見解が一致したので、同じ月、同じ上海発行の新聞で、賀川を高く評価したのである。

しかし、フィリピン側は、賀川のフィリピン大学での演説をそれほど高く評価しなかった。『東方雑誌』1935 年 7 月 1 日号は馬樹礼の著した「菲律浜独立運動之回顧与前瞻」を中国語に訳して、賀川の講演に対する感想を掲載している[55]。

　　昨年二月、フィリピン大学の招待で、キリスト教会における著名な日本の宗教家賀川豊彦博士は講演を行った。筆者も聴衆の一人であった。おそらく、この宗教家は既に、フィリピン人の日本に対する思いを知っていたのであろう。講演の最初に次のように述べている。「貴方は、フィリピン島が独立した後に日本は必ず占領しに来るだろうと思っているでしょう。しかし、それは日本国民の意志ではなく、少数の「蚊」が騒動を企てているのです。我々は、これら「蚊」の動きからのがれるために、共同で蚊帳を作るべきです」。それは、滑稽な口ぶりだが、日本政府がフィリピン島を占領しようとしていることを、彼は認めているのである。

（日本語訳は引用者による）

馬樹礼 (1909-2006) は中国民国期の外交官であり、フィリピンの大学を卒業した政治家であった。戦後、台湾の駐日代表を務めた人物でもあった。馬は、フィリピンの日本に対する不信感を隠さず、賀川の講演を「滑稽な口ぶり」とみなしている。また、馬樹礼は、経済的側面、政治的側面、軍事的側面などから、1935 年にアメリカが統治下にあったフィリピンに十年後の独立を認めたことについて、フィリピンが完全にアメリカから独立することは不可能だという理由を論じていた。さらに、馬は、賀川の言葉を引用しながら、フィリピンが独立したとしても、日本はその南進政策によって、必ずフィリピンに進攻してくると述べている[56]。賀川に対する言及は僅かであっ

たが、その文脈から、馬は賀川に好意的でなかったといえる。日本人である
賀川の言論によって、不信感を強め、賀川が日本軍のフィリピンへの占領を
認めたと読み取ったためである。おそらく、フィリピン側は、満洲事変後の
日本への不信感を賀川に投影しているのではなかろうか。

　こうして、賀川に対する評価は、台湾、中華民国期の中国とフィリピン側
とでは違っていることが見てとれる。賀川の伝道活動を認め、高く評価する
日本統治時代の台湾側、中華民国期の中国側に対して、フィリピン側は賀川
の活動を批判的に見ていたようである。

(4)　1938 年の訪台と董大成

　台湾には、賀川の著書を読み、講演を聞き、賀川から感銘を受けた董大成
(1916-2008)という人物もいた。本節は、1938 年の賀川訪台の経緯を踏まえ
ながら、「日本語世代」[57]であった董大成が賀川から受けた影響について考
察する。

　賀川はインドのマドラスで開催される世界基督教大会に参加するため、日
本代表者一行 23 名[58]とともに、1938 年 11 月 19 日午後 3 時に基隆へ入港し
た。賀川等は、台北市内を見学し、大稲埕蓬莱閣で開催されたキリスト教関
係者の歓迎会に出席した。夜の 8 時、基督教世界大会に向かうため基隆より
乗船してきたのは、在淡水英国総領事夫人デ・マック・ダーモット、台北帝
国大学教授小田俊郎、杜聡明等 11 名であった。一行は午後 9 時に基隆を出
港してインドに赴いた[59]。津田勤子によれば、台湾出身の董大成は 1938 年
に「日本基督教社会運動家」の賀川の講演を聞いて、刺激を受けた後、太平
町教会に加入する決意をしたという[60]。

　董大成は、1916 年に高雄で生まれた。1937 年に台湾総督府台北医学専門
学校が台北帝国大学に編入され、台北帝国大学附属医学専門部となった時、
董大成はその第一期生であった。彼は、卒業後、医学専門部医化学教室に入
り、生化学研究に従事した。戦後、台湾大学医学院生化学系教授となり、済
南教会の長老、名誉長老を務め、蔡培火の継続者として「真理大学開設籌備
委員」、「紅十字会理事」にも就任している[61]。また、彼は 1945 年 4 月に九

州帝国大学より医学博士号を授与され[62]、日本との関係も深いと考えられる。矢内原忠雄は本島人の出世ルートについて次のように述べている[63]。

　　官界及び実業界に対する進路が内地人独占のため完全に阻まれたることは、本島人知識階級を駆りて主として医師たらしめた(中略)今日台湾民衆文化、政治、及び農民労働者運動の先駆者指導者に医師の多きも右の理由に基づく

　董大成も矢内原のいうような医学研究者として台湾で出世し、台湾社会に強い影響を与えたエリートであると言えるだろう。
　董大成は、回想録で賀川について次のように述べている[64]。

　　私がキリスト教に接触したきっかけは賀川豊彦牧師の書いた本だと思う。その時、彼は多くの著作を持っていた。私は彼の本を読んで感動したので、毎週太平町教会で礼拝をした。私は第一代(引用者注：親がキリスト教徒ではない)のキリスト教徒である。上牧師の伝道方法はすべて自身で考えさせるものである。彼は、特に指示を出さない。すべて自身で考えなければならない。

　　　　　　　　　　　　　　　　　　(日本語訳は引用者による)

　上述の資料から、董大成は賀川の本を読んで感動し、キリスト教に回心したことが分かる。上牧師とは、前述の上与二郎牧師のことであり、賀川とも懇意であった[65]。また、董大成が礼拝へ行っていた太平町教会は、賀川が前回の1934年の訪台で講演を行った場所でもある。賀川が太平町教会の信徒と交流したり、太平町教会で講演を行ったりしていることから、賀川と太平町教会との間には深い関係があったと推察できる。
　董大成が1938年に賀川の講演を聞いたという先の津田勤子の研究に間違いがなければ、おそらく、それは1938年11月19日夕方の賀川らキリスト教関係者の歓迎会に董大成は列席していたのだろう。後に、董大成は、台湾

の長老派教会の北部大会と南部大会の連合提携を主張した[66]。このような考えは、前述した、台湾教会の分裂を批判する1932年の賀川の主張に沿うものであった。

また、ここで董大成のいう感動は、おそらく賀川の信仰に対するもののみならず、賀川ら日本のキリスト教者が、台湾人を植民地の「二等国民」とみなさず、日本の神道と軍国主義に対する批判的な立場を示したことを背景にするものでもある。太平町教会信徒であった林国煌(1922-2008)は、次のように回想している[67]。

　　私の知っているのは、上牧師は台湾人を植民地の二等国民とみなしていないことだ。彼は私的に日本の神道と軍国主義を批判している。また、彼は世界的な目線を持ち、民族を越えた考えを持っている(中略)日本キリスト教会には同じ見方を持っている人は多い。日本のキリスト教の賀川豊彦も同じである。彼も台湾に来たことがある。彼は上牧師と懇意である。

　　　　　　　　　　　　　　　　　　　　（日本語訳は引用者による）

さらに、董大成、林国煌ら太平町教会の信徒達は、被植民地の「二等国民」身分に位置づけられないことで、民族を越えた賀川ら日本キリスト教者の信仰に感化されたのだろう。賀川は台湾人を日本内地人と同一視しているということがうかがえる。

第4節　「二つの太陽の輝く台湾」から見た賀川の台湾観
——安部磯雄と比較して

本節は、賀川の台湾観を分析したうえで、その変遷を考察する。また、賀川の台湾観を、安部磯雄(1865-1949)と比較しながら、キリスト教指導者としての両者の台湾観の異同を検討する。

賀川による台湾についての論説はそれほど多くないが、『星より星への通路』

に収録された「二つの太陽の輝く台湾」から1922年前後の賀川の台湾観がうかがえる[68]。それは、賀川が1922年に台北を初めて訪問し、当時の台湾人の生活に入り込み、観察して執筆したものだと考えられる。賀川の言う「二つの太陽」とは、台湾人と日本人との民族対立を指すものである。つまり、賀川は、日本の政治勢力を象徴する太陽と漢民族台湾人の社会勢力を象徴する太陽が同時に台湾に存在していたと考えていたのであろう。

　同書から次のような賀川の考えを読み取れる。①「植民地台湾に居る日本人の不適応」、②「総督府の教育政策に対する批判」、③「台湾における社会学の欠如」、④「蕃語辞典の不完全さ」、⑤「『生蕃』研究の不十分」、⑥「総督府による宗教勢力の無視」、⑦「生活上に於いて中国人より豊かである」こと。さらに、それらは概ね、「台湾統治論」、「総督府の教育政策に対する批判」、「台湾の蕃人研究の提案」とまとめられる。

　まず、賀川の「台湾統治論」について考察する。賀川は、「同化主義」とか「内地延長主義とか云ふて、簡便な台湾服を捨てゝ、本島人に「不経済なそして不便な日本服を着よと云ふのは困つたこと」[69]という総督府の同化政策を批判し、日本伝統文化にある「畳」、「袖」という具体的な例を用いて中央政府の植民地政策に反論した。「畳」について賀川は、日本人の風土とは異なる台湾に来て「内地から持って来た、風俗を改めやうとはしない」まま、「不経済な畳を敷いて」いると台湾にいる日本人の習慣を批判している。また、「袖」について、賀川は、「支那服を日本服に改めさせることが同化策」ではないと指摘し、むしろ「支那服を美化して使用せしめるやうに考案」すべきだと考えた。さらに、賀川は、日本の官吏と本島人との間に「内質的接近のないこと」に気づき、「内地から来た官吏は、本島人の内部生活などに就ては全く『我関せず矣』で恰も羅馬人がユダヤ人の宗教に無頓著であった如く、ぴつたりと来ないものがあると思はれた。これでは、どうして真の政治が出来るかと私は思ふた。つまり総督府の官吏はまだ上皮層だけの政治しかして居らないのである。台南の国姓爺を開山神社にして県社扱にしたところで、台湾人はそれをどれだけ有難く思ふて居るであらうか？　脇から見てみるとおかしなものである」[70]というように、総督府が台湾の本島人の立場を考えず、

「上皮層」の政治を行っていることを批判している。また、台湾の宗教政策（賀川のいう宗教政策と宗教勢力とはキリスト教についてのそれに限定される）について、賀川は、「三万数千人の信徒と百六十の教会が出来て居る。その間に道徳的の向上心強く」と台湾のキリスト信徒の強い向上心を高く評価する一方、総督府が宗教勢力を無視したならば政治ができなくなると主張している[71]。

　賀川は、基本的には当時の台湾同化政策に賛成する姿勢を示した。しかしながら、彼は、日本政府が台湾人の心を理解せず、台湾の宗教勢力を無視し、ただ服装や地名を変えるだけという同化政策は、台湾を統治する真の政治でもなく、有効な同化政策でもないと主張し、むしろ日本の官吏が本島人に接近し、本島人の立場を理解すべきであると考えていた。

　次に、賀川の「台湾における総督府の教育政策に対する批判」について検討する。賀川は、台北にある医学校に対して、「台北の医学校が実に善いことをして居る」と高く評価している。しかし、実業教育については、「実業教育の完全なものが、も少し早くから教へられて居たならば」と台湾におけるその不完全さを指摘し、実業教育を充実するために、農学校、工業学校など実業に関する学校の設立が望ましいと考えていた[72]。また、彼は、「本島人の間に好学熱は著しく発達して来て居るのである。然るに公学校に収容し得る人員は僅かに就学児童の三割位」であることを「気の毒」だと考え、公学校における本島人の就学児童数が少ない現状を批判し、初等教育においては、本島人が日本人と平等に教育を受けるべきだと主張している。台湾における実業教育の実施については、賀川は、「身辺雑記」において、「我々は、認可のゐるような学校を作らないで、実業教育をもう少しほどこし、社会それ自身が認可してくれるやうな学校を作れば、それによって社会を改造することは比較的に容易だと思ふ。これからの学校は卒業しても職業の無いようなものをつくっても仕方ないと思ふ」[73]と述べている。彼は、社会改造に役に立つ学校を作るべきであり、生徒が卒業してから就職がしにくくても仕方がないと考え、むしろ実業教育の充実が望ましいと主張し続けてきた。このように賀川の実学重視の姿勢が見てとれる。

次に、賀川による「台湾の蕃人研究」について検討する。賀川は、人類学研究と社会学研究の視点から、「生蕃語の文法の研究は勿論のこと、その人類学的研究はまだ十分発表出来て居らない［中略］蕃人の社会学的研究は全然出来て居らないのである」[74]と台湾における山地先住民研究の不十分さを指摘している。

また、「互助精神」、「社会連帯意識」、「人間中心」といった賀川の思想の中心概念は、台湾の山地先住民研究に対する提言においてもよく見られる。賀川は、台湾の学問の発達を考えるのみにとどまらず、台湾の山地先住民救済をも提言している。彼は、山地先住民の生活現状について「極貧のドン底に住んで居る」と指摘し、「生存競争の苦闘より、色々な反社会的な風習が出てくるのは憎む可きことではある」と「極貧」[75]の山地先住民が厳しい生存競争によって苦しんでいる現状を認め、山地先住民の悪習慣を批判する一方、「彼等に相当の生計を保証さへしてやるならば」というように生計の保障が重要であると考えている[76]。賀川は、蕃童学校を視察し、山地先住民を「彼等は教えられ得る人種である」[77]とし、「彼等の文典を見ても彼等は立派な系統を持った言語を使用して居る。その神話は詩的であり、その部族の間に於ける道徳的観念は或確かなものがあるのである」[78]と山地先住民の言語と道徳的観念を高く評価している。このような賀川による台湾の先住民の言語研究、辞典編纂欠如の指摘などは、矢内原忠雄による「台湾音をもって国語［日本語］を検出すべき辞書を有せず［中略］一貫せる国語教育政策をもってして、言語教育上の基礎的事業の軽視」といった総督府の「友愛をもってせず」政策に対する批判と共通している[79]。山地先住民の出生率と死亡率については、賀川は社会学の研究者として、山地先住民の出生率は「滅亡に近き運命を持つて居る」ほどに低く、気の毒だと述べている[80]。それに対して、1932年に書いた「身辺雑記」では、賀川は「本島人の死亡率が高いために、全島の平均が内地の平均よりは高くなっている。それでも石川県あたりより遥かによい」と考え、「台湾統治のために慶賀すべきことである」と台湾総督府の統治を評価している[81]。ヒューマニストとして賀川の一面を、その総督府に対する評価の変遷から読み取れると考えられる。

第五章 『台湾日日新報』からみる賀川と台湾との関係　159

　こうして、賀川は、言語、社会組織、神話、人間主体等諸問題を、社会学と人類学の側面から、台湾の山地先住民研究に対して提言し、山地先住民の言語と道徳を高く評価するとともに、彼等を救済するために、生計の保障、教育の実施などが重要であると主張している。おそらく、台湾に関する人類学と社会学研究は、賀川にとって、神戸新川貧民窟での研究の延長線上にあったのだろう。

　他方、安部磯雄は、ヒューマニストとして、大正・昭和期において、労働運動、農民運動、協同組合運動等を通して、賀川と連携して活躍していた[82]。紀旭峰によれば、安部は、1917年12月27日から1918年1月20日にかけてと、1935年11月22日から12月13日にかけて、台湾を2回訪問している。1回目の目的は野球の交流試合を行うことであった[83]。2回目の目的は台湾のキリスト教青年会の招待で、宗教講演を各地で行うことであった[84]。

　賀川と安部の台湾観を比較すると、「台湾人に対する初等教育の差別待遇への批判」、「日本人と本島人が平等に教育を受けるべきだ」、「社会問題を解決するために、社会学が不可欠である」[85]、「内台結婚に賛成する」といった観点において一致していた。

　まず、「台湾人に対する初等教育の差別待遇への批判」と「日本人と本島人が平等に教育を受けるべきだ」について考察する。安部磯雄は、台湾の教育問題は小学校の問題であると考え、「内地人のために設けられた小学校には寄宿舎が充実され、小学校への通路には鉄道の便がある。一方、台湾人に設けられた公学校には、公学校の建設費用さへ総督府が負担してない」というように指摘しながら、「内地人と台湾人との間に大分区別を設けて居る」ことを批判している。また、彼は「総督府が真に台湾人を同化せしめやうと思ふならば小学校教育に於いて日本人と台湾人と同一に教導しなければならぬ」と主張している[86]。すなわち、安部も賀川と同様に総督府の教育政策を批判しながら、「日本人と本島人が平等に教育を受けるべきだ」と主張し、日本人と台湾人を同一視している。

　次に、社会学の必要性について安部は、「人体の研究に於て生理学と言ふものがあるが如く社会の研究には社会学と言ふものがある、是れに関する一

通りの知識が有ると無いとは自治民として世に立つ上に大きな関係を持つものがある、で社会学の大体に就ての知識も授ける必要がある」[87]と、台湾の学校教育には社会学が不可欠であると考えている。台湾人に「自治民」意識を育むために社会学が不可欠であるという安部の視点から、安部は賀川よりも、さらに台湾人の市民意識の発展を重視したということがわかる。

そして、内地人と台湾人との内台結婚については、賀川は、「或一面から見れば悪い点も或る様に云はれているが［中略］台湾に内地人が住む以上、止むを得ないと云ふよりもむしろ当然のことだらうと思ふ」[88]といって、日本人と本島人との通婚を当然であると考え、賛成の立場に立っていた。安部は、内地人と本島人の融合問題を政治問題としてとりあげ、「結婚奨励」を「統治方針」とみなした。彼は、内地人と本島人の融合問題を解決する唯一の方法は、「内地人と本島人の間の結婚を奨励したらよい」と主張している[89]。このように、内台結婚について賀川と安部は共通して賛成の姿勢を示している。

一方、同時に賀川の作品には人種差別用語もしばしば見られる。たとえば、「生蕃の出生率も死亡率もまるで文明人のそれに似て居る」といった賀川の記述から、人種には上等か下等かとの区別があるという賀川思想における優生思想が見られる[90]。賀川の優生思想について杉山博昭は、1933 年に刊行された賀川の『農村社会事業』を挙げ、賀川が日本の農村社会の改善を断種と「優等な種を保存」することで図ろうとしていると指摘している。さらに杉山は、賀川が 1949 年に著した「産児制限論」を引用し、単なる断種にとどまらず、賀川が「善種」の増殖を説き、よりいっそう優生主義を強化していると批判している[91]。ただし、杉山が指摘したように、賀川が真剣に障害者の抹殺を考えていたというわけでは全くなく、むしろ主観的には障害者の人権にも深い関心を有していた[92]。それゆえ、賀川の優生思想は、彼独自のヒューマニスト的な要素が加味されたもので、いわゆる障害者や台湾先住民に対する差別意識はなかったであろう。台湾総督府の政策を批判してきた賀川は、台湾人の死亡率が石川県より遥かに低いと知り、それが総督府の統治によって改善したのであると考え、「慶賀すべき」だと評価した。ヒュ

ーマニストとしての賀川が台湾人の人権に深い関心を有していたとうかがえる。

優生思想については、賀川と安部とはある程度共通している。安部は、賀川の『星より星への通路』の出版と同年の1922年に『産児制限論』を著した。安部は、優生学の観点から産児制限の必要を訴え、「優秀なる種族を得る」ために、「優秀な子孫を得るためには両親の優秀なる性質を遺伝するということが最も有効なる方法である」と考えている[93]。こうした安部の価値観には、優生思想が潜んでいるということを杉山がすでに指摘している[94]。また、内台結婚についても「人種の違うと云うことに拘だはる事がないから、結婚が出来ると思う」というように、内地人と本島人には「人種」の違いがあると安部は述べている。断片的な資料のため賀川と安部の思想の全体像は把握しにくいが、おそらく両者の思想のなかで、ダーウィンの生存競争論の影響が強かっただろう。

第5節　おわりに

賀川は大正期・昭和戦前期において5回にわたって台湾へと赴いた。1941年3月と10月にも賀川は台湾を訪問する予定であったが、3月の台湾伝道の予定が中止となり、10月にも腎臓病再発で台湾伝道を中止した[95]。その結果、木村清松（1874-1958）が賀川の代理として1941年10月23日から台北組合教会にて特別伝道を行い、台湾の各地を巡回し伝道した[96]。

賀川の活動は、宗教的な側面にとどまらず、一般民衆にもその影響力が見られた。また、賀川は日本人のために伝道活動を行っただけでなく、本島人向けの伝道活動をも行った。これは台湾での日本キリスト教伝道史に関する研究に重要な位置を占めると考えられる。

台湾観については、賀川は、互助精神、社会連帯精神、人間中心といった観点から台湾社会を観察していた。彼は日本内地だけではなく、植民地台湾の政治、教育政策、「生蕃」研究、宗教政策、婦人向けの伝道などに対して強い関心を示し、日本内地と植民地の台湾を同一視すべきであると考えてい

た。また、賀川の台湾観は、年代によって変遷していた。1922年より台湾総督府の政策を批判してきた賀川は、1932年に台湾人の死亡率が石川県より遥かに低いと知り、それが総督府の統治によって改善したのであると考え、「慶賀すべき」だと評価した。

賀川と安部の台湾観を比較すると、両者とも「台湾人に対する初等教育の差別待遇への批判」、「社会問題を解決するために、社会学が不可欠である」、「日本人と本島人が平等に教育を受けるべきだ」、「内台結婚に賛成する」といった観点において一致していた。また、両者の台湾観には優生思想が潜んでいることも否定できない。しかしながら、一般民衆に目線を向けた安部に対して、賀川は、一般民衆は勿論、台湾の「生蕃の救済」、「農村伝道」[97]といった形で下層階級にも視線を向けていたのである。

結局、安部磯雄と同様に[98]、賀川の台湾に対する見解は、日本統治時代の台湾総督府当局に直接的な影響を与えなかった。だが、カリスマ性をもつ宗教指導者であった賀川の思想は、施乾、董大成、林国煌といったエリート達を通して近現代台湾社会において実践されたということを確認できた。

表5.3 1922年の賀川の訪台日程

月　日	場　所	事　項
2月8日		午後4時：門司　亜米利加丸にて渡台。
2月11日	日本キリスト教会会堂	11日(土)午後2時学生大会 同午後7時聖書講演
2月12日		12日(日)午前九時半礼拝説教 後1時　女学生大会 午後7時聖書講演
2月13日		13日(月)午前九時半婦人大会「新文明に対する婦人の使命」 午後7時聖書講演 午後10時　「イエスと弟子との関係」
2月14日	台北	14日(火)午前六時半早天祈禱会 午前7時　「イエスと祈祷の心理」 午後7時聖書講演「イエスと信仰」を台北日本基督教会で講演。
2月24日	高雄婦人会	基督教会で高雄婦人会の為に講演 夜7時　一般の講演会を開く。

月　日	場所	事項
2月26日	嘉義	日本基督教会堂。 午前9時　北門内教会堂にて講演。 午後2時及7時　公会堂で講演会を開く。
3月1日	新竹	午後6時より新竹倶楽部集会場に於いて基督教講演会開催。
3月2日	蕃界、基隆	新竹桃園より角板山に到り蕃界を視察し基隆講演の後台東花蓮港方面へ向う。
3月7日		日本基督教会（東門外研究所）本日午前九時半婦人会賀川豊彦氏婦人春子女史講話「イエスの女弟子」来聴自由。

『台湾日日新報』と米沢和一郎の『賀川豊彦Ⅱ』により筆者が作成。

表5.4　1934年2月の賀川の訪台日程

月　日	場　所	事　項
2月1日	門司	フィリピン伝道に門司より扶桑丸で出発。
2月3日	基隆、台北	午後5時：基隆市長桑原政夫の案内で、市の社会事業を見学。 午後7時：台北の基督教会で夕食。食後、長老会とミーチング。
2月4日	基隆	午前10時：祈禱会 午後2時：中国祈禱会 午後3時30分：学生集会（参加者600　決心者162名） 午後7時30分：長老会にて夜祈禱会
2月5日		夜　政府関係の集会。合同集会。
2月6日	高雄	午後10時：婦人会会館で　精神修養 午後1時：公会堂講演会　精神修養 午後4時：メキシコ丸で　マニラに向けて出発。

前掲米沢和一郎書、「身辺雑記」、『台湾日日新報』により筆者が作成。

表5.5　賀川による「台湾の蕃人研究の提案」

項目	主張
生蕃語の言語研究	「各々違った言語が使用せられて居る状態などは実に社会学上面白い現象であって」と生蕃の言語研究に関心を持っている。
社会団体の研究	「彼等の社会団体の単位は『ガガ』と云って…狩猟、葬婚などを共にする互助的結社であるらしい…社会学的に研究して道徳進化論の方面から研究すれば面白いもの…」と生蕃の互助的社会団体に興味を持つ。
神話の科学的研究	「彼等の神話の科学的研究は行はれず、況や社会的風習の社会学的取扱は少しもされて居無いのである」と神話研究の欠如を指摘している。
人間研究	「台湾の樹木の研究，魚類の研究などに就ては大島正満博士などの有力なる人々によって研究の手がつけられて居るが、肝心の人間の研究は少しもされて居ら無いのである」と人間に対する研究を主張する。

蕃語辞典	総督府の理蕃課による辞典は「凡てを日本の仮名で書いてある」が、「蕃人の発言して居るのを聞くと日本人の発音をしない」発音を沢山しているので、「不完全な片仮名で辞典を作って居ては何の役にも立たぬことになるのである」と台湾総督府の蕃語辞典の不備を批判している。
生蕃の出生率と死亡率	賀川は、大正5年から大正9年（1916～1920年）までの新竹州の生蕃の出生率と死亡率を整理して、「こんなに出生率の低いのは余程考へもので…蕃人に盛んに酒を呑まして居るが、之では蕃人の出生率は益々低下する一方であらう」と指摘している。

「星より星への通路」(pp.254-259)により筆者が作成。

注

1）「まえがき」（米沢和一郎編『人物書誌大系37　賀川豊彦Ⅱ』日外アソシエーツ、2006年）、(4)-(6)頁。

2）小南浩一『賀川豊彦研究序説』緑蔭書房、2010年、167-178頁。

3）浜田直也『賀川豊彦と孫文』神戸新聞総合出版センター、2012年。

4）金丸裕一「中国における賀川豊彦評価をめぐって―1920年から1949年の事例研究」『立命館経済学』第65巻第6号、2017年、189-208頁。

5）黒田四郎（邱信典訳）『賀川豊彦伝』人光出版社（台湾）、1990年。

6）賀川豊彦（江金龍訳）『飛越死亡線』橄欖出版社（台湾）、2006年。

7）陳珠如『基督教与工業改造―以1927年「基督化経済関係全国大会」為例』中原大学修士論文、2016年

8）津田勤子「日語世代的戦後適応与挫折―以太平町教会信徒為例」『台北文献』第187期、2014年、109-142頁。

9）栃本千鶴『社会事業家施乾の「乞食」救済事業の展開と継承』愛知淑徳大学博士論文、2010年、22頁。

10）賀川は1940年3月4日台湾に近い西表島にて同地の炭坑の為に医師として働いていた家崎亀之介を訪問し、その帰途は台湾基隆港を経由した。資料の欠如のため本稿では、この1940年の訪台には言及しないことにする。賀川豊彦「身辺雑記」『賀川豊彦全集第24巻』キリスト新聞社、1964年、301-303頁。

11）高井ヘラー由紀『日本統治下台湾における日本人プロテスタント教会史研究（1895-1945年）』国際基督教大学博士論文、2003年。

12）孫秀蕙、陳儀芬「台湾日治時期商業広告中的「戦争」符号研究：以《台湾日日新報》為例」『新聞学研究』第130期、2017年、12頁。1944年4月1日、『台湾日日新報』は、『興南新聞』、『台湾新聞』、『台湾日報』、『高雄新聞』、『東台湾新聞』と統合し、『台湾新報』となった。

13）李毓芳『《台湾日日新報》所見之明治時期（1895～1912）漢人音楽戯曲活動』『台湾音楽研究』第21期、2015年、73頁。

14）清朝時代には山地先住民を「生蕃」、清朝政府に服属した平地先住民を「熟蕃」と呼んだ。漢族移住者である台湾人が増加するに従い、入植地は拡大され、先住民との抗争は絶えなかった（曽山毅『植民地台湾と近代ツーリズム』青弓社、2003年、42頁）。賀川の言う「蕃人」は、台湾の先住民のことである。本稿は、「生蕃」にあたる人々を「山地先住民」と表記するが、引用文の表記はそのままとする。

15）許世楷『日本統治下の台湾』東京大学出版会、1971年、212-213頁。

16）藤井省三、黄英哲、垂水千恵編『台湾の「大東亜戦争」文学・メディア・文化』東京大学出版会、2002年、297-298頁。

17）賀川豊彦「身辺雑記」『賀川豊彦全集第 24 巻』キリスト新聞社、1964 年、4 頁。

18）『台湾日日新報』1922 年 2 月 9 日、2 頁。

19）「年表」『賀川豊彦全集第 24 巻』キリスト新聞社、589 頁。

20）『台湾日日新報』1922 年 2 月 22 日、5 頁。

21）前掲小南浩一『賀川豊彦研究序説』、121-123 頁。

22）『台湾日日新報』1921 年 7 月 31 日、5 頁、1921 年 8 月 2 日、2 頁。

23）『台湾日日新報』1921 年 8 月 7 日、7 頁。『台湾日日新報』1921 年 8 月 7 日号、6 頁には、「貧民部落民泣訴」と題される中国語版がある。その内容は次の通りである。「住神戸貧民窟新川部落之賀川豊彦氏。今回以争擾時間収監。為是同部落住民数百人。成列到所轄署前言請作速。還我先生。若不肯還。則吾輩居於新川。無復所楽。当往他部落。言時中有泣下者。」

24）黄煌雄『蔣渭水伝：台湾的孫中山』時報文化出版、2006 年、45 頁。

25）Robert Schildgen, *Toyohiko Kagawa: Apostle of Love and Social Justice*, Centenary Books, 1988, p. 120.

26）前掲『賀川豊彦全集第 24 巻』1964 年、21 頁。

27）前掲栃本千鶴『社会事業家施乾の「乞食」救済事業の展開と継承』、22 頁。

28）前掲栃本千鶴『社会事業家施乾の「乞食」救済事業の展開と継承』、23-33 頁。

29）「財団法人台北市私立愛愛院」のウェブサイト掲載「関鍵大事記」https://aiai.org.tw/?FID=45（2019 年 12 月 30 日アクセス）

30）『台湾日日新報』1922 年 2 月 12 日、5 頁。

31）前掲賀川豊彦「身辺雑記」『賀川豊彦全集第 24 巻』、142 頁。

32）『台湾日日新報』1931 年 7 月 29 日、2 頁。

33）「年表」『賀川豊彦全集第 24 巻』、601 頁。

34）「台北組合基督教会の設立」『台北組合基督教会二十年史』台北組合基督教会、1932 年、1 頁。この資料は、兵庫教育大学教授（当時）故南埜猛先生にご教示を戴いた。ここに深謝の意を表する。

35）前掲「台北組合基督教会の設立」『台北組合基督教会二十年史』、1-2 頁。

36）前掲「台北組合基督教会の設立」『台北組合基督教会二十年史』、3 頁。

37）前掲「台北組合基督教会の設立」『台北組合基督教会二十年史』、297-303 頁。

38）前掲『台北組合基督教会二十年史』台北組合基督教会、290 頁。

39）馬偕（1844-1901）、ジョージ・L・マッケイ（George Leslie Mackay）、正式な漢文名は偕叡理である。通称は「馬偕」または「馬偕博士」。スコットランド系カナダ人の宣教師である。長老派教会ミッションとして派遣され、1871 年から台湾に渡り、1872 年からキリスト教の宣教活動を行った。後述の偕叡廉の父である。

40）蘇文魁「賀川豊彦先生到淡水」『台湾教會公報』第 2508 期、2000 年、10 頁。

41）「1932 年 3 月 15 日　嘉義にて」『賀川豊彦全集第 24 巻』キリスト新聞社、1964 年、143 頁。

42）「身辺雑記」『賀川豊彦全集第 24 巻』、143 頁。

43）「身辺雑記」『賀川豊彦全集第 24 巻』、142 頁。

44）『台湾日日新報』1932 年 4 月 20 日、2 頁。

45）米沢和一郎編『人物書誌大系 37　賀川豊彦Ⅱ』日外アソシエーツ、2006 年、614 頁では、賀川の乗った船が「瑞穂丸」となっているが、「身辺雑記」では、「扶桑丸」となっている。本稿は賀川自身が執筆した「身辺雑記」に従う。「身辺雑記」『賀川豊彦全集第 24 巻』キリスト新聞社、1964 年、179 頁。

46）前掲賀川豊彦「身辺雑記」『賀川豊彦全集第 24 巻』、179 頁、または前掲米沢和一郎編『人物書誌大系 37　賀川豊彦Ⅱ』、614-615 頁。

47）"Work and Workers", *The Chinese Recorder*, No. 5, 1934, p. 338.

48）上与二郎（1884-1984）：1918 年に渡台し、台北日本基督教会第四代牧師として就任した。

1947 年帰日。

49) 前掲津田勤子「日語世代的戦後適応与挫折―以太平町教会信徒為例」『台北文献』第 187 期、
115-116 頁。

50) 『台湾日日新報』1934 年 2 月 7 日、3 頁。

51) "Dr. Toyohiko Kagawa, the Japanese Christian leader", *North-China Daily News*（『字林西
報』）, 9 March 1934, p. 10.

52) "Men and Envents", *The China Weekly Review*, Vol. 68 No. 3, 17 March 1934, p. 112.

53) Fuyan Shen, *John William Powell and "The China Weekly Review": An analysis of his
reporting and his McCarthy era ordeal"*, MA Thesis, The University of Montana, 1993, p. 1.

54) 賀川が謝罪した日本軍の行動とは、おそらく満洲事変や第一次上海事変における中国に対
する日本軍の行動であろうと考えられる。賀川の謝罪についての解釈は数多く存在する。例
えば、米沢和一郎、小南浩一、金丸裕一による学説がある。賀川が中国に謝罪したことにつ
いては、次の著書または論文を参照されたい。米沢和一郎「Realistic Pacifist 賀川豊彦と中国」
『明治学院大学キリスト教研究所紀要』第 38 号、2006 年、73-101 頁；小南浩一『賀川豊彦研
究序説』緑蔭書房、2010 年、167-178 頁；金丸裕一「中国における賀川豊彦評価をめぐって
―1920 年から 1949 年の事例研究」『立命館経済学』第 65 巻第 6 号、2017 年、189-208 頁；拙
稿「戦前の中国における賀川豊彦の受容に関する一考察―1931 年から 1936 年までの雑誌や新
聞を中心に」『賀川豊彦学会論叢』第 25 号、2017 年、1-37 頁。

55) 馬樹礼「菲律浜独立運動之回顧与前瞻」『東方雑誌』第 32 巻第 13 号、1935 年 7 月 1 日、
171-172 頁。

56) 前掲馬樹礼「菲律浜独立運動之回顧与前瞻」、173 頁。

57) 日本統治下で台湾の学校教育が発展し、日本語を流暢に話せる台湾人青年が登場した。彼
らは高等教育を受け、日本語を用いて、近代知識を学び、心を充実させ、宗教信仰を展開さ
せるための重要な人材となった。このような台湾の世代を、津田勤子は「日本語世代」と呼ぶ。
津田勤子「日語世代的戦後適応与挫折―以太平町教会信徒為例」『台北文献』第 187 期、2014
年、111 頁。

58) 日本代表の人数について、竹中正夫は 22 名と主張している（日本キリスト教歴史大事典編
集委員会編『日本キリスト教歴史大事典』教文館、1988 年、115-116 頁）。だが、Robert
Schildgen によれば、日本代表の人数は 23 名である。Robert Schildgen, *Toyohiko Kagawa:
Apostle of Love and Social Justice*, Centenary Books, 1988, p. 209. 中国の雑誌に記載されてい
るのは、24 名である（鄭啓中「馬都拉基督教大会的意義」『大衆』（上海 1939-）第 1 巻第 2 期、
1939 年、6 頁）。賀川以外では、斎藤惣一、鈴木浩二、鈴木鎮二、三浦豕、千葉勇五郎、海老
沢亮、湯浅八郎、松本卓夫、奈良常五郎、松尾昇一、広野捨二郎等が含まれる。

59) 『台湾日日新報』1938 年 11 月 20 日、7 頁。

60) 津田勤子「日語世代的戦後適応与挫折―以太平町教会信徒為例」『台北文献』第 187 期、
2014 年、120 頁。

61) 前掲津田勤子論文、120 頁。

62) 董大成の博士論文は、ドイツ語で書かれた「O.N-ヂメチールロジンおよび N-メチールクニ
リールアラニン生体内変化並びにデメチラーゼの性質及びその組織に就て」である。

63) 若林正丈編『矢内原忠雄「帝国主義下の台湾」精読』岩波書店、2001 年、173 頁。

64) 「董大成訪談資料」。「董大成訪談資料」は陳志忠の『日治時期台湾教会経験初探―以日本基
督教会及無教会主義為例』台湾神学院修士論文、2005 年、39 頁から引用したものである。「董
大成訪談資料」は陳志忠が董大成に対して聞き取り調査を行い、作成したものである。日本
語訳筆者による。下記の「林国煌訪談資料」も同様。

65) 「林国煌訪談資料」。「林国煌訪談資料」は陳志忠の『日治時期台湾教会経験初探―以日本基
督教会及無教会主義為例』台湾神学院修士論文、2005 年、36 頁）から引用したものである。

林国煌は董大生の後輩であり、弟子であった。林は、戦前、台北帝大附属医学専門部学生となり、戦後は、台湾大学医学院教授となった。

66）梁妃儀、蔡篤堅編著『董大成教授紀念専輯』記憶工程、2009 年、56-57 頁。
67）上述の「林国煌訪談資料」、日本語訳は引用者による。
68）『星より星への通路』改造社、1922 年、245-276 頁。
69）前掲『星より星への通路』、249-250 頁。
70）前掲『星より星への通路』、248-253 頁。
71）前掲『星より星への通路』、261 頁。
72）前掲『星より星への通路』、252 頁。
73）前掲賀川豊彦「身辺雑記」『賀川豊彦全集第 24 巻』、143 頁。
74）前掲『星より星への通路』、254 頁。
75）日本では、昭和のはじめ、貧困な暮らしをしている人を表現する際、「極貧者」、「赤貧者」、「清貧者」、「貧民」、「細民」、「窮民」、「小民」、「下民」等の用語を通俗的に使用していた。中国では、古くから窮民を貧民と区別していた。窮民は、貧民の最下級である極貧者のうち特に鰥（カン、老いて妻なきもの）、寡（カ、老いて夫なきもの）、孤（ミナシゴ）、独（老いて子のない者）の四種に分類され、それぞれ救護の対象となった（杵淵義房「貧民及窮民の意義と貧乏の原因」『社会事業の友』創刊号、1928 年、56 頁；栃本千鶴『社会事業家施乾の「乞食」救済事業の展開と継承』愛知淑徳大学博士論文、2010 年、13 頁。
76）前掲『星より星への通路』、257-258 頁。
77）前掲『星より星への通路』、257 頁。
78）前掲『星より星への通路』、257 頁。
79）前掲若林正丈『矢内原忠雄「帝国主義下の台湾」精読』、260 頁。
80）前掲『星より星への通路』、259-260 頁。
81）賀川豊彦「身辺雑記」『賀川豊彦全集第 24 巻』キリスト新聞社、1964 年、143 頁。
82）前掲米沢和一郎編『人物書誌大系 37　賀川豊彦Ⅱ』605 頁、613 頁。
83）紀旭峰「安部磯雄の台湾論〜大正期と昭和期の台湾訪問を手がかりに」『アジア太平洋研究科論集』（早稲田大学大学院アジア太平洋研究科）第 17 号、2009 年、6-14 頁。
84）安部磯雄「台湾旅行に就いて」『廓清』第 26 巻第 1 号、1936 年、3 頁。
85）安部磯雄の台湾観については、紀旭峰前掲の論文を参照されたい。
86）安部磯雄「台湾の教育問題に就いて」『台湾青年』第 1 巻第 4 号、1920 年、6-11 頁（復刻版『台湾青年』東方文化書局、1973 年）。
87）安部磯雄「自治と教育（下）」『台湾日日新報』1920 年 10 月 24 日。
88）『台湾日日新報』1932 年 3 月 24 日、2 頁。
89）前掲安部磯雄「台湾旅行に就いて」、4 頁。
90）台湾の山地先住民に対する賀川の発言については, 次の文章を参照されたい。『星より星への通路』改造社、1922 年、259 頁。
91）杉山博昭「キリスト教社会事業家と優生思想」『キリスト教社会福祉学研究』第 30 号、1997 年、47 頁。
92）前掲杉山博昭「キリスト教社会事業家と優生思想」48 頁。
93）安部磯雄『産児制限論』実業之日本社、1922 年、89-90 頁（復刻版、久山社、1996 年）。
94）前掲杉山博昭「キリスト教社会事業家と優生思想」、51-52 頁。
95）「年表」『賀川豊彦全集第 24 巻』、611 頁。
96）「在台日本人各教会関連事実一覧表（日本基督教会その他　57　巡回伝道者一覧）」（高井ヘラー由紀『日本統治下台湾における日本人プロテスタント教会史研究（1895-1945）』国際基督教大学博士論文、2003 年）。
97）前掲賀川豊彦「身辺雑記」『賀川豊彦全集第 24 巻』、144 頁。

98）前掲紀旭峰「安部磯雄の台湾論〜大正期と昭和期の台湾訪問を手がかりに」、16頁。

第六章　賀川と香港

——賀川は香港の新聞や雑誌にどのように報じられたか

第1節　はじめに

　本章は、賀川と香港との関係に焦点をあて、賀川が香港とどのように関わってきたか、香港における新聞や雑誌などが賀川をどのように報じたのかを考察するものである。

　近年、賀川と中国との関係を論じる研究は増加傾向にあるが、賀川と香港との関係に関する研究は見当たらない。賀川が香港に滞在した事実については、賀川自身が「身辺雑記」に記録し、また、米沢和一郎氏による『賀川豊彦Ⅱ』にも1925年の最初の滞在、1931年、1934年、1938年の滞在[1]への言及があるが、1935年の香港滞在への言及は、どちらの資料にもない。また、今までの賀川研究では、香港における賀川の活動については全く触れられておらず、賀川が香港滞在を通して香港当地の人々とどのように接触し、香港の人々にどのような影響を与えたかは明らかになっていない。

　筆者は、2017年9月～10月にかけて、アメリカのイエール大学図書館とコロンビア大学図書館へと赴き、*South China Morning Post*（『南華早報』）、*China Mail*（『德臣西報』）、*Daily Press*（『孖剌西報』）、*Hong Kong Telegraph*（『士蔑西報』）、『華僑日報』、『香港工商日報』、『大公報（香港）』といった香港で発行された英語や中国語の新聞から、賀川に関する史料を収集した。その中で、『南華早報』は最も多い37件の史料があり、賀川の香港滞在や香港の人々の賀川に対する印象について詳しく報道している。しかし、こうした史料は、今までの賀川研究では見落とされている。したがって、これ

らを用いることによって、賀川研究の空白を埋め、賀川の全体像を把握できると考えられる。また、本章は、賀川の香港観（さらにイギリス観）を考察するとともに、1920 ～ 30 年代に世界的に有名なキリスト教徒であった賀川が香港に与えた影響を探る。これによって、日本キリスト教史のみならず、東アジアのキリスト教史の観点からも賀川の影響力を考察することができるだろう。

　本章は、『南華早報』の紙面における賀川を中心に、香港で発行された上述の新聞や雑誌などを参考にしながら、1924 年の最初の報道から満洲事変、日中戦争、第二次世界大戦終結、戦後と区切り、時系列に沿って賀川が香港でどのように報じられたかを考察すると同時に、賀川が香港の人々にどのような影響を与えたかを明らかにする。特に、香港の知識界に大きな動揺をもたらしたにもかかわらず、その重要性が認識されてこなかった 1934 年の賀川の香港滞在や、今まで見落とされてきた 1935 年の滞在に光を当て、賀川による香港での講演会である "Christ in Japan"（「日本のキリスト」）の内容を分析し、それが賀川思想の中でどのように位置けられるかについて論じる。そして、賀川と胡漢民との交流を考察し、賀川が胡漢民から中国の革命観について影響を受けた経緯を明らかにする。

第 2 節　賀川にとっての香港

　1842 年、アヘン戦争の打撃を受けて、清朝政府はイギリスと交わした南京条約によって香港島の割譲を余儀なくされた。さらに、イギリス・フランスの連合軍に敗北し、1856 年から 1860 年の第二次アヘン戦争後の「天津条約」および「北京条約」の締結によって九龍半島をイギリスに割譲した。この 2 つの条約の締結によって、欧米列強による中国の半植民地化の布石が完了したと言われている[2]。1898 年、イギリスは、清朝政府と「新界租界条約」を結び、新界を 99 年という期限つきで租借した。こうして、香港は、1941 年 12 月 8 日から終戦までの一時的な、日本による占領を挟みつつも、第二次世界大戦後までイギリスの統治下に置かれた。鄧小平とサッチャー首

相の交渉によって、1997 年に、香港は、「中華人民共和国香港特別行政区」として、「一国二制度」の構想で中国に取り戻されたのである[3]。

　賀川が経由地として最初に訪れた 1925 年ごろの香港は、「八十年前は荒涼とした漁村であったが、今日はすでに世界の中で著名な都市」[4]となっていた。民国期中国の研究を借りるなら、

　　奥格魯撒克遜民族，高瞻遠矚，目光如炬，深知是地幅褊小，而地処形勝，近扼珠江之門戸，遠緝南洋之商旅，堪為拡張大不列　経済勢力於遠東之根拠地[5]

　　アングロ・サクソン民族は、高所に立って将来を見通し、遠大な見識を持つ。（香港は）面積が比較的に小さいが、地理的には良い位置を占め、近くは珠江の門戸を守り、遠くは南洋の行商を制御する。それは、グレートブリテンの経済勢力の極東における根拠地であるということができる。

（日本語訳は引用者による）

　このように、香港は、南洋の貿易まで睨みを利かせる、極東におけるイギリスの経済勢力の拠点として重要な役割を果たしていた。

　香港は、イギリスの支配下に置かれて以降、港の建築、倉庫の修繕、保険制度の完成などを通して、港湾都市としてのインフラを整えられた。後に、都市の発展を促すために、自由港制度が採用され、世界的な通航にとって有益であった。香港は、北でユーラシア大陸と隣接し、南にはジャワ島、オーストラリアを臨み、東では北米、南米に対面し、西へは、アフリカ、ヨーロッパにつながり、世界各国の極東における拠点となっていった[6]。したがって、香港は、その発達した海運によって、アジア諸国の人々が自国と欧米の間を往来する際の拠点ともなったことが十分に想像できるだろう。たとえば、辛亥革命後、孫文は香港から上海を経て南京に至り大総統の地位についた[7]。日本でも、1936 年の大阪の南洋実業視察団が上海経由で、香港よりシンガ

ポールに至った[8]というような事実から、香港がハブ港であったことを確認できる。

　では、賀川にとっては、香港は、どのような存在であっただろうか。

　賀川は、1935年3月の香港滞在での感想をまとめて、「西南支那は甦る　第一信　香港から」と題して、「中外商業新報」に寄稿している。彼は、その冒頭に「繁栄の海港‼それは香港の名にふさはしい」と記し、香港を讃美している。次に、賀川は、中国の英国に対するボイコット運動の最中であった1925年夏に、香港を最初に訪問したことを記す。続けて、彼は、1934年の香港再訪問を回顧し、香港を上海と比較して、「上海などにくらべては遥かに纏まった良港が出来上った」と香港の発展を高く評価する。そして、「今や世界的交通網の上に抜くべからざる地位を占めるやうになった」[9]と述べるように、香港と広州が世界的な交通拠点であると認識している。こうした認識は、上述の如く、香港がハブ港として東アジアの人々の海外進出の拠点の役割を果たしていたことを証明しているだろう。

　また、賀川は、「英国は北で日本と争ふのを避けて香港に今や勢力を集中してゐるかに見える。こゝに東洋艦隊の根拠地があり、ここに対支政策の策源地が据ゑられたやうな気がする」[10]と述べ、イギリスの艦隊の根拠地及び対中国根拠地としての香港を認識している。『大阪朝日新聞』1934年1月31日号には[11]、「条約が廃棄されゝばイギリスは直ちに香港に有力な海軍根拠地を作ることが自由になる」という記述がある。ここでの条約とは、おそらく1921年から1922年に「ワシントン海軍軍縮会議」で結ばれた「ワシントン海軍軍縮条約」のことであろう。こうした賀川のイギリス海軍根拠地としての香港認識は、1935年前後日本の一般的な香港認識と共通している。

第3節　『南華早報』の紙面における賀川

　『南華早報』(South China Morning Post)は、日刊新聞として、1903年11月7日に、15万香港ドルの資本を以て、イギリス人であるカニンガム(A. Cunningham)をはじめとする香港の南華早報株式会社によって香港で創刊

され、その価格は1部につき1角であった。『南華早報』は、香港初の一般民衆を対象とする「大衆化」された英文新聞であり、創刊時の売上は1日600部であった[12]。『南華早報』は長い歴史を持ち、政治、経済、商業、技術、スポーツといった広いジャンルを扱う新聞として、現在まで発行され続けている[13]。

さて、『南華早報』の紙面における賀川関連の報道を整理してみると、次の通りとなる。

まず、賀川を報じる記事の数を時系列に沿って分析しよう。1924年の最初の報道から満洲事変の勃発まででは、5件の記事が確認された。賀川に対する関心はそれほど高くなかったことが垣間見える。満洲事変から日中戦争にかけては、最も多い、20件の記事があり、賀川に対して非常に関心が集まった時期であることがわかる。その中で、特に1934年には11件の記事があり、賀川に対する関心がピークを迎える年とも言える。その原因については、後ほど考察する。また、日中戦争後から第二次世界大戦終結までは、賀川関連の記事が徐々に少なくなる時期であり、1938年と1939年にそれぞれ1件しか確認されなかった。太平洋戦争中の報道は中断されたが、第二次世界大戦終結後、賀川についての報道が再び増加し、1945年9月23日に1件、1946年に5件の記事があった。そして、1958年には1件、1976年と1986年にはそれぞれ1件の記事があった。したがって、『南華早報』は長年にわたって賀川に関心を示し、特に、賀川が香港で注目を集めたのは、満洲事変後から日中戦争の間であったことがわかる。

第4節　香港における賀川についての報道

賀川の香港滞在は、1925年に海外伝道で香港を経由したのが最初である。1931年には香港で国民党元老である胡漢民（1879-1936）と会談を行った。また、1934年、フィリピン伝道の途上で香港に滞在し、胡漢民と再び会談している。さらに、1935年オーストラリア伝道で、香港を経由し、「日本のキリスト」と題する講演会を行った。その後、1938年に、インド・マドラス

で開催された国際宣教大会へ赴く際も香港を経由している。本節は、『南華早報』を中心に、今まで知られてこなかった賀川の香港滞在時の出来事を探りながら、賀川と香港の人々との関わりを明らかにする。

(1) 1924年の最初の報道から満洲事変までの賀川に関する報道

　『南華早報』1924年10月24日号は、日本のホワイト・スレイブ（white slavery）[14]の救済事業に注目し、「しばらく前、女性避難所が、プライス氏（Mr. P. G. Price）と神戸の賀川豊彦氏等によって東京の亀戸で設立された」[15]と賀川らが女性救済のために女性避難所を設立したことを報道している。これが、賀川に対する最初の報道である。1924年12月3日号と1924年12月18日号は、1925年4月にイギリスへと赴き、ヨーロッパ、アナトリア半島、インド、そして中国を回る旅の予定を報道し、賀川の世界巡遊に対して関心を寄せている[16]。また、賀川の日程のみならず、1927年6月21日号は、大正期のベストセラーとなった賀川の自伝的小説『死線を越えて』を紹介している[17]。1931年1月から2月の間に、賀川が香港を訪問し、国民党の元老であった胡漢民と面会した[18]後、賀川に対する香港の関心が高まってきた。たとえば、1931年2月25日午後6時、ショート（F. Short）という牧師は、香港聖公会西九龍教区にあった聖安徳烈堂の教会ホールで、「日本労働指導者、伝道者と詩人である賀川豊彦についての講演」を行い、賀川を主題とする講演会が香港の人々によって開催された[19]。しかしながら、満洲事変前の『南華早報』では、賀川に対する報道は、まだそれほど多くなかった。

(2) 満洲事変から日中戦争の勃発までの賀川に関する報道
① 1934年香港滞在と香港での論戦

　第1節で述べたように、香港の知識界に大きな反響をもたらしたのは、1934年の香港滞在であった。

　まず、1932年12月2日に、アレン博士（E. L. Allen）が、梅夫人婦女会（Helena May Institute）で、「日本におけるアッシジのフランシスコ　賀川」（the Francis Assisi of Japan）と題する講演会を開いた[20]。

『南華早報』1934年2月17日号(10)は、賀川の生涯、著作、家族、世界をめぐる講演活動などに注目し、「日本の聖フランシスコと描かれている」と述べ、賀川のことを初めて文章を用いて専門的に紹介している。また、紹介文とともに、1934年3月賀川の香港滞在の予定については、次のように予告されている。3月2日、賀川は、香港に到着し、現地の日本人コミュニティと接触し、3日と4日に中国人とヨーロッパ人のために会議を開く。4日の夜に広州に向かい7日に日本に帰る予定[21]。実際には、賀川の香港到着は、予告より一日早かった。

　1934年3月1日午後0時45分、賀川は、香港のHotel Roof Gardenの国際ロータリークラブで開かれた午餐会に参加し、国際連盟協会の主催で午後5時30分にセント・ジョンズ大聖堂ホール（聖約翰座堂）で講演を行った[22]。3月2日に、沙田にある道風山（キリスト教建築群）を訪れ、3日に、中国Y.M.C.A.の学生に向かって講演を行い、午後、香港聖公会聖保羅堂（St. Paul's Church）での礼拝会に出席し、講演を行い、3日の夜、広州に向かった[23]。6日、賀川は、広州にある中華キリスト教会広東協会に属す仁済堂で講演を行った。中華全国キリスト教協進会の幹事であったローベンステイン（Lobenstein）は、集会のために、わざわざ上海から来ていたという。7日は、嶺南大学で講演を行う予定で、8日には、連合神学院で講演を行う予定であった[24]。

　1934年3月1日午後、賀川は東京ホテル（Tokyo Hotel）で、『南華早報』の記者のインタビューに応じ、次のように述べている[25]。

　　私は心を痛めている。私は、中国の人民に対する我が国の政策に罪悪感（guilt）を感じている。私は彼らに謝罪しなければならない。私は、中国人と日本人はアジアにおける兄弟であり、親友になるべきであると思っている。私はすでに起こった出来事は非常に残念に思う。しかし、私は、何もできない。

　　　　　　　　　　　　　　　　　　　　　（日本語訳は引用者による）

賀川が、1934年3月10日に、上海の女子青年会で日本が侵略国家として中国に対して取った行動を中国人に謝罪し、3月11日に上海景林堂で再び謝罪したことはよく知られている[26]。しかし、賀川が香港で中国人に謝罪したのは上海での謝罪より早かったことがわかる。

1934年、賀川は、フィリピン伝道に招かれ、帰路に立ち寄った香港で講演を行った。彼は、この香港滞在中、「欧米諸国が過去中国に対して罪を犯したことを反省すべきである」と強調した。その賀川の発言について、これを弁護する香港聖公会主教の何明華（Ronald Owen Hall, 1895-1975）と批判する香港大学の教授との間で論争が起こり、一ヶ月も続いた[27]。『神の国新聞』は、1934年の賀川の香港滞在を次のように回顧している[28]。

> 昨年やって来て大胆に英国の回心を促した賀川豊彦氏がまた来たとふので英人は大分脅威を感じたらしい。丁度一年前、ここへ賀川先生が比律賓からの帰道立寄られた時、当地のビショップ・ホールの招きでセント・ヂェンス・キャセドラルで前後三回講演され欧米の列強共は支那に対して過去の罪亡ぼしをしなくてはならない事を力説し、英人の荒胆をひしぎ、鋭く良心に訴えた事が大センセーションを巻き起こした。ビショップ・ホール達は賀川先生を弁護し香港大学の教授と新聞紙上で一大論争を一ヶ月もつづけた事は耳新しい。

ビショップ・ホールとは、香港聖公会主教であった何明華のことである。本節は、香港で発生した賀川をめぐる論争の経緯を明らかにする。

何明華は、1933年にはすでに、賀川に注目していた。1933年2月3日の午後、梅夫人婦女会で国際連盟年度会議が、「共産主義か組合か」（Communism or Cooperation?）という主題で開催された。何明華や、ウィリアム・シェントン（William Shenton, 1885-1967）や、リチャード・リム（R. C. H. Lim）[29]らが出席した。戦争と経済の問題について、シェントンは、「多大な戦争賠償と政府間の戦争債務といった恐ろしい遺産が解決されるまでは、世界経済と復興や、関税の引き下げや交流の安定などに関する話は無駄だ」と

主張している。それに対して、何明華は、賀川のことを「東方における最も優れたイエスの追随者の一人」と評価しながら、キリスト教徒の立場から、賀川は経済問題の未解決は世界の軍備拡張がその原因であると主張していると述べている。何は「賀川博士がすでに世界の軍備拡張のあらゆる原因を指摘した。人々は、生まれつき軍国主義によって問題を解決するのではなく、経済学に関する訓練を受けたことがないので、習慣的に軍国主義にむかって問題解決を図るのである。経済問題を理解してないということが、ヨーロッパの軍備拡張の原因であり、前回の戦争の原因でもある」として、賀川の発言に注目している[30]。賀川のいう経済学とは、賀川独自のいわゆる「友愛の経済学」というものである。それは、「経済現象を客体化し経済諸量の関数的関連の分析に中心をおく通常の経済学とは異なって、経済をする人間の側から目的論的に捉える経済学」を提唱し、「人間経済学」や「主観経済学」とも呼ばれるものであった[31]。

　では、上述の『神の国新聞』にある一ヶ月も続いた論争とは何だろうか。それは、賀川が3月1日午後5時30分にセント・ジョンズ大聖堂ホールで「世界平和の経済的基礎」(Economic Foundation of World Peace)[32]と題して講演を行った時から始まった出来事である。

　賀川の講演会には、何明華も同席していた。何は、賀川のことを「熱心な平和愛好者」と称し、「賀川が彼の政府の政策に反対する日本のキリスト教徒を代表している」と述べている。また、何は、「賀川博士が日本の農村部と都市部の貧しい人々のために貢献したことは世の中の誰にも勝っている」と評価し、「賀川博士の経験を学びたい」と述べている[33]。

　一方で、上述した賀川発言（欧米諸国が過去中国に対して罪を犯したことを反省すべきだ）を聞いた者の中には、賀川を厳しく批判した香港大学教授ミドルトン・スミス(C. A. Middleton Smith, 1879-1951)もいた。スミスの記述によれば、その講演会では、もともと何明華と賀川は、世界平和の実現をめぐって講演を行ったが、両者とも「率直な」自分の意見を述べた後、会場が一触即発の状態になり、聴衆の怒りを買った雰囲気になった。その「率直な」意見は、主に次の2つである。①賀川による「イギリスの植民地政策に

対する批判」。②何明華が軍縮のために、イギリスはジブラルタル海峡、スエズ運河といった戦略基地を放棄すべきだと主張、賀川がそれに賛同した[34]。

①について、賀川は、満洲に進出した日本の行動とインドにおけるイギリスの行動との間に類似点があると主張し、欧米諸国が中国で罪を犯したことを反省すべきだとした。それに対して、スミスは、日本が満洲に関連して、一つの条約（「九カ国条約」）を破ったと見て、国際連盟は満洲における日本の行動を非難したが、インドにおけるイギリスの行動を非難していなかったと強調した。また、彼は、両ケースが同じではなく、時期も異なると述べ、イギリスの植民地政策を擁護した。

②について、イギリスの戦略基地の放棄は、論理的に推論すれば、大英帝国を解消するということになるとスミスは考えた。また、イギリスの政策に侵略性がなく、イギリスが平和のために努力したことを賀川は全く無視しているとスミスが主張した[35]。

つまり、スミスは、帝国主義の立場に身を置き、現実主義者の視点から、理想主義者であった賀川の発言を厳しく批判している。

実は、同時期の賀川の言論を分析してみると、賀川はイギリスに対してかなり批判的であった。賀川は言う[36]。

> アメリカはモンロー主義を主張したことによって、国際社会において、アメリカ式の国際孤立を示している。イギリスは、長年の侵略活動を通して地球表面15分の1の面積を手に入れたではないか。平和を呼びかけよう、平和！イギリスは不法で得た利益を吐き出す意図をもたないだろう。

> （日本語訳は引用者による）

5日後、スミスは再び、『南華早報』3月12日号に寄稿し、「責任を持って異論を主張すべきだ」とし、「上述の状況を読者に伝えたほうが公平である」と主張した上で、自分の意見を「何の修正もなく、何も撤回しない」と堅持した[37]。

そのスミスの意見に対して、ラム（K. K. Lam）は、賀川と何明華の立場を弁護しながら、スミスの「何明華には主教を担当する資格がない」という発言を批判し、スミスの主張の中で国際連盟がインドにおけるイギリスの行動を非難していなかったことに焦点を置き、国際連盟の本質を忘れてはならないと戒めている。また、ラムは、賀川と何明華が自分達の述べたことを「強い責任を持って言うべきだと自覚している」と両者のことを評価している[38]。

後の3月24日に、国際連盟協会の幹事であったボクサー（H. V. Boxer）は、3月のはじめに行われた会議を回顧し、「我々の協会は、この会議を行ったことによって依然として批判を浴びている」と述べ、「しかし、我々は、公衆にお詫びする必要がない。セント・ジョンズ大聖堂ホールには、賀川博士の講演を聞くために大勢の観衆が来訪し、収容しきれないほどであった。それは、協会が公衆にこのような機会を提供する責任を果たしていることを証明している」[39]と述べている。

5月7日、何明華主教は、その論争に影響されることなく、*St. John's Review* の最新号において、毎週金曜日の朝、日本のキリスト教徒らが東京で賀川博士の集会に集まって、神に、日本が中国と平和への道へと歩むよう祈っていると述べている[40]。

② 1935年の香港での講演と賀川著書『日本とキリスト』

本節は、1935年の香港滞在に注目する。具体的には、講演、場所、接触した人物および講演の内容について考察する。また、香港での講演「日本のキリスト」（Christ in Japan）を、賀川の著書である『キリストと日本』（*Christ and Japan*）と対照しながら、講演の内容を分析する。

1935年、2月18日、賀川は、オーストラリア国際連盟協会の招待で、オーストラリア建国100年記念伝道に小川清澄とともに、長崎港より北野丸で渡豪した[41]。賀川自身も、「私はオーストラリア、ニュージーランド、ジャワの長い旅行に出発する」と記録している[42]。2月22日、賀川は香港に着いた。『徳臣西報』（*The China Mail*）の1935年2月22日号は、賀川の香港滞在を報道している。それとともに、『孖剌西報』（*Daily Press*）の1935年2

月22日号は、「賀川博士―本日大聖堂ホールで講演を行う」(Dr. Kagawa—To Lecture To-day At Cathedral Hall)という見出しを用い、同じ内容を転載し、賀川の香港滞在を記録している[43]。その内容は以下の通りである。

> 「賀川博士香港訪問―日本人キリスト教徒、本日大聖堂へ」
>
> 本日から、賀川豊彦博士は香港に数日延長して滞在、午後5時30分に大聖堂ホールで講演を行うことに合意した。彼の講演会のテーマは、「日本のキリスト」である。
>
> 日本における最も傑出したキリスト教徒によるこのテーマについての演説はとても興味深いものになると予想されている。また、賀川博士自身が関心を持っているテーマについての講演を聞くことは、多くの聴衆にとっても良い機会になると期待されている。
>
> （日本語訳は引用者による）

大聖堂ホールとは、セント・ジョンズ大聖堂ホール（聖約翰座堂）のことである。当時知名度の高い人物が香港を経由する際に、しばしば講演が開催される会場であった。新聞記事によると、当時の香港の聴衆は、賀川のような傑出した日本人キリスト教徒の演説に関心を持ち、賀川の来訪と講演内容に期待を寄せていたということが伺える。

このときの賀川の講演「日本のキリスト」の内容は、『キリストと日本』(1933)をベースとしたものであった。

『孖剌西報』の1935年2月23日号には、「日本のキリスト」(Christ in Japan)の見出しで賀川の演説内容がまとめられている。やや長文であるが引用する。

> 日本のキリスト教徒賀川博士による興味深い講演
>
> 昨夜の大聖堂ホールで、最も傑出した日本人キリスト教徒である賀川豊彦博士による「日本のキリスト」と題する興味深い講演会が行われた。

講演者は、聴衆にパウエル（Rev. E. G. Powell）氏によって紹介された。パウエル氏は、この優れた日本人キリスト教徒の演説を聞く特権を与えられたと話し、賀川博士が前回講演を行った時に観衆に感動を与えたことを聴衆に思い出させた。

博士は、キリスト教が過去 75 年間に日本において多くの成果を収めてきたことから演説を始めた。彼は、キリスト教がどのように能動的かつ実践的に封建社会に適応することができたのか、また、どのように純潔を保ち、平和を維持することができたのかということから述べていった。

次に、博士は、13 世紀から日本にやって来たキリスト教の発展を辿った。その中で、ドイツの宣教師が最初に日本で行ったのは、おそらく医療宣教師の自立支援であったとした。

日本に 18 ヶ月滞在した聖フランシスコ・ザビエルの来訪によって、日本の大名の三分の一がキリスト教に改宗した。スペインがフィリピン諸島を攻撃した時、反乱を起こした 50,000 人のキリスト教徒が虐殺されたという噂が日本全島に広がってきた。人々は「キリスト教は復讐の宗教である」と考えていた。仏教徒であった指導者は、これを強調し、仏教が再び、復活するためこの機会を捉えたことを賀川は強調した。

それ以降日本における伝道は許されなかったが、毎年貿易を扱うために日本滞在の外国人が許可された。オランダ系アメリカ宣教師（Dutch America Missionary）が、このように日本に入り、密かな宗教儀式を行った。後には他の福音伝道師も日本に入ってきた。

キリスト教信仰は、日本の特定の地域で密かに続けられていた。仏教はカトリック信仰のための口実に過ぎなかった。日本開国後、アメリカの宣教師は、日本に入ってきて、文化と教育の面で日本に多くの貢献をした。アメリカの宣教師が日本に持ち込んだリンカーンの精神は、日本人が改革を始めることを可能にした。そして、改革と自由の精神が同時に進んでいった。

講演者は、再び仏教による抑圧とその復活について述べ、仏教の歴史

が迫害の歴史であることを語った。仏教には2つの宗派がある。一つは善と悪の区別がなく、もう一つは宿命論である。純潔の精神は、キリスト教から始まった。キリスト教の影響は、日本の離婚率の低下の要因となっている。

　日本の46府県のうち、13では、すでに純潔化のために、活動が開始され、対策は純潔に関わる活動に求められている。

　神の国運動は、日本人の生活の堕落に立ち向かうために5年前から始まった。現在までに、改宗者の19パーセント増をもたらした。

　今準備しているのは、日本全てのキリスト教教会を統一させることである。

　「キリスト教は今日本で奇跡を起こしている」と講演者はまとめた。キリスト教をさらに進めることや、もし仏教を追放するためにキリストの模範に従わないならば、仏教が復活してくることを、講演者は気にかけしていた。

　講演の最後に、パウエル氏より感謝の言葉が述べられた。彼は、学部長が今夜彼らと一緒に出席できなかったことのお詫びを述べ、学部長が大聖堂を会場として使用することを許可してくれたことに対して感謝を述べた。

（日本語訳は引用者による）

　賀川を大聖堂での講演に招待したのは、The Union Church の主事者パウエルである。大聖堂（the Cathedral Hall）は聖約翰座堂（St John's Cathedral）のことで、香港聖公会の主教座聖堂であり、香港に現存する最古の教会堂である。1941-1945年には、日本軍の占領下に置かれた[44]。

　一方、『南華早報』1935年2月22日号(2)には、賀川について、「最も優れた日本クリスチャンによるこの主題についての講演は、多くの関心を集めると期待されている」、「より多くの人々がこの機会を利用し、益を得ると予想されている」との記録があった[45]。賀川の講演会は、パウエルが司会を務めた。その中で、賀川は、今までの日本におけるキリスト教の発展を辿り、

クリスチャンが受けた迫害や、キリストの信者が克服しなければならない各種の条件などについて述べた。来場した観客は賀川に対して非常に感謝しているという[46]。

さて、香港での賀川講演「日本のキリスト」は賀川の『キリストと日本』をベースにしたものである。『キリストと日本』は関東大震災の満十周年の1933年に執筆し始められたものであり、日本語で、原稿用紙150枚程度の論文であったものを1934年にアキスリング（William Axling）と小川清澄が英語に翻訳したものである。『キリストと日本』は分量が多いため、賀川が香港で講演した際に、その内容を全て話す時間はなかったと考えられる。

『キリストと日本』は、英米で出版された後、評判が良く、賀川は「私の書いた英文「キリストと日本」が英米で広く読まれ、相当に反響がある。いろいろの批評を送ってくるのが面白い」[47]と喜んでいる。それは、主に、賀川が西洋の読者に対して日本人の精神（Japanese Mind）と心（Heart）について紹介し、日本の災害の多い自然環境、日本の社会、政治情勢、賀川の軍国主義に対する批判的立場、日本の知識階級（Intelligentsia of Japan）の満洲事変批判、日本人の宗教観などについてまとめたものである[48]。また、賀川が著した日本の武士道と侠客道（Kyokakudo）、日本人の忠実（Loyalty）、腹切り（Harakiri）などの日本伝統文化については、その多くが新渡戸稲造の『武士道』を意識し書かれたものだと思われる。武士道、侠客道、そして平民道をめぐる賀川思想と新渡戸思想の類似点と相違点については、小南浩一著書『賀川豊彦研究序説』を参照されたい[49]。

特に、賀川は、1933年1月1日の新年に詠まれた昭和天皇の和歌（New Year's Poem）「天地の　神にぞ祈る　朝凪の　海のごとくに　波たたぬ世を」を用いて、日本の上層部は平和主義であるが、下層部には軍国主義が蔓延していると述べている。さらに、彼は、日本の99％の知識人（Intelligentsia of Japan）は1931年9月18日の満州事変に反対すると訴えている[50]。昭和天皇の歌を用いて当時蔓延していた軍国主義を批判しようとする賀川の心境が伺われる。

『日本とキリスト』の章立ては次のとおりである。

1 JAPAN AND THE JAPANESE
（「日本と日本人」）

2 STRONG AND WEAK FEATURES OF JAPANESE CHARACTER
（「日本人の性格に於ける強みと弱み」）

3 THE JAPANESE SPIRIT IN THE MODERN WORLD
（「現代世界における日本人の精神」）

4 THE RELIGIOUS LIFE OF THE JAPANESE
（「日本人の宗教生活」）

5 JAPAN NEEDS CHRIST
（「日本にはキリストが必要」）

6 GIVE CHRIST A CHANCE!
（「キリストにチャンスを与えよ！」）

（「」内は、引用者）

アキスリングはこの本について、「この本は、日本自身さえ知らない日本人の精神及び心を探求した、著者の鋭い視野と啓発的な解釈を含んでいる」と評価している[51]。

③ 香港での講演「日本のキリスト」と著書『キリストと日本』を対照して賀川の思想を探る

一方、香港での賀川の講演内容をまとめてみると、概ね次のようになる。

A 仏教とキリスト教の関係について（キリスト教の立場から見た仏教）、日本におけるキリスト教の発展について、キリスト教の日本伝道。

B リンカーンの奴隷解放思想が日本の改革と自由に与えた影響。

C 「神の国運動」と、日本のキリスト教会の統一。

A 仏教に対する賀川の指摘

賀川は、『キリストと日本』において、仏教の日本渡来で空海の果たした

役割、仏教は汎神論であった一方で基督教は一神論であること、日本仏教（空海）がキリスト教（唐に伝えられたネストリウス派、すなわち景教）に影響を受けたこと、比叡山に入った最澄（Saicho）のこと、浄土宗を開いた法然および浄土真宗を創立した親鸞の貢献、日蓮宗を創立した日蓮の偉大さ、比叡山の好戦的な環境から生まれた法然と親鸞の両者などについて述べている[52]。つまり、賀川は『キリストと日本』で、空海、最澄がリードした出家者自身の解脱を目指す旧仏教と、法然、親鸞、日蓮等がリードしたすべての人間の救済を目指す新仏教のことについて述べているのである。

特に、浄土真宗について、賀川は、「それは信仰による救いという魅力的な教えによって創立された。それは、罪人が存在しないと確信している。いくら人間が悪くても、阿弥陀如来の慈悲によって救われる」という「悪人正機説」や親鸞の主張した僧侶結婚の正当性などを紹介している[53]。

すでに引用した紹介記事によれば、賀川の香港での講演「日本のキリスト」には、「仏教には2つの宗派がある。1つは善と悪の区別がなく、もう1つは宿命論である」という一節があったという。この2つの宗派とは、『キリストと日本』で述べている旧仏教と新仏教のことを指している可能性もあるだろう。

B　賀川のリンカーン受容について

賀川は、香港での講演において、リンカーンの精神についても述べている。それは、賀川がリンカーンの精神を受け入れ、その改革と自由の精神を自分のものとしたことを示したのであろう。

『キリストと日本』において、賀川は、リンカーンについて、次のように述べている[54]。

　　　私は、約三十年前に来日してきた宣教師らが、偉大なリンカーンの精神を忘れなかったことに対して深く感謝している。宣教師らは、奴隷解放の精神に満ち、デモクラシーを体現していた。この奴隷解放の精神は日本にとっても必要とされていたのである。

（日本語訳は引用者による）

このように、リンカーンの奴隷解放精神が日本にとって必要であると賀川は述べている。さらに、賀川は、人種、言語、習慣などの差異を考えずに宣教してきた宣教師らの持つリンカーンの精神は、日本で認められ、高く評価されるべきであるとも述べている[55]。他にも、賀川は詩を用いて、「われにもまた同じ涙を与へよ、／欧洲の大戦に兄弟は傷き、／人種争闘のひがみに——凡ての胸は膿む。／そして此国は排日に日も足らず、／あゝ——我にリンコルン（引用者注：リンカーン）の涙を与へよ！／彼の名の為めに、／今日も奴隷を解放せよ！／彼の涙の故に——」[56]とリンカーンの奴隷解放精神を高唱している。さらに、賀川は、「北米の奴隷解放の運動も一種の宗教の運動であった。宗教はよく民族を融合せしめ社会的階級を脱破し人命を重んぜしめ貞操を保護した」[57]と奴隷解放を一種の宗教運動と見なしている。つまり、リンカーンの奴隷解放運動も、賀川にとっては宗教運動と一体化した社会運動であり、その中から社会運動が究極的に宗教運動であるという思想を抽出できるのであろう。

また、賀川は、リンカーンの精神を高く評価するだけでなく、1936年2月7日、アメリカキリスト連盟の招待によって米国各地で講演を行った際に、イリノイ州のニューセーラム市（New Salem）にあるリンカーンにまつわる聖地を訪問した[58]。さらに、フランシス・グリムキ（Francis J. Grimke）という人物は、1936年の賀川カレンダーを読み、賀川の人種差別批判の精神について、「賀川は人種差別、人種や顔色に基づく狭量と偏見に対して批判的な立場であった」[59]と高く評価している。

C 「神の国運動」について

神の国運動は、1928年に賀川とその仲間によって始まった。それは、超教派の組織的宣教運動であり、一般大衆への伝道、宗教教育の重視の性格を有し、農民福音学校の設立を目指し、社会問題からの解放を求める精神運動として展開された[60]。賀川は、『キリストと日本』において、神の国運動の

成果について、「神の国運動が発足して以来、毎年洗礼を受けた人は 18,000
人〜 19,000 人にのぼる」と述べている [61]。さらに、日本と外国のミッショ
ンの連合について、賀川は、「海外伝道と国内伝道の間の差異は一掃され、
完全に忘れられるべきである。そして、東洋と西洋のクリスチャンは、結束
を固め、人々の間の至るところに神の国を建設するという巨大な任務におい
て互いを強化すべきである。日本は、このような援助を求めている」[62] と教
会の統一を訴え、社会改造を目指した。

　神の国運動は、日本本土で展開されたのみならず、上海、台湾、ジャワな
どでも展開された [63]。香港の日本キリスト教会から 1,100 円の献金が届いた
ことから、神の国運動は、同教会でもある程度支持されたことが推察される [64]。

　賀川が講演を行った 1935 年時点には、すでに終焉を迎えていたのであっ
たが、これら神の国運動に対する言及は、5 年前「神の国運動」へ献金をし
た人々の共感を呼んだであろう。また、賀川による「神の国運動」について
の総括は、香港の日本キリスト教会に対する一種の報告でもあると考えられ
る。

(3)　日中戦争の勃発までの賀川に関する報道

　1935 年 2 月の講演後も、賀川は依然として香港で関心を集めている。
組合研究者であるストリックランド（Claude Francis Strickland, 1881–1962）は、
1936 年 9 月 12 日に香港で「香港のための組合計画」（Cooperative Scheme
for the Colony）と題して講演を行った。彼は、貯蓄（Thrift）、生産（Produce）、
住宅（Housing）という三方面から香港で組合を設立する可能性を論じ、日本、
インドそしてユーゴスラビアには「農村地域で医者を支えるための協同組合
がある」と述べ、「これに関連して、賀川は日本で名声を博している」と賀
川に言及し、日本で発達している医療組合のことを評価している [65]。

　1936 年 2 月 13 日午後 6 時、マクファディン（A. N. Macfadyen）女史は、
香港の遮打道にある証道学会（神智学協会、Lodge Room of the Manuk Lodge
of the Throsophical Society）で「賀川」と題して賀川のことについて公開講
演会を行った [66]。『南華早報』1936 年 2 月 18 日号は、マクファディン女史

による講演会の内容を詳しく記載している。マクファディンは、日本でも香港でも賀川と二回以上会ったとし、賀川についての個人的回顧を通して、賀川の事業とその理想について詳しく紹介している。

　マクファディンは、賀川の使命が「生命を中心とした枠組みを築くことにある」とし、「相互扶助」(Mutuality)は、「合作」(Cooperation)よりもこの枠組みをよりよく説明できると述べている。また、マクファディンは、「賀川は、その協同組合理念を持ち、世界中に散らばった国々を結びつける強い力を持っている。我々は、彼の「相互扶助」の理念が国際事情に応用され、国家間の敵意と戦争が終わりを迎えることを願っている」と述べ、賀川の言う「相互扶助」が国際紛争を解決するより良い方法だとして、自身が賀川の思想の強い影響下にあることを示している [67]。

　また、1936年5月14日(木曜日)の夜、マクファディンは、証道学会で「芸術における相互扶助」(Mutuality in Art)と題して、相互扶助を芸術と結びつけ、賀川の活動の根底にある原則を示している。マクファディンは、「賀川が芸術を贅沢品とみなし、それほど重視せずに、飢餓、貧困、戦争そして他の社会悪によってもたらされた身体的な苦痛への解消といった方面に、事業の重点を置いた」と受け止めながらも、「芸術はそれ自身の価値を有しており、生命に対する認識を更新し、美と真理に関する新しい方向を示すことができ」ると述べている。文の最後に、マクファディンは、「芸術における深い精神の源泉である「相互扶助」理念を利用することによって、私達は、国際理解を深め、戦争に反対する障壁を築き、さらに国際的及び社会的な問題の解決に近くことができる」と述べている。このように、賀川の主張する「相互扶助」が国際問題解決の良策であるということを、マクファディンは主張している [68]。

　1936年2月26日、日本陸軍皇道派青年将校が起こしたクーデター事件で、首相官邸・警視庁などが襲撃され、多くの政府要人が殺害された、いわゆる「二・二六事件」が起こった。『南華早報』は、合衆通訊社(United Press)の伝える事件に対する賀川の発言を掲載し、賀川の発言を「我が国の優れた指導者が殺された」、「軍国主義者の内部は、今分裂している。彼らの運動は長

く続くことはなく、彼らの血腥い行動によって深刻な反応が引き起こされる」と記している[69]。『大公報天津版』1936年2月28日号は、「暴変後之日本政局　行兇軍官等今日将帰営　継閣人選有近衛平沼山本諸説」と題して、アメリカ滞在中の賀川は「日本軍がその傾覆を自ら促すと予測している」、「爾らが我が国の最も才能を有する指導者を殺害した」と記し、「軍の意見に分岐が生じ、その権力を維持することができないといい、彼らによる流血事件は、もうすぐ反感をもたらすだろう」とする賀川の発言を記している[70]。

　これは、「二・二六事件」に対するリアルタイムな賀川の反応として注目される。

(4)　日中戦争以降の賀川に関する香港における報道

　日中戦争が勃発した後、賀川に関する報道は少なくなり、2件しか確認できない。その2件は、いずれも1938年インド・マドラス世界宣教会議への参加をめぐる報道である。

　1938年11月21日午前7時、賀川をはじめとする日本宣教師一行23名は、伏見丸で香港に到着し、午後7時に香港を離れる予定であった。メンバーには、William Axling、バプテスト教会の千葉勇五郎(1870-1946)、メソジスト教会の松本卓夫(1888-1986)、婦人運動を代表する久布白落実(1882-1972)等がいた[71]。『南華早報』1939年1月11日号は、マドラス世界宣教会議の状況を記録し、賀川、国際宣教協議会議長であったジョン・R・モット、国際宣教協議会副議長で、中国教育家、社会運動家であった呉貽芳(1893-1985)の出席を記している。呉は、「中国宣教事業における優れた女性指導者」であると評価されている[72]。

　なお、インド・マドラス世界宣教会議に関連する事項として、賀川とガンジーの面会は上述した香港での記録には見られなかったが、民国期の中国で発行された雑誌や新聞などには詳しく記録されている[73]。

(5)　第二次世界大戦後の賀川に関する報道

　戦後の記事をみてみると、賀川に関する報道は、『南華早報』の記者に執

筆されたものがほとんどなくなり、主に、合衆通訊社からの転載であった。たとえば、『南華早報』1946年3月11日号は、『連合通信社』による「賀川とその支持者が、キリスト教の新聞またはクリスチャン雑誌の出版を賛助した」という記事を掲載している[74]。『南華早報』1946年5月8日号は、合衆通訊社による、賀川が貴族院に入ることが禁じられたことや、戦争中の反アメリカ演説と大アジア主義者のアジア進出を支持したことに対する賀川批判が行われたことを伝える記事を掲載している[75]。

最も注目すべきは、1976年7月10日号が、賀川を「日本の作家」と称し、フランス(ママ、ジュネーブか)の宗教改革者ジャン・カルヴァン(1509-1564)、イギリスの法学者ウィリアム・ブラックストン(1723-1780)、イギリス(ママ、アメリカか)の画家ジェームズ・マクニール・ホイッスラー(1834-1903)、フランスの作家マルセル・プルースト(1871-1922)、アメリカの小説家ソール・ベロー(1915-2005)といった世界的な著名人と並べて、その誕生日を紹介していることである[76]。

また、1986年7月10日号も、賀川のことを「日本のキリスト教社会改革者、作家、伝道者」と称し、ジュネーブの神学者、改革者カルヴァン、アメリカの画家ホイッスラー、フランスの小説家プルーストと並べて、日本人としては唯一紹介している[77]。

このように、すでに没した世界的著名人と並べて報じられる賀川は、『南華早報』にとって重要な位置を占めていたことがわかる。

当時、香港大学の学生だった甘尚武(1915-2017)は、後年(2007年)になって、賀川が香港滞在中に同大学に招待され講演を行ったことをふりかえり、自身の回顧録で次のように記録している[78]。

　　香港は、大陸の縁に位置し、東洋文化と西洋文化のハブとなっている。しばしば著名な学者が香港を経由するが、その際に香港大学は、学生の見識を広げるべく、必ず夜間に講演会を開き著名な学者を招いている。これは、学生寄宿大学のメリットである。これら嘗て香港大学で講演を行った有名人の中には、イギリスの文学者、劇作家であるバーナード・

ショー、中国・北京大学の胡適、日本の社会学者である賀川豊彦(Toyo-hiko Kagawa)博士などがいた。(中略)その他に、大学は研究会や弁論会といった多種の活動を行った。私はこのような英国式の教育を通して大いに益を得た。

(日本語訳は引用者による)

　甘は、中国・広東省出身であり、1933年に香港大学(The University of Hong Kong)に入学し、1938年に卒業した。彼は、後にアメリカ・カリフォルニア大学バークレー校(University of California, Berkeley)修士課程を修了し、イギリス・スコットランドのストラスクライド大学(University of Strathclyde)にて栄誉博士号を授与された。甘は、香港大学で数学、物理、化学といった理数系の学科を修めたのみならず、イギリス文学など人文系の素養も身につけていた[79]。香港大学は、著名な公立の研究系総合大学であり、香港における最も古い高等教育機関である[80]。孫文は、1923年、香港大学大礼堂(The Great Hall、現在の陸佑堂)において、「私は旅人が帰宅した如く感じている。香港及び香港大学は我が知性の生誕地であるからである」(I feel as though I have returned home, because Hong Kong and The University of Hong Kong are my intellectual birthplace)と述べている[81]。

　『南華早報』1934年3月12日号は、ケネス・サウンダーズ(Kenneth Saunders)の著作である *Whither Asia?: A Study of Three Leaders* (New York: The Macmillan Company, 1933)の紹介記事で、「インドのガンジー、中国の胡適、そして日本の賀川」と題して、賀川をガンジー、胡適と並べて、紹介してもいる。当時の学生には、インドのガンジーと中国の胡適に日本の賀川という固定的なイメージが浸透していたことがうかがえる[82]。

　このように当時の有名人であった賀川は、バーナード・ショー(George Bernard Shaw, 1856-1950)、胡適(1891-1962)とともに、香港大学の招待に応じて講演を行い、甘をはじめ香港大学の学生に大きなインパクトを与えたのである。

第5節　賀川と胡漢民の交流

本節は、1935年、香港での賀川と胡漢民との会談に焦点をあてる。

胡漢民（1879-1936）は、近代中国の革命運動における傑出した理論家であった。1905年に中国同盟会に入り、孫文を補佐し、中国の革命運動に積極的に取り組んでいた[83]。賀川は、1935年2月23日に香港で、胡漢民と会談した[84]。それは胡漢民との3回目の面会であった。1回目は、1931年1月〜2月の中国伝道の際、香港での会談であった[85]。2回目は、1934年3月頃、広州を離れ香港で療養生活をおくっていた胡漢民と会談した。浜田は、1939年に賀川が回想している胡漢民との会談を、1934年のものと断定しているが、1935年に3回目の会談があったことを見落としている[86]。

では、何故、賀川は1935年に香港を経由した際に胡漢民と会ったのだろうか。この会談には、どのような政治的な意図が含まれていたのだろうか。

事実関係を確かめると、賀川はオーストラリア伝道の往路途上、1935年2月23日に胡漢民と会談し、その後に香港を出帆して、フィリピンに赴いた[87]。日本出発前の1935年2月8日正午、賀川は、大臣官邸でその当時外務大臣であった広田弘毅と会見した。この時、情報部長天羽英二も同席した。『神の国新聞』には、次のような記事が掲載されている[88]。

> 広田さんは機嫌よく、賀川氏を迎へて両人の間にあれこれと話がはづむ。賀川氏が外相の平和宣言を賞揚する。外相は外相ですかさず「賀川さん。あちらへ行ったら大いに皇国の大精神をつたへてください。たのみますよ」と全身を熱意で燃やしてのむ。「ええ。やりますよ。やりますよ。大いに」と賀川氏は胸をドンと叩かんばかりに合点承知と引受けた。

この記事から見ると、広田外相は、オーストラリアへ赴く賀川に、日本の「皇国の大精神」を世界に伝えるよう依頼した。「平和宣言」とは、恐らく

第六章　賀川と香港　193

1934 年 4 月 17 日に天羽英二によって談話として発表された「天羽声明」の
ことであり、欧米諸国の中国に対する援助に反対するものであろう。「天羽
声明」が出されると、胡漢民は 4 月 28 日に「為遼東問題忠告友邦書」を発
表し、「天羽声明」を強く批判している[89]。では、その胡漢民との会談で、
賀川はどのような働きをしただろうか。

　1935 年 2 月 23 日、賀川は、胡漢民と会談した。『神の国新聞』では、胡
漢民を日本の西園寺公望の如き地位にある人物と見なし、賀川の胡漢民宅へ
の訪問を次のように記述している[90]。

　　　南支政府の大御所として、わが国における西園寺公の如き地位にある
　　胡漢民氏と、賀川豊彦氏が去る二月廿三日会見した。
　　　平岡氏が仲介で、当方の乞を快く容れ、滅多に人とあはぬ胡氏もいよ
　　いよ会見をうけた。
　　　当日、警戒厳重な邸宅を一歩入るや、銃剣の武装いかめしい庸兵が立
　　番している。ものものしい鉄柵の外から刺を通じてやうやく入邸をゆる
　　された。
　　　恰幅のいい胡氏は丁寧に隣邦の偉大な指導者賀川氏を招じ、賀川氏か
　　ら積極的な日本の農村救済と復興の実状と、協同組合運動を興味をもっ
　　てききとった。
　　　更に日支の親善に問題はとび、胡氏は今までの両国間の誤解は清算し、
　　相互的に目醒めて親和して進みたいと述べてゐた。
　　　キリスト愛によって、支那をも心より愛してゐる賀川氏の至情が通じ
　　たとみえて胡漢民氏は非常に喜ばれ多忙中を一時間余に渉って心をきな
　　く文字通り胸襟を開いて会談したことは珍しいと通訳の労をとられた平
　　岡氏が語った。

　平岡貞の仲介と翻訳で、賀川と胡漢民は 1 時間にわたって会談した。平岡
貞は、1907 年 11 月に香港に移り、雑貨業、紙業及び印刷業の「平岡貞商店」
を開き、香港の官界人、財界人と交際していた。日本による香港統治の時代

には、キリスト教の信者として「香港キリスト教総会」の参議を担った[91]。
「警戒厳重な邸宅」ではあったが、賀川らが容易に入れたということは、賀
川や平岡と胡漢民との間にはある程度の信頼関係があったといえるだろう。
また、その会談内容は、日本の農村救済と復興の実情、協同組合運動などで
あった。平岡の記述のように、胡漢民は賀川の至情に対して喜んでいた。恐
らく、それは、日中両国の親善や、両国の誤解の清算について、平和活動を
貫いた賀川に対するある程度の期待を、胡漢民がもっていたからであろう。

　他方、当時の中国の情勢をみてみると、1928 年 6 月 15 日、蔣介石が率い
る国民政府は、北京・天津の平定を受け、北伐と全国統一の完成を宣言し、
南京を首都とした。その直前、「済南事変」、「張作霖爆殺事件」が相次いで
起こり、東三省保安総司令に就任した張学良は、「易幟」を断行し、国民政
府を中国の正統政権と認めるようになった。北伐の完成と東三省「易幟」に
よって、南京国民政府による全国統一が達成されたため、孫文が生前に「建
国大綱」で定めた順序に従って、政府の統治は「訓政」へ、さらには「憲
政」へと変わっていくことになるはずだった。しかし、「訓政」体制の具体
的方法と蔣介石の独裁的指導体制の確立を巡る党内対立が、1928 年から 30
年代はじめに起こった。蔣介石と相対立する汪精衛・孫科・胡漢民ら文人政
治家による「理論闘争」が、軍事問題で蔣介石と利害を異にする軍事指導者
（李宗仁・馮玉祥・閻錫山・李済深ら）各派と複雑に結びつき、その結果、革
命理念の相違に基づく理論的対立がしばしば軍事衝突にまで発展するという
形で展開した。その中にあって、国民党の元老格で立法院長の胡漢民は、「訓
政」自体については積極的に擁護していたが、それが蔣介石の個人独裁につ
ながる「約法」という形をとることには強く反発した。これに対し、蔣介石
は、1931 年に胡を軟禁し、南京の湯山に幽閉した上、立法院長の職を剝奪
してしまった。胡漢民幽閉事件で国民党の内紛は激化した。4 月以降、反蔣
派の汪精衛・孫科・李宗仁らが胡漢民派の牙城である広州に集結し、5 月に
は広州で新たなる「国民政府」の樹立が宣言された[92]。これが、いわゆる
「両広派」、「西南派」であり、1930 年代初期に、広東省、広西省を中心とす
る中国の西南地域に勢力範囲をもった、中国国民党内最大の反蔣、反中央勢

力であった。日本側の公文書は当時それを「広東派」と称した[93]。つまり、「南支政府」とは、胡漢民派が反蒋派の軍閥と連携して広東に「国民政府」（1931年5月28日）を樹立していたものである[94]。胡漢民は、もともと広東派の中心人物であったが[95]、1935年前後には、国民党内最大の反政府勢力であった「広東派」も、政治的影響力を徐々に失いつつあった。

　1935年2月、胡漢民との会談後、賀川は、「二月廿三日私が西南支那の元老胡漢民氏と会ったときの会話によっても広東政府の対日感情が余程融和していることを知った。また香港の支那新聞の論調を見ても抗日感情が余程柔いで来たことを感じた」と記述し、胡漢民による「どうせ広東政府は資本主義に反対してやるのだから」との発言を記録している。1935年には、賀川と胡漢民との間の相互の信頼感がさらに強くなったと思われる。なぜなら、胡漢民は賀川に対して中国の革命観について語り、「広東政府は資本主義に反対してやるのだから」といい、資本主義を批判した賀川と思想的に共通しているからである[96]。

　では、なぜ「広東政府の対日感情が余程融和している」のであろうか。

　実は、1933年後半から1935年半ばまで、中国側は対日関係の改善に努めていた。1933年後半の時点において、日中関係の将来は戦争の道か、戦争以外の道かの選択肢が、大きな不確定要素となっており、中国国内では「日中共存共栄」論者と「日中不倶戴天」論者の意見対立があった。この両論を左右する鍵は、日本の手にあった。日本側では「満洲国」問題以外の点では、国民政府との関係正常化論が強かった。一方、中国では、最悪の場合に対処するための諸準備を推進しながらも、対日関係の改善に努めていた[97]。しかし、1935年後半、中国指導部は日本の華北分離工作に衝撃を受け、対日政策の方向を再修正した。日本の華北分離工作は明らかに「塘沽停戦協定」のライン、すなわち中国の救国大計に定められた対日妥協の限界線を越えるものだった[98]。

　胡漢民が香港で賀川に語った「広東政府の対日感情の融和」は、おそらく1933年後半から1935年半ば華北分離工作までの日中関係の緊張緩和であっただろう。胡漢民は、日中問題の改善に関して、賀川に期待した。賀川自身

も胡漢民の期待を受け、対日感情が融和したと認識し、日本国内に伝えた。また、賀川は、胡漢民の話を聞いて、香港だけではなく、「広東」に対しても、「孫逸仙がここから出てついに清朝を顚覆してしまった。だから真の支那を知ろうと思えば広東をよく理解しなければわからないように思う」と述べ、「日支の関係が好転しても広東の西南政府がウント言わなければ完全に日支は融和できない」と胡漢民の西南政府が日中融和において重要であると強調している。

　このように、胡漢民が賀川に期待したのみならず、日中親善の実現を目指す賀川も胡漢民に期待していただろう。しかし、この時期の広東政府はすでに弱体化し、胡も 1936 年に病没したうえ、華北分離工作が 1935 年に両者の理想の実現に大きな阻害をもたらした。両氏の理想は実現しにくくなったのであったが、香港での会談で、賀川と胡漢民との面会にあった政治的な意図がみられ、胡漢民と賀川が互いに期待していたということが看取できるだろう。

第 6 節　おわりに

　本章は、以下の 4 つのことについて明らかにした。①『南華早報』における賀川に関する記事を整理し、賀川の香港訪問を手がかりにして、1924 年の最初の報道から満洲事変、日中戦争、第二次世界大戦終結、戦後と時期を区切り、時系列順に賀川が香港でどのように報じられたかを明らかにした。② 1934 年と 1935 年の香港滞在を中心に分析し、今まで知られなかった賀川と香港の人々との関わりを明らかにした。③賀川が講演会を通して、国際問題の解決には、「相互扶助」の精神が必要であると強調し、香港の人々に影響を与えたことを明らかにした。④賀川が 1935 年 2 月 23 日に、胡漢民と面会し、日本の農村救済と復興の実情、協同組合運動などについて伝え、日中問題解決に対して胡漢民と相互に尽力することを約束したことを明らかにした。

　香港人から見た賀川像は、満洲事変から日中戦争にかけて集中的に報じら

第六章　賀川と香港　197

れ、宗教面にとどまらず、最も多く持たれた肩書である社会運動家としてのものが目立っていた。宗教的な肩書には、東方における最も優れたイエスの追随者、キリスト教の簡素化の使者、キリスト教指導者、伝道者、「神の国運動」の指導者、日本の聖フランシスコ、牧師、博愛主義者、社会奉仕者、宣教師などがある。そして、社会的な肩書には、社会運動家、作家、労働指導者、詩人、改革者、平和愛好者、小説家、社会学者、博士などがあった。福音宣伝と社会運動の融合を訴えた賀川のリベラルな宗教思想が香港人を魅了したと考えられる。

　また、短期間の香港滞在で、賀川は、中国国民党の元老である胡漢民と面会し、胡漢民から中国の革命について教えられ、影響を受けたのみならず、甘尚武といった香港大学の卒業生にも影響を与えた。賀川の講演を聞いたことがあると 2007 年にも香港側の人物によって記録されていることから、賀川の香港での影響が現在でも残されていることを確認できたと考える。

　一方、当時の賀川の立場や役割を考察していくと、天皇の和歌を用いて日本軍国主義を批判しようとした賀川は、日本の農村救済と復興の実状と、協同組合運動を重視し、外相広田弘毅の依頼については、それほど重く受け取らなかったであろう。しかし、当時の日本政府の立場から見れば、広田や情報部部長天羽は恐らく、当時世界的に有名な宗教指導者であった賀川を利用して、懐柔政策の役割を担わせようとしたものと考えられる。政治と宗教との複雑な関係は戦前の日中関係における、賀川と胡漢民との会談を通しても垣間見ることができる。

注
1 ）米沢和一郎編『人物書誌大系 37　賀川豊彦 II』日外アソシエーツ、2006 年。1925 年の香港滞在については、「イスラエル、エジプト、紅海、セイロン、香港、上海、を経て帰国」と記述（605 頁）。1931 年の滞在については、「1 月 13 日　中国伝道に、秘書タッピングを同行、長崎を出帆、香港へ」と記述（609 頁）。1934 年の滞在については、「3 月 14 日　フィリピン伝道の帰途、香港、上海で、時局に絡む重要な講演を行い長崎丸で帰国」と記述（615 頁）。1938 年の滞在については、「11 月 15 日　上海、香港、シンガポールを経由して印度へ向かう」と記述（628 頁）。
2 ）笠谷和比古『武士道　侍社会の文化と倫理』NTT 出版、2014 年、148 頁。
3 ）香港の歴史について、倉田徹、張彧暋『香港 中国と向き合う自由都市』岩波書店、2015 年。

また、香港のイギリスへの割譲に関する中国の資料としては、石楚耀「香港政治之史的考察」『南洋研究』第 6 巻第 1 期、1936 年、77-91 頁を参照。

4）「香港志略―（二）英人獲得香港之歴史」『国立武昌商科大学商学研究季刊』第 1 巻第 1 期、1925 年、3-5 頁。80 年前とは、1925 年から 80 年前のこと、つまり、アヘン戦争のころを指す。

5）胡記常「戦前香港経済発展史引言」『社会科学研究（上海）』第 1 巻第 3 期、1935 年、372-374 頁。

6）前掲胡記常「戦前香港経済発展史引言」、372 頁。

7）「支那政局観―法学博士佐藤丑次郎氏講演」『福岡日日新聞』1917 年 8 月 3 日～ 8 月 10 日（神戸大学経済経営研究所 新聞記事文庫 政治（9-70））。

8）「躍進大阪商品に拍車南洋市場開拓へ 見本市兼営の実業視察団派遣 府の肝煎りで明春早々に出発」『大阪時事新報』1936 年 11 月 24 日（神戸大学経済経営研究所 新聞記事文庫 日本の対外貿易（a 補-203））。

9）賀川豊彦「西南支那は甦る 第一信 香港から」『中外商業新報』1935 年 3 月 11 日～ 3 月 12 日（神戸大学経済経営研究所 新聞記事文庫 政治（47-196））。

10）前掲賀川豊彦「西南支那は甦る 第一信 香港から」。

11）「極東にそゝぐ…アメリカの斜視 "日露開戦" は不可避とし輿論漸次冷静を失ふ」『大阪朝日新聞』1934 年 1 月 31 日（神戸大学経済経営研究所 新聞記事文庫 軍事（国防）（31-45））。

12）方漢奇、谷長嶺、馮邁「近代中国新聞事業史編年（八）」『新聞研究資料』1982 年、248-249 頁。

13）*South China Morning Post* の公式サイト https://www.scmp.com/（2019 年 6 月 2 日アクセス）。

14）White Slavery：娼妓を指す。

15）*South China Morning Post*, 24 October 1924, p. 2.

16）*South China Morning Post*, 3 December 1924, p. 2; 18 December 1924, p. 2.

17）*South China Morning Post*, 21 June 1927, p. 15.

18）前掲米沢和一郎編『人物書誌大系 37 賀川豊彦 II』、609-610 頁。

19）*South China Morning Post*, 21 February 1931, p. 15.

20）*South China Morning Post*, 30 November 1932, p. 1; 1 December 1932, p. 1.

21）*South China Morning Post*, 17 February 1937, p. 10.

22）*South China Morning Post*, 1 March 1934, p. 1.

23）*South China Morning Post*, 3 March 1934, p. 15.

24）*South China Morning Post*, 7 March 1934, p. 17.

25）*South China Morning Post*, 3 March 1934, p. 15.

26）拙稿「戦前の中国における賀川豊彦の受容に関する一考察―1931 年から 1936 年までの雑誌や新聞を中心に」『賀川豊彦学会論叢』第 25 号、2017 年、14-17 頁。

27）龔天民「賀川豊彦其人其事（四）」『展望』（香港：基督教補僑出版社）第 3 巻第 12 期、1960 年、10 頁。

28）「濠洲紀行―賀川豊彦氏支那よりヒリッピンへ」『神の国新聞』1935 年 4 月 3 日、7 頁。

29）Richard Lim Chuan Hoe（林泉如）はシンガポールの著名な華人金融家であった。

30）*South China Morning Post*, 4 February 1933, p. 1.

31）賀川豊彦著、加山久夫、石部公男訳、野尻武敏監修『友愛の政治経済学』日本生活協同組合連合会、2009 年、8 頁。

32）太田雄三によれば、賀川は 1934 年 3 月 2 日に香港で「世界平和の経済的基礎」（Economic Foundation of World Peace）と題する講演を行った。この講演は、実際には 3 月 1 日のものである。他方で米沢和一郎によれば、演題は「世界の平和」であったという。しかし、『南華早報』には演題が「世界平和の経済的基礎」"Economic Foundation of World Peace" と記録

第六章　賀川と香港　199

され、太田と一致しているので、それに従う。太田雄三『内村鑑三—その世界主義と日本主義をめぐって』研究社出版、1977 年、341 頁；前掲米沢和一郎編『人物書誌大系 37　賀川豊彦 II』、615 頁；*South China Morning Post*, 23 February 1935, p. 10.

33）*South China Morning Post*, 5 March 1934, p. 16.

34）*South China Morning Post*, 7 March 1934, p. 11.

35）*South China Morning Post*, 7 March 1934, p. 11.

36）Toyohiko Kagawa, *Christ and Japan*, New York: Friendship Press, 1934, pp. 68-69.

37）*South China Morning Post*, 12 March 1934, p. 16.

38）*South China Morning Post*, 12 March 1934, p. 16.

39）*South China Morning Post*, 24 March 1934, p. 11.

40）*South China Morning Post*, 7 May 1934, p. 3.

41）前掲米沢和一郎編『人物書誌大系 37　賀川豊彦 II』、616 頁。

42）「昭和 10 年 2 月号　三等列車の客」『賀川豊彦全集第 24 巻』、キリスト新聞社、1964 年、200 頁。

43）"Dr. Kagawa Visits Hong Kong: Japanese Christian at Cathedral To-day", *The China Mail*（『徳臣西報』）, 22 February 1935; "Dr. Kagawa—To Lecture To-day at Cathedral Hall", *Hong Kong Daily Press*, 22 February 1935.

44）聖約翰座堂公式サイト 'A Brief History of St John's Cathedral' http://www.stjohnscathedral.org.hk/Page.aspx?lang=1&id=97（2019 年 12 月 24 日アクセス）

45）*South China Morning Post*, 22 February 1935, p. 2.

46）*South China Morning Post*, 23 February 1935, p. 10.

47）「昭和 9 年 11 月号　旅から旅へ」『賀川豊彦全集第 24 巻』、194 頁。

48）Toyohiko Kagawa, *Christ and Japan*, New York: Friendship Press, 1934.

49）小南浩一『賀川豊彦研究序説』緑蔭書房、2010 年、290-293 頁。

50）前掲 *Christ and Japan*, pp. 61-62. 天皇の歌は、次のように書かれている。"Ametsuchi no, Kami nizo inoru, Asanagi no, Umi no gotoku ni, Nami tatanu yo wo."

51）William Axling, "Tranlator's Preface", in Toyohiko Kagawa, *Christ and Japan*, 1934.

52）前掲 Toyohiko Kagawa, *Christ and Japan*, pp. 72-84.

53）前掲 Toyohiko Kagawa, *Christ and Japan*, pp. 81-82. 原文の一部は次の通り。"It is to be found in its fascinating tenet of salvation by faith. It firmly believes that there is no sinner, be he or she ever so bad, but will be saved through the benevolence of Amida Buddha. For this reason there are villages of Suiheisha, an outcaste class, where the villagers to the last man, woman and child have for centuries been followers of this faith. Even though facing death through starvation they faithfully contribute their mite to the sect's head temple in Kyoto."

54）前掲 Toyohiko Kagawa, *Christ and Japan*, p. 109. 原文は "It is a cause for profound gratitude that the missionaries who came to Japan some thirty years ago had not forgotten the spirit of the great Lincoln. They abounded in the spirit which emancipated the slaves, and they incarnated democracy. This spirit of emancipation which wiped out slavery was wanting in our land."

55）前掲 Toyohiko Kagawa, *Christ and Japan*, p. 130.

56）三浦清一『世界は愛に飢えている：賀川豊彦の詩と思想』的場書房、1957 年、130 頁。

57）「精神運動と社会運動」『賀川豊彦全集第 8 巻』キリスト新聞社、1981 年、410 頁。

58）"Biographical Insights-Kagawa and Lincoln", in Emerson O. Bradshaw, Charles E. Shike, and Helen F. Topping, *Kagawa in Lincoln's Land*, National Kagawa Co-ordinating Committee, 1936, pp. 18-23.

59) プリンストン神学校図書館特別コレクションコーナー所蔵賀川豊彦関係の資料による。Francis J. Grimke が書いた文書。Francis J. Grimke についての詳細は不明である。原文："As this man moves about; as he lives his simple, beautiful, self-sacrificing life of love, he is a standing rebuke to race prejudice, and all narrowness and bigotry based on race or color everywhere. As Dr. Kagawa goes back to Japan may the American white man learn that God is no respecter of persons; that in every nation he that feareth him, and worketh righteousness, is accepted with him."

60) 黒川知文「再臨運動と神の国運動―内村鑑三と賀川豊彦の終末観―」『賀川豊彦学会論叢』第24号、2016年、11-18頁。加山久夫「賀川豊彦と神の国運動」『賀川豊彦学会論叢』第14号、2005年、82-104頁を参照。

61) 前掲 Toyohiko Kagawa, *Christ and Japan*, p. 135.

62) 前掲 Toyohiko Kagawa, *Christ and Japan*, pp. 139-140.

63) 前掲黒川知文「再臨運動と神の国運動―内村鑑三と賀川豊彦の終末観―」、8頁。

64)「四月六日特定聖日献金続き」『神の国新聞』第597号、1930年6月11日、4頁（復刻版、『神の国新聞』第1巻、緑陰書房、1990年、180頁）に「香港教会（日基）1100円」とある。比較対象として一部の教会の献金を示すと、宮城大河原教会（日基）150円、台南教会（日基）660円、大分高田教会160円、埼玉岩槻教会130円、福岡メソヂスト教会1010円、大阪同胞教会500円、熊本水俣ルーテル教会310円、台北聖公会444円であり、香港の献金はこれら各教会より多い。「四月六日特定聖日献金続き」『神の国新聞』第595号、1930年5月28日、6頁（前掲復刻版第1巻、160頁）を参照。後述の通り、「香港日本人基督教会」は平岡貞によって1924年に設立されたものである。

65) *South China Morning Post*, 13 September 1935, p. 9.

66) *South China Morning Post*, 13 February 1936, p. 2.

67) *South China Morning Post*, 18 February 1936, p. 7.

68) *South China Morning Post*, 19 May 1936, p. 6.

69) *South China Morning Post*, 28 February 1936, p. 11.

70)「暴変後之日本政局　行兇軍官等今日将帰営　継閣人選有近衛平沼山本諸説」『大公報天津版』1936年02月28日、3頁。

71) *South China Morning Post*, 21 November 1938, p. 4.

72) *South China Morning Post*, 11 January 1939, p. 7.

73) 拙稿「戦前・戦中（1920-1945）の中国における賀川豊彦の受容に関する一考察」兵庫教育大学学校教育研究科修士論文、2017年、81-98頁。

74) *South China Morning Post*, 11 March 1946, p. 6.

75) *South China Morning Post*, 8 May 1946, p. 12.

76) *South China Morning Post*, 10 July 1976, p. 5.

77) *South China Morning Post*, 10 July 1986, p. 15.

78) 甘尚武『世紀巨変 九十回顧―従陳滔棠秘書到執掌大馬南順』三聯書店（香港）、2007年、43-44頁。

79) 前掲甘尚武『世紀巨変 九十回顧―従陳滔棠秘書到執掌大馬南順』、14-19頁、41-44頁。

80) 香港大学公式サイト「創校歴史」https://www.hku.hk/about/university-history/c_the-early-years.html（2019年12月24日アクセス）

81) 香港大学百周年サイト「孫中山」http://100.hku.hk/sunyatsen/（2019年12月24日アクセス）

82) *South China Morning Post*, 12 March 1934, p. 13.

83)「序」（王雲五主編、蔣永敬編著『民国胡展堂先生漢民年譜』台湾商務印書館、1982年）、1頁。

84) 賀川豊彦「西南支那は甦る―第一信―香港から」『中外商業新報』1935年3月11日～3月

第六章　賀川と香港　201

12 日。

85）前掲米沢和一郎編『人物書誌大系 37　賀川豊彦 II』、609 頁。

86）浜田直也「「賀川豊彦宛天羽英二書簡」を読み解く」『社会システム研究』第 35 号、2017 年 9 月、31-46 頁。なお、同論文には、1934 年の会談について、「賀川は、胡漢民との会談について、国内向けには何も語っていない」（38 頁）とあるが、前掲『中外商業新報』の記事で賀川は、胡漢民との 1935 年の会談を記録しながら、香港観を語っている。

87）「濠洲紀行―賀川豊彦氏支那よりヒリッピンへ」『神の国新聞』1935 年 4 月 3 日、7 頁（前掲復刻版第 6 巻、111 頁）。

88）「外相と賀川氏の会見」『神の国新聞』1935 年 2 月 20 日、2 頁（前掲復刻版第 6 巻、58 頁）。

89）王雲五主編、蔣永敬編著『新編中国名人年譜集成　第 20 輯民国胡展堂先生漢民年譜』台湾商務印書館、1981 年、535 頁。

90）「一時間余りに渉り―賀川氏胡漢民氏と会見―心より心への理解と親和」『神の国新聞』1935 年 3 月 27 日、6 頁（前掲復刻版第 6 巻、102 頁）。

91）荘玉惜『街辺有檔大排檔』三聯書店（香港）、2011 年、19 頁。余震宇「一九三〇年代 徳忌笠街」『上半山下中環：一個城区的蛻辺』などには、平岡貞への言及は散見される。また、賀川と平岡貞の関係は不明であるが、1924 年に「香港日本人基督教会」を設立した平岡貞が、キリスト教の関係で賀川と知り合っていたことは十分に想像できる。高添強「戦前小東京―湾仔」http://had18.huluhk.org/article-detail.php?id=144&lang=tc（2019 年 12 月 24 日アクセス）

92）石川禎浩『革命とナショナリズム 1925-1945』岩波書店、2010 年、42-98 頁。

93）鹿錫俊『中国国民政府の対日政策 1931-1933』東京大学出版会、2001 年、29 頁。

94）前掲浜田直也「「賀川豊彦宛天羽英二書簡」を読み解く」、44 頁。

95）前掲鹿錫俊『中国国民政府の対日政策 1931-1933』、50 頁。

96）賀川豊彦「西南支那は甦る―第一信―香港から」『中外商業新報』1935 年 3 月 11 日 – 3 月 12 日。

97）「「日中共存共栄」論者：日本が国民政府の救国大計に定められた対日妥協の限界線を越えない限り、日中間の矛盾は平和的な解決が可能であり、日中戦争は避けられる。「日中不具戴天」論者：日本が東北領土を中国に返さない限り、日中戦争の危機は避けられない」。前掲鹿錫俊『中国国民政府の対日政策 1931-1933』、258 頁。

98）前掲鹿錫俊『中国国民政府の対日政策 1931-1933』、259 頁。

終　章

第1節　本研究の成果

　本研究は、賀川研究では今まで使われてこなかった新資料を使い、民国期の中国における賀川の活動とその受容についての考察を中心に、日本占領期の台湾、イギリス占領期の香港における賀川の活動とその受容を含め、賀川がこれらの国々や地域の新聞や雑誌にどのように報じられたか、これらの国や地域にどのような影響を与えたかを考察してきた。

　その結果、民国期の中国では、1920 ～ 30 年代、賀川が大いに期待されていたことがわかった。ところが、1936 年を分岐点とし、賀川と中国人との間に意見対立が生じ、中国で批判されるようになった。1937 年に日中戦争勃発後、賀川に対する報道は少なくなった。1945 年以降、賀川が結党にかかわった日本社会党は、中国側に注目され、日本社会党の綱領が日本の戦後政治に最適であると観察されていた。1949 年に中華人民共和国が樹立された後は、賀川について言及されることは稀になった。しかし、近年、賀川に対する関心が徐々に甦ってきている。それに対して、日本占領期の台湾では、第二次世界大戦の戦前・戦中に、賀川が台湾のエリートに大きな影響を与え、その思想は後に台湾で実践された。イギリス占領期の香港では、戦前・戦中・戦後を経て、賀川は現在でも依然として高く評価されている。特に、第二次世界大戦後の香港では、賀川の世界的な知名度は高く、その影響力は大きいと評価されている。各章ごとに得られた新しい知見は以下の通りである。

　第一章と第二章からなる第Ⅰ部では、賀川を主体としてその活動を検討した。

第一章「賀川と五四期における北京大学学生訪日団—黄日葵の『詩—贈賀川豊彦先生』を中心に」では、広西籍初の中国共産党員であった黄日葵をはじめとする北京大学訪日団五人組が1920年6月4日に神戸新川貧民窟の賀川を訪れたことを、当時発行された新聞や雑誌に基づいて整理し、黄日葵が賀川へ感謝を込めて「贈賀川豊彦先生」と題する詩を著した経緯を考察した。また、本章は、賀川と黄日葵の共通点を確認するとともに、黄日葵が賀川から労働運動と貧民救済の経験を学ぼうとしたことを明らかにした。

賀川と黄日葵の共通点は、次の通りとなる。

①　1919年5月4日、中国の天安門前で愛国ストライキを行った黄日葵と、1921年の35,000人を超える神戸川崎・三菱大争議でストライキの先頭に立った賀川とは、不撓不屈の精神において一致している。

②　黄日葵は、恩師である李大釗と同様に、友愛会関西労働同盟会指導者である賀川が指導した川崎・三菱大争議に注目し、高く評価した。また、労働運動、婦人参政権運動、婦人解放運動、男女教育平等運動を提唱した黄日葵は、賀川と思想的な共通性がある。

③　黄日葵も、賀川も革命性と独創性のある詩人であり、詩を用いて現実への不満を表し、社会改造を訴えるために、詩を重要な武器として闘おうとする社会詩人であった。

その結果、北京大学学生訪日団が賀川の神戸新川貧民窟を訪問して以来、賀川は中国の新聞や雑誌などにしばしば紹介された。この交流が、賀川によって中国での説教事業展開の良いスタートとなり、1920年8月以降、吉野作造の日中親善に続くとして、賀川はにわかに中国に注目される存在となった。

第二章「『神の国運動』と『五カ年運動』—1920〜30年代の賀川と誠静怡の関係を中心に」では、賀川と誠静怡の関係を考察し、「神の国運動」と「五カ年運動」の関係、および賀川が「五カ年運動」に与えた影響を明らかにした。

日本では、賀川の中国における伝道活動を、「神の国運動」と呼んだが、中国では、「五カ年運動」と呼ばれ、講師として賀川を招いた。賀川が中国

で実施した「神の国運動」は、中国の「五カ年運動」とは表裏一体をなしている。その仲介役を果たしたのが誠静怡であった。賀川は、福音と社会運動との融合を訴えるリベラルな宗教思想を以て誠静怡に影響を与えたのみならず、組合事業の設立、農民福音学校の試み、農村識字運動の展開などといった社会事業の実践にも取り組み、中国の「五カ年運動」に大きな影響を与えた。賀川の思想は、誠静怡と共通性があり、中国の「五カ年運動」の理論的基礎ともなった。このふたつの運動は「指導と被指導」といった序列関係ではなく、むしろ、経験の交換と相互扶助的な関係にあり、エキュメニカル運動の精神が日中両国教会において対等に実践されたものである。

　第三章と第四章からなる第Ⅱ部では、中国で発行された新聞や雑誌に、賀川がどのように報じられ、受容されたかを中心に考察した。
　第三章「民国期の中国における賀川に関する報道―『東方雑誌』、『大公報』を中心に―」では、文化思想面から『東方雑誌』における賀川の報道を、労働運動、著述、廃娼運動、農民運動、無産政党運動に分けて考察するとともに、時系列で1920年から満洲事変、満洲事変から日中戦争の勃発、日中戦争以降という各段階の『大公報』における賀川の報道を考察した。
　『東方雑誌』における賀川に対する報道は主に1920年代に集中し、賀川についての最初の報道により、賀川に対する関心が徐々に強まり、萌芽期よりブームへと発展していた。その主題は、労働運動、農民運動、廃娼運動、貧民窟での救済活動、無産政党運動といった社会運動に集中し、賀川の思想を紹介し、文化思想面から賀川に注目し、賀川の思想から「知的資源」を求めていた。また、こうした社会運動は、賀川が活躍した大正デモクラシー運動の一端を反映したと考えられる。『大公報』に至っては、それが政論系の全国新聞であり、賀川に対する報道に時事性があり、各時期の賀川の思想や言動をリアルに反映している。時系列で考察した結果、1920年から満洲事変まで(1920-1931)が、賀川に対して最も関心を示した時期であり、賀川が従事した労働運動、平和運動、無産政党運動、著述に高い関心を示している。満洲事変から日中戦争まで(1931-1937)では、1920年代よりは少なくなって

いるが、賀川による軍国主義への批判や、賀川の著作が注目されている。日中戦争の勃発から第二次世界大戦終結まで(1937-1945)は、日中戦争の勃発に伴い、賀川に対する関心が低下し、賀川を「敵人」と見なし、賀川を批判的にみる時期であった。そして戦後(1945-1949)は賀川が結党にかかわった日本社会党に強い関心を示し、日本社会党の綱領が日本の戦後政治に最適であると観察されている。しかし、1949年の中華人民共和国成立以降は、賀川に対する報道はなくなった。

　第四章「民国期の中国における賀川に関する報道―『大陸報』を中心に」では、民国期の中国で発行された新聞『大陸報』を中心に、『大陸報』の紙面における58件の賀川の報道を整理し、賀川が中国でどのように報道されたか、賀川が中国を訪問した際に中国人にどのよう評価されたかを概観した。

　1925年から満洲事変までは、賀川は、労働運動、農民運動、廃娼運動、無産政党運動、教育の実施をめぐって多くの講演を行い、中国人と接触し、中国で非常に高い評価を得ていた。特に、1930年に賀川は、上海米国大学同学会のネットワークを通して、日中米の宗教指導者と接触した。それによって、1930年時点が、『大陸報』における賀川の名声のピークとなったと言えよう。1932年から日中戦争までは、賀川に対する評価が変化していく。1934年には、『大陸報』は賀川を、当時の一般的な日本人と区別し、賀川の中国への謝罪を積極的に受け入れ、賀川に期待を示していた。しかし、1936年には、「満州国」という言葉を使用したため、賀川は中国人に批判された。また、組合こそが世界を救い得ると主張する賀川と、国家ナショナリズムを重視した中国人現実主義者との間には、意見対立が生じ、中国人に不信感を寄せられることとなった。ゆえに、1936年こそは、中国における賀川評価の分岐点であると考えられる。そして、日中戦争後、賀川に対する報道は少なくなった。

　第五章と第六章からなる第Ⅲ部では、さらに本研究の視野を広げ、日本占領期の台湾とイギリス占領期の香港における賀川の活動とその受容を明らかにした。

第五章「『台湾日日新報』からみる賀川と台湾との関係－大正期・昭和戦前期(1922-1941)の台湾訪問を中心に－」では、1922年、1932年、1934年、1938年の賀川による台湾訪問の足取りを追い、大正期、昭和戦前期に賀川が台湾でどのように報じられたかを明らかにした。また、賀川自身の書いた「身辺雑記」、"台湾紀行"とも言うべき『星より星への通路』(1922)などの資料を考察し、安部磯雄らの台湾観と比較しながら、大正期・昭和戦前期における賀川の台湾観を検討した。賀川は日本人のためにのみ伝道活動を行っただけでなく、本島人向けの伝道活動をも行っていた。

　賀川は台湾にいた日本人の信徒を獲得しただけではなく、信徒ではなかった施乾などの本島人にも影響を与えた。台湾観に関しては、賀川は安部磯雄と次の共通点がある。

① 台湾人に対する初等教育の差別待遇への批判。
② 日本人と台湾人が平等に教育を受けるべきだ。
③ 社会問題を解決するために、社会学が不可欠である。
④ 日本人と台湾人との結婚に賛成する。

　しかし、一方、両者の台湾観については、優生思想が潜んでいることも否定できない。賀川の優生思想は、彼独自のヒューマニスト的な要素が加味されたもので、いわゆる障害者や台湾先住民に対する差別意識はなかった。また、一般民衆に目線を向けた安部に対して、賀川は、一般民衆は勿論、台湾の「生蕃の救済」、「農村伝道」といった形で、下層階級にも視線を向けていたのである。

　結局、賀川の台湾に対する見解は、日本統治時代の台湾総督府当局に直接的な影響を与えなかった。しかし、カリスマ性のある宗教指導者としての賀川の思想は、施乾、董大成、林国煌といったエリート達を通して近現代台湾社会において実践されたということを確認できた。

　第六章「賀川と香港─賀川は香港の新聞や雑誌にどのように報じられたか」では、賀川と香港との関係に焦点をあて、賀川が香港とどのように関わってきたか、香港における新聞や雑誌などが賀川をどのように報じたのかを考察した。

その結果、以下の三点を明らかにした。

①　『南華早報』における賀川に関する記事を整理し、また、賀川の香港訪問を手がかりにし、1924年の最初の報道から満洲事変、日中戦争、第二次世界大戦終結、戦後と区切りをし、時系列で賀川が香港でどのように報じられたかを明らかにした。賀川は、長年にわって香港で関心を寄せられていた。特に、注目を集めたのは、満洲事変後から日中戦争の間であった。また、1934年と1935年の香港訪問が、香港における賀川の名声のピークであったと言えよう。

②　1934年と1935年の香港滞在を中心に考察し、今まで知られなかった賀川と香港の人々との関わりを明らかにした。賀川は講演会を通して、国際紛争の解決には経済問題が重要であり、また、「相互扶助」の精神が必要であると強調し、香港の人々に影響を与えた。

③　賀川は1935年2月23日に、胡漢民と面会し、日本の農村救済と復興の実情、協同組合運動などについて伝え、日中問題解決に対して相互に尽力することを約束した。

上述の通り、民国期の中国、日本占領期の台湾、そしてイギリス占領期の香港における賀川の受容にはそれぞれ異なった特徴があった。しかしながら、以下のような共通点もあった。

①　賀川から影響を受けた人物は、キリスト教徒のみならず、非キリスト教徒にも存在した。また、賀川の影響力は、キリスト教界にとどまらず、中国共産党初期の共産党員をはじめ、これらの国々や地域の教育家、政治家、思想家といった人々に及んだ。さらに、その影響力は、中国、台湾、香港の上流階層のみならず、農民、労働者といった下層階級にも及んだ。このように、東アジアにおける賀川思想の影響力は大きかったといえよう。

②　福音宣伝と社会改革の融合を訴えた賀川のリベラルな思想は、民国期の中国、日本占領期の台湾、そしてイギリス占領期の香港において大いに影響を及ぼした。

③　日本経由の西洋文化受容の過程中、賀川の思想は、これらの国々や地

域の人々にとって、「知的資源」となっていた。

　本研究で示した時間軸と空間軸を表でまとめてみると、次の通りである。

表7.1　民国期の中国、日本占領期の台湾、イギリス占領期の香港における賀川評価の推移

	民国期の中国	日本占領期の台湾	イギリス占領期の香港
最初の報道～満洲事変	萌芽期よりブームへと発展。1920年前後、賀川は中国共産党指導者に勇気を与える。その以降、国民党寄りの新聞の賀川に対する関心が徐々に強まる。1930年に「神の国運動」の実施により、賀川が中国キリスト教界に大いに期待され、名声のピークを迎える。	報道が1921年と1922年に集中する。神戸新川貧民窟での救済運動と神戸三菱川崎・大争議の指導者として大いに注目される。賀川は、台湾人と接触し、乞食研究の思想、農業運営の思想、協同組合思想などの側面において台湾人に影響を与えた。賀川の思想が台湾のエリート層に受け入れられ、実践された。	報道は多くなかったが、賀川の世界巡遊に対する関心がみられる。また、賀川らが救済のために女性避難所を設立したことが注目された。
満洲事変～日中戦争	評価が変化していく。1934年、賀川を当時の一般的な日本人と区別し、賀川の中国への謝罪を積極的に受け入れる記事もあり、批判的な記事もあった。1936年、「満州国」という言葉を使用したため、賀川は中国人に批判された。1936年が、中国における賀川評価の分岐点だといえる。	報道が少なくなる。「神の国運動」の展開とともに、台北組合教会などと接触する。台湾社会における異なる社会階層に影響を与える。また、台湾にいた日本人から、漁民救済運動といった面において影響を受けた。	賀川に対する関心が最も高かった時期である。賀川を擁護する香港キリスト教界と賀川の論説に反対する香港大学の教授の間で論争が起こる。香港のキリスト教界は賀川を高く評価するが、香港大学の教授に代表されるイギリス知識人は賀川を批判的に見ていた。1935年以降、賀川は、講演会で講演を行い、一般民衆に感動を与える。
日中戦争～第二次世界大戦終結	日中戦争の勃発により、報道が少なくなった。1938年インド・マドラス世界基督教大会への参加は注目される。	報道がさらに少なくなる。一方で、賀川は台湾人を日本内地人と同一視していることが評価された。	報道が少なくなる。1938年インド・マドラス世界基督教大会への参加をめぐる報道はみられる。

| 戦後～
1949年中華人
民共和国成立 | 1945年以降、賀川が結
党にかかわった日本社会
党は、中国側に注目され、
日本社会党の綱領が日本
の戦後政治に最適である
と観察されていた。 | なし。 | | 賀川が貴族院を除名された
ことが報じられ、戦争中の
反アメリカ演説と大アジア
主義者のアジア進出支持に
対する賀川批判がおこった
という記事が転載される。 |
| 中華人民共和
国成立以降 | 賀川の著書は禁書となっ
た。21世紀まで解禁さ
れてこなかった。近年、
賀川に対する関心が蘇っ
ている。 | なし。 | | 賀川が世界的な有名人と並
べられ、その誕生日が紹介
される。香港にとって、賀
川は世界的に重要な位置を
占めていた。 |

筆者作成

第2節　本研究の意義と教科教育における示唆

　本研究は、東アジアにおける賀川の行動と思想の影響を解明するために、民国期の中国における賀川の活動とその受容を中心に、日本占領期の台湾とイギリス占領期の香港における賀川についての報道を整理してきた。賀川は、その活動と思想を通して、中国大陸、台湾、香港の人々から大きな関心を寄せられ、これらの国々や地域の人々に大きな影響を与えた。そして、本研究は、賀川の思想が中国大陸、台湾、香港において受容され、実践されたことを究明してきた。さらに、本稿は、賀川豊彦という「個」をめぐる個人史を通して、日本史へ、さらに世界史の視点から、民国期の中国、日本占領期の台湾、イギリス占領期の香港の近現代史を「面」的に考察した。

　具体的に、本研究は以下のような意義を有する。

　①　政治史の視点から、本研究は、中国大陸、台湾、香港における賀川思想の受容についての考察に取り組むことにより、中国大陸、台湾、香港における日本人の受容史モデルを提供し、社会文化、権力構造と宗教勢力との競合関係についての研究モデルを提供することができたと考える。また、中国大陸、台湾、香港における賀川の活動と当時の日本政府との関係からみると、宗教勢力は、政治問題、国際関係、外交問題といった現実的な課題に直面するときに、その影響力は往々にして制限されていた。

② 賀川研究の視座からみると、本研究は、新資料を用いて、今まで明らかにされてこなかった日本以外の国々や地域における賀川評価を究明した。研究の空白を埋めることによって賀川の全体像を立体的・総合的に把握することができたと考える。また、マックス・ウェーバーの概念を借りて言うと、本研究は、賀川の活動を中国、台湾、香港、アメリカなどの新資料に基づいて追跡し、「価値判断」を避けながら、「事実判断」を行おうと試みた。こうして賀川の全体像を、より科学的に客観的に検証できたと考える。

③ 教科教育において、本研究は以下のような意義がある。

茨木智志「歴史教科書にみる日中の相互認識」は、日中両国の歴史教科書を比較・検証し、「日本は古代中国の偉人たちを見続け、中国は近代日本の侵略者たちを見続けている」という日中両国の歴史教育における認識のギャップを指摘している。その相互認識のギャップを埋めるために、茨木は、歴史の授業で以下のような改善を図るべきだと主張している[1]。

A　日中関係史の教育において、近代の日中間での友好・交流の事例の教材化、もしくは友好を目指した人物や出来事の教材化が、日中両国の授業の中で検討される必要がある。

B　世界史もしくは東アジア史の中での自国史の位置づけを、授業の中で追求して行く必要があり、日中両国の世界史教育の検討、そして相互認識の再検討が必要である。

C　考える歴史の授業の要素を取り入れる必要がある。生徒を学ぶ主体として、考える力を歴史の授業で育成し、歴史教育観・歴史教科書観の転換を伴いながら両国で取り組みが進められるべきである。

上述した問題意識を踏まえ、本研究に関連して、2019年に中国の高等学校で使用されている最新版の歴史教科書と、2015年（平成27年4月文部省検定済）に日本の高等学校で使用されている9社[2]の日本史(A)(B)の教科書を調査した。

まず、中国の場合について、本研究では、中国の高等学校で広く使用されている人民教育出版社による必修3種類と選択6種類の歴史教科書[3]を考察した。その結果、中国の歴史教科書には、1920年代〜30年代に世界的に有

名であった賀川豊彦に関する記述は全くないことがわかった。しかしながら、『高三歴史選修4—中外歴史人物評説』の第四章「亜洲覚醒的先駆」(アジアにおける覚醒した先駆者)には、アジアの先駆者として、中国民主革命の先駆者である孫中山(孫文)、聖人(聖雄)であるマハトマ・ガンジー、そして新トルコの創立者であるムスタファ・ケマル・アタテュルクが、それぞれ1節を占め、取り上げられて紹介されている。本研究で述べた通り、賀川は、1930年代に、中国人によって「インドにはガンジー、ロシアにはレーニン、中国には孫中山、そして、日本には賀川豊彦がいる」[4]と評されたこともあり、ガンジー、シュバイツァーと並んで「神の三大代弁者」[5]と称されることもあった。新渡戸と連携し、満洲事変前後、平和活動を行い、民国期の中国、日本占領期の台湾、そして、イギリス占領期の香港に大きな影響を与えた賀川の名前は、少なくとも、中国の教科書である『高三歴史選修4—中外歴史人物評説』において、相応の位置を占めるべきであろう。本研究は、中国の歴史教科書の記述に新しい研究視座を提供したのではないかと考えられる。

　次に、日本の場合については、上述した日本の高等学校で使用される歴史教科書における賀川に関する記述を検討した。世界史教科書には、東アジアにおける賀川の活動についての記述が全くないので、本考察は、日本史教科書に限定する。日本史(A)(B)では、賀川を取り上げるのは、主に以下の2つの事項をめぐってである。①賀川は、1922年に杉山元治郎と連携して日本農民組合の結成を指揮した。②1945年11月2日、賀川豊彦は戦前の無産運動の長老として日本社会党の結成に関与した。唯一賀川について詳しく紹介しているのは、平成27年の『学習指導要領』に準拠した平成28年の文部科学省検定済教科書としての『高等学校改訂版　日本史A　人・くらし・未来』(第一学習社)によるものである。その中で、「1922年に賀川豊彦らが結成した日本農民組合には、多くの小作人組合が参加し、その指導によって小作争議はますます活発化した」という記述があり、日本農民組合の結成に賀川が関与したということが記述されている。さらに、その教科書は、賀川について写真付きで、以下のように詳しく紹介している[6]。

キリスト教を布教しながら、さまざまな社会運動や国際的な平和運動に関わった。著書(『死線を越えて』など)が外国に紹介され、欧米・アジア諸国にしばしば招かれて講演をおこない、世界的にその名を知られた。第二次世界大戦後は世界連邦運動を推進した。ノーベル文学賞・平和賞の候補となったが，受賞にはいたらなかった。

　これは、賀川について例外的に詳しく紹介した日本史教科書の記述である。しかし、1920年代から1930年代に、賀川が陳独秀、黄日葵、田漢ら中国の共産党員に影響を与えたことや、誠静怡ら中国キリスト教界指導者と連携して友好交流活動を行ったことについては全く記述されていない。

　満洲事変前後、賀川は、新渡戸稲造と連携して、キリスト教のネットワークを通して、日中の和解のために力を尽くして努力していた。結局、それは実現されなかったが、中国との関係を融和し、日中戦争を避けるために尽力した人物がいたことは忘れてはならないだろう。また、1934年3月に、賀川は上海で日本軍の中国侵略を謝罪し、中国側から高く評価され重く受け止められた事実もあった。宋美齢は、かつて、「私は日本人のために祈ることができる。賀川のように、彼らの国が中国に対して行っていることゆえに苦しんでいる多くの人がいるに違いないと私は知っているのだから」[7]と述べ、中国における日本軍の行動に苦しんでいた賀川の立場を高く評価していた。こうした賀川と中国との関係を軸に展開された歴史事実の追跡は、日中交流史の中で、新たな可能性を示唆することとなるだろう。また、日中両国の相互認識のギャップを埋めるために、賀川を含めた日中友好を目指した人物や出来事の教材化が、日本史のみならず、日本史と世界史をつなげる教材開発の基礎資料となるのではないかと考えられる。

　他方、賀川は、「郷土の遺産や兵庫にゆかりの人物」として、兵庫県版高等学校地理歴史科用副読本『世界と日本』に取り上げられている。兵庫県教育委員会による「はじめに」によれば、『世界と日本』は、「世界史の授業の中で日本や兵庫の歴史を関連付けて学べるよう」に作成されたものである。この本を通じて、生徒が「世界史との関連の中で日本や郷土の歴史への理解

を深め、日本やふるさと兵庫を愛する態度を養い、国際社会の一員として自らの未来を切り拓く力を身につけること」ができると期待されている[8]。しかし、後述の如く、「郷土の遺産や兵庫にゆかりの人物」としての賀川についての記述は、日本史の視点のみであり、日本史と世界史との関連性からの視点はまったく欠如している。

　詳しく見てみると、賀川を取り上げている項目は、「31 高度経済成長期における流通革命」である。その記述は、次の通りである[9]。

　(2) 消費組合
　　社会運動家賀川豊彦は、貧困をなくすために必要なのは消費組合であると考え、社会事業として創設するよう、実業家などにアドバイスした。その結果、1921 年、神戸に日本初の市民による協同組合「神戸購買組合」と「灘購買組合」があいついで創設された。創設された当時（1921年4月末）、「神戸購買組合」の組合員数は511 人、従業員は18 人、取扱品目は10 品目であった。従業員は自分の受けもち地域の組合員を訪問して注文を聞き、配給をするいわゆる御用聞き制度をとっていた。灘購買は1930 年に牛乳の加工生産を始め、1931 年に初めてセミ・セルフサービス制を導入した芦屋支部店舗を開店した。順調に業績をのばすかに見えた両組合だった。1938 年の阪神大水害により多くの事業所が被害を受け、1945 年、第二次世界大戦により、施設の大半を消失した。1962 年、両組合は合併し灘神戸生協（現在の生活協同組合コープこうべ）となった。「安全・安心」をモットーに商品づくりをし、環境問題や福祉問題などにも取り組みを広げていった。1995 年の阪神・淡路大震災で甚大な被害を出したが、その際の活動は「被災地に生協あり」と言われた。

　このように、賀川は「社会運動家」と呼ばれ、その従事した「消費組合」について詳しく記述されている。
　また、賀川本人についての紹介も詳しくなされている[10]。

終章　215

　　賀川豊彦(1888-1960年)　神戸に生まれる。15歳の冬、英語を学ぶ目
　的で行った教会で洗礼を受けクリスチャンとなった。その後、哲学、心
　理学など幅広く学んだのち、社会的弱者の救済活動に身を投じ、日本の
　社会運動の草分け的存在となった。関東大震災ではボランティア活動や
　労働運動、農民運動などを展開。1945年には「日本協同組合同盟」を
　結成して、生活協同組合などの組織を生み出す基礎をつくった。

　このように、兵庫県版高等学校地理歴史科副読本『世界と日本』は、賀川
について例外的に詳しく紹介している。しかし、それは、あくまで日本史の
視点によるものであり、兵庫県教育委員会が主張する「世界史の授業の中で
日本や兵庫の歴史を結び付けて」という主旨とは乖離していると言えるだろ
う。本研究で明らかにした通り、賀川は、1920年代〜30年代にかけて、中
国大陸、台湾、香港を訪問し、黄日葵、田漢、陳独秀、誠静怡、施乾、董大
成、林国煌、何明華など東アジアの人々に影響を与え、孫文といった錚々た
る人物と友好関係を持ちながら、世界的にネットワークを築いたのである。
兵庫県教育委員会が主張するように、「世界史との関連の中で日本や郷土の
歴史への理解を深め」[11]るためには、賀川についての記述に、中国大陸、台湾、
香港の人々との友好交流に関する内容を付け加える必要があるだろう。賀川
の活動拠点である神戸から、日本へ、さらに世界へと展開される社会運動の
全体像を見る時、兵庫県の郷土教育の教材開発にも資するところがあるだろ
う。

第3節　今後の研究課題と展望

　残された研究の課題は、次の4点である。

① 　空間的に視野を広げ、国際的な研究を推進していく。本研究は、取り扱
う研究範囲を、中国大陸、台湾、香港といった中華圏の国や地域に限定して
いる。賀川が訪問した韓国、フィリピン、オーストラリア、ブラジル、アメ

リカ、イギリスといった国や地域は除外されている。賀川の全貌を把握するために、それぞれの国や地域の人々に与えた賀川の影響を、本研究で示した時間軸を用いて、中国大陸、台湾、香港に及ぼした賀川の影響と比較することは今後の課題である。

② **東アジアのキリスト教史についての研究**。本研究は、キリスト教指導者である賀川豊彦を研究主題として取り上げている。大正・昭和戦前期には、賀川の他にも代表的な日本人キリスト教徒であった内村鑑三、吉野作造、新渡戸稲造らがそれぞれの分野で活躍していた。新資料を掘り下げながら、東アジアにおける日本人キリスト教徒のネットワークを明らかにし、大正昭和戦前期、これらの人物の活動とその影響力を探るのは今後の課題である。

③ **新資料を掘り下げる必要がある**。本研究は、賀川に注目していた民国期の中国国民党寄りの新聞や雑誌を中心に考察してきたが、1920年代には賀川に注目していた中国共産党関係の資料もいくつかあった。しかし、それだけでは不足であり、中国における賀川の全貌を探求するのにさらに資料を掘り下げる必要があると考える。また、1930年代〜1940年代に中国共産党関係者が賀川をどのように見ていたかを、資料を探りながら研究する必要がある。中国近現代史のなかで、賀川思想と中国の近代化との関係は今後の課題である。

④ **研究成果を教科教育と結びつける必要がある**。本研究は、教科内容としての成果と教科教育としての意義を明らかにした。しかし、賀川を取り上げる授業実践についての研究は欠けている。日本史と世界史の関連で賀川を取り上げ、授業内容を作成し、日本の小中高校生に向けてそれぞれ授業実践を展開することは今後の課題である。

注
1）茨木智志「第九章　歴史教科書にみる日中の相互認識」（劉傑、三谷博、楊大慶編『国境を

越える歴史認識：日中対話の試み』東京大学出版会、2006 年）227-249 頁。

2 ）東京書籍、第一学習社、日本書籍、実教出版、三省堂、桐原書店、自由書房、清水書院、山川出版社。

3 ）『高一歴史必修 1』、『高一歴史必修 2』、『高二歴史必修 3』、『高二歴史選修 1—歴史上重大改革回眸』、『高三歴史選修 2—近代社会的民主思想与実践』、『高三歴史選修 3—20 世紀的戦争与平和』、『高三歴史選修 4—中外歴史人物評説』、『高三歴史選修 5—探索的奥秘』、『高三歴史選修 6—世界文化遺産薈萃』。

4 ）王「賀川豊彦」『明灯』（上海 1921-）第 154 期、1930 年、302-303 頁。

5 ）Allan A. Hunter, *Three Trumpets Sound: Kagawa-Gandhi-Schweitzer*, New York: Association Press, 1939, p. 2. 英語原文では "Kagawa, Gandhi, Schweitzer-three trumpeters of God!" である。

6 ）外園豊基ほか 6 名『高等学校改訂版 日本史 A 人・くらし・未来』第一学習社、2017 年、112-113 頁。

7 ）MADAME CHIANG KAISHEK, "What Religion Means to Me", *The China Weekly Review*, 5 May 1934, p. 368. 英語原文は、以下の通りである。"I can pray for the Japanese people, knowing that there must be many who, like Kagawa, suffer because of what their country is doing to China."

8 ）「はじめに」（兵庫県版高等学校地理歴史科用副読本『世界と日本』兵庫県教育委員会、2014 年）、3 頁。

9 ）兵庫県版高等学校地理歴史科用副読本『世界と日本』兵庫県教育委員会、2014 年、69 頁。

10）同書、69 頁。

11）「はじめに」（同書）

補論第一章

賀川豊彦の社会思想及び
民国期中国の知識人の評価と受容

概要：賀川豊彦は、大正・昭和戦前期の著名な社会思想家、社会運動家、作家である。賀川は、「生命」「労働」「人格」という三つの概念から、貧民救済思想、労働思想、労働詩学を中心とした社会思想を構築し、実践にも移った。賀川の社会思想は大正時代の重要な社会思潮に発展した。また、「生命」「労働」及び「人格」から発展した生命第一義論、労働者神聖論及び社会発展段階論等の社会思想は、陳達、陳独秀、李大釗、李達、田漢といった中国の知識人からも注目され、1920年代前後の中国人による日本社会思想史研究の媒介としての役割を果たした。賀川の社会思想と実践は、早期の共産主義思想を持つ知識人を鼓舞し、労働運働を実践する勇気を与えた。中国の知識人が日本経由のマルクス主義思想を吸収する過程で、賀川の社会思想が中国人の思想的な淵源ともなった。

キーワード：賀川豊彦；社会思想；民国知識人；労働運動

第1節　はじめに

　大正時代は、日本の政治思潮が非常に活発に発展した時期であった。北一輝をはじめとする国家主義、吉野作造をはじめとする民本主義、大杉栄をはじめとする無政府主義、武者小路実篤をはじめとする理想主義など、多くの思潮が競い合い、この時代の民主運動の象徴となった[1]。そして、戦後日本の思想界において、賀川豊彦(1888-1960)が無視できない存在であったことは間違いない。賀川の思想は上記のあらゆる政治思潮とも区別される。その社会思想が、貧民救済、労働運動の理論と実践とともに、新たな社会思潮にまで発展したのみならず、自伝的小説『死線を越えて』は1920年に出版さ

220

れて直ちにベストセラーともなった。したがって、賀川は、新進気鋭の思想家、作家、社会運動家として日本の思想界を風靡し、労働界の「時代の寵児」ともなった。『死線を越えて』は100万部以上売れたという。世界的に賀川作品の影響力が強かったことから、1947年、1948年と連続して2回ノーベル文学賞にノミネートされている。また、プロレタリア政党運動、平和運動、世界連邦運動への貢献によって、1954年、1955年、1956年及び1960年の4回にわたってノーベル平和賞にノミネートされている[2]。ノーベル文学賞と平和賞の両方の候補にノミネートされるのは、当時の日本に限らず世界でも極めて異例であると言えよう。

　賀川豊彦の社会思想は大正期に形成されたと言われている。1914年から1917年までプリンストン大学とプリンストン神学校に留学した賀川は、留学中から帰国後にかけて、『貧民心理の研究』(1915)、『労働者崇拝論』(1919)、『精神運動と社会運動』(1919)、『主観的経済学原理』(1920)など、社会と経済に関する一連の理論的著作を出版している。これらの著作は、賀川の社会思想の真髄だと考えられる。川上周三は、神戸新川地域における貧民救済の社会事業や、労働者を救済するための労働組合運動、農民救済の農民組合運動、市民の相互扶助運動である生活協同組合運動などを支えているのは、この知行合一の信仰なのである[3]と主張し、社会思想の理論と実践を結合させた賀川社会思想の特徴を見事に把握している。また、隅谷三喜男は、賀川の労働思想を中心に論じた『賀川豊彦』において、賀川は労働運動、農民運動、協同組合運動、平和運動の先駆者であり、献身的な社会活動家であると高く評価している[4]。小南浩一は、『賀川豊彦研究序説』の中で、賀川の労働運動の内的意味を「社会化主義」と位置づけている。小南によれば、賀川は、温和的な社会改良主義を用いて、資本主義とマルキシズム（共産主義）の間に挟まれる第三の道へと歩み、社会改造を行おうとしていた[5]。現代日本でも、賀川の社会思想が高く評価されていることがわかる。

　しかし、同時代の日本知識人の立場からみれば、賀川の路線はそれほど高く評価されているものではなかった。例えば、吉野作造は、『大阪日日新聞』で賀川の工場管理宣言を「悪く云へば羊頭を掲げて狗肉を売るもの善く見れ

ば賀川君の人道主義的思想の表現である」と述べているように、暴力を用いずに工場管理を徹底させるというのは、人道主義を表現したものに過ぎず、法的には成立しないと主張している[6]。また、大杉栄は「労働運動理論家賀川豊彦論」（1919年10月）で、賀川の路線を「もし現社会の没落が、まだ十分民衆に組織と知識との準備ができていないときに、来たらどうする。賀川君はそれについて一言も語っていない」[7]と批判的に見ている。吉野作造も、大杉栄も、賀川の労働運動は、先見性が欠如しているとともに、中途半端でもあると指摘している。

　こうした事情があったにせよ、五四運動前後の日中思想界の緊密な交流に伴い、賀川の社会思想は同時代の中国において知識人に吸収され、社会思潮と密接に結びつけられ、知識界に一定の影響を与えたのである。現在の日本および中国の学界では、中国の学者が最初に賀川に注目したのは1919年のことだったと考えられている。石川禎浩の考証によると、訳者匿名の「馬氏唯物史観的批評」は、実際には陳溥賢訳で、『晨報副刊』に掲載されたものである。「馬氏唯物史観的批評」の原著は、賀川豊彦の「唯心的経済史観の意義」であり、『改造』1919年7月号に掲載されたものである[8]。賀川と中国知識界との最初の直接的な接触は、1920年5月のことであった。この時期、李大釗と吉野作造が企画した北京大学訪日団が日本を訪れ、神戸の葺合貧民街で賀川豊彦を訪ね、賀川の貧民救済事業について学んだ。その中で、訪日団員である黄日葵は、「贈賀川豊彦先生」という詩を書き、中国の『晨報副刊』『少年中国』に寄稿し、賀川が神戸の貧民窟に身を投じ、貧民救済のために私心なく奉仕する姿勢への敬服を表した。それ以来、賀川は、中国でより注目されるようになった[9]。

　近年、多くの研究者が賀川豊彦と近代中国の関係に注目し、賀川と民国知識人の関係を整理しながら分析し、相次いで多くの論文を発表している。例えば、劉家峰、劉莉、陶波、浜田直也、金丸裕一、庾凌峰などは、それぞれ異なる側面から賀川と近代中国知識人との相互関係を検討している。これらの研究は、賀川と中国キリスト教界との交流関係に注目したり、中国の新聞・雑誌を用いて近代中国における賀川評価の変遷を考察してきた。それぞれに

成果を上げているといえる [10]。

しかし、陳達、李達、田漢、李大釗のように早期に共産主義思想を探求していた民国の知識人が賀川の社会思想と実践に注目して高く評価し、選択的に吸収して参考にしたことに注目する研究は、管見の限り、不十分な状態にある。

以上を踏まえて、本章では、まず賀川の社会思想の内容を論述し、賀川の社会と経済理論に関する著述を踏まえ、1920年代前後の民国知識人による賀川の社会思想と実践への評価を探りながら、賀川の社会思想が民国知識人に与えた影響を明らかにする。

第2節　賀川豊彦の社会思想について

1909年12月24日、21歳の賀川豊彦は神戸の葺合新川貧民窟に住み込み、スラムで苦しんでいる人々を対象に救貧活動を始めた。スラムの劣悪な環境の中で、賀川の救貧活動は1923年まで、約14年間継続された。そのうち、1914年から1917年までの3年間、賀川は、アメリカのプリンストン大学と神学校に留学した。賀川の留学期間中、その妻ハルは、賀川のかわりに、スラムで救貧活動を持続していたのである。

そして、賀川は、1916年にアメリカで起きた激しい労働運動を目撃し、労働者たちへの過酷な抑圧を目の当たりにした。また、賀川は、ニューヨークでデモを行った労働者たちによる資本主義への訴えを聞き取り、個人的な慈善活動や英雄的な行為だけでは新川地区の貧困問題を根絶することは不可能だと意識し始めた。賀川は、貧困問題は経済体制そのものに原因があると確信し、経済体制、政治体制や工業の体制を変えないかぎり、貧困問題は永遠に解決できないと認識した。それをきっかけに、賀川は、当時の日本社会を改革する方途は、労働組合運動及び政治運動に見出すべきだと考えた。これら二つの運動を通して、体制変革と宗教倫理を結びつけることができ、宗教倫理を実践に移すことが成功し得ると考えたのである [11]。これは賀川の社会思想の核心であり、彼が社会思想を実践に移すための根本的な構想でも

あった。

したがって、賀川の活動は大きく二つに分けることができる。一つは社会運動である。これは、先に述べたように、賀川がスラムに身を投じて貧困者のため行った「救貧」事業や、アメリカから帰国後、「救貧」活動から「防貧」活動へと転換した社会改良運動や、労働者、消費者、農民などのために行われた協同組合運動などを含んでいる。もう一つは宗教運動である。1925年から始まった「百万人救霊運動」や、1928年に始まった神の国運動などが含まれる[12]。

それゆえ、賀川にとっては、貧民救済運動、労働運動、協同組合運動、プロレタリア政党運動の何れもすべてが表象的な運動である。トマス・カーライル（1795-1881）が『衣裳哲学』で主張したように、衣服は表象に過ぎず、表現を通じて、物事の本質を垣間見ることができる。賀川が行った社会運動は、衣服のような表象運動であり、その究極の目的は、宇宙に満ちた神秘的な力に代表されている実在を追求するということである。つまり、賀川にとっては、社会運動と宗教運動は表裏一体の関係にあったと考えられる。

李善恵が指摘する通り、賀川が目指した真の社会運動は、宗教の根本的な原理に基づいて生まれるものであり、生命、労働、人格及び退化した社会を救済し向上させる運動でもある。これもまた社会事業の本質である[13]。

一方、宗教運動は、社会運動という外的表現によってのみ、その内的価値を示すことができるのである。そのため、賀川の社会思想は、宗教思想の社会改造レベルにおける運用に当たるといえよう。

賀川の社会思想における生命、労働、人格の位置づけについて、賀川は、「生命と労働と人格的自由を基礎にした社会は、隣人愛の大きな網の中に包まれて、真の組織へと進むべきものである」[14]と述べている。つまり、生命と労働と人格から構成された社会こそが、賀川が構想する理想的な真の社会である。賀川が行った貧民救済や労働運動などは、その理論を実践に移した重要な現れであろう。

したがって、本章は、生命、労働と人格の三つの側面から賀川の社会思想の内実を考察することを試みる。

2.1 生命

賀川は、客観的世界と絶対的世界の間、自然と神の間には、7つのチャンネルがあると考えている。それぞれは、生命、労働(またはエネルギー)、変化、成長、選択、秩序(または法則)、目的である[15]。生命は、最初の位置に置かれており、最も重要であると示されている。賀川は、生命の重要性について、「人は、たとえ全世界を手に入れても、自分の命を失ったら、何の得があろうか。人は、自分の命のかわりに何を与えることができようか」[16]と述べている。つまり、賀川は、「経済的価値の根本的原理は生命価値をもって始まること」を説き、「身体の経済では、生命を保持するための活動が価値基準」となると考えている。生命の保全のためには、まず、食物、衣服、住居の基本的ニーズが生じる。それらとともに、公衆衛生施設、警察、消防、反戦施策などは、生命保護のための必須手段である[17]。しかし、賀川の言う「生命」には生理的生命だけでなく、自我が直感する純粋持続の「生」の意味も含まれている[18]。

「生命」という概念の深い意味については、賀川の社会思想の根底にあり、本質的なキリスト教信仰にまで遡らなければならない。賀川は『生命宗教と生命芸術』において、次のように述べている。

> 私はまづ「生命」ということから出発する。
>
> それは「力」である。
>
> それは私に内在する。その癖「私」それ自身では無い。私はどうしても、「生命」それ自身を私が支配して居るとはよう考え無い。寧ろ、「生命」が私を支配して居るように感じるのである。そこに私は生命神に跪拝するのである。
>
> それで私は「生命」の神の他何の神をも信じて居るのでは無い[19]。

内在する「生命」が賀川の出発点である。この力は、彼が支配するのではなく、彼を支配する力である。したがって、賀川に内在する「生命」の実体とは、より大きな「生命」の下に置かれている実感なのである。そのより大

補論第一章　賀川豊彦の社会思想及び民国期中国の知識人の評価と受容　225

きな命こそが「生命の神」であり、賀川が畏敬の念を持っていたものである。

　賀川にとっては、生命の奥底が神なのである。このように自らの生命の上にある「生命の神」を体現しようとする意志が、賀川に内在する生命を貫き、宗教へと発展していったのである。したがって、宗教とは、「生命の上に画かる可き芸術」なのである[20]。また、生命という概念には、生理上の生命という意味があるのみならず、自分の生命以上の神、つまり絶対的生命という意味もある。相対的で生理的な生命と絶対的、精神的な生命とはともに重要であり、生命宗教の中にある重要な部分である。このような「神人合一観」は、賀川神学思想の特徴である。

　賀川は、『星より星への通路』において、「胡適氏と私の問答」と題して、1920年に訪中したときに胡適と対話した内容を記録している。

　　この間私が北京で支那の哲学者胡適氏と会った時に、胡適氏は『君と僕との違ふ所は、君は神を信じ、僕は神を信ぜざる所にあり』と云ふた。そこで、私は尋ねた。『神とは一体何だ？ 超越的な、自然の彼岸に隠れた法則のようなものか？ そんなものを己れは信じて居るのでは無い。己れの信じて居るのは『生命』を信じて居るのだ。『生命』は己れの超越しまた己れに内在して居る。己れは、生れたいと思って生れたのでは無いが、己れは生まれさゝれた。『生命』は己れの中に、考へ、泣き、笑ひ、ものを云ふ。生命は人格であり、また人格を超越して居るらしくも見える。己れの神と云ふのは、直観の世界に覗き込むこの生命の外に、何ものでも無いのだ。己の云ふ、絶対とは生命と云ふことだ』と云ふと、胡適氏は、そうか、それに就ては、己も考へ直して見やうと云ふた[21]。

胡適が賀川の話を理解したか否かを証明する資料は見当たらないが、賀川の「神人合一」の生命観は、胡適に衝撃を与え、生命の宗教的な意味を考えさせただろう。

　小南浩一は、『賀川豊彦研究序説』の中で、賀川の経済論にある「生命」の概念はジョン・ラスキンから影響を受けたものだと指摘している。また、「自

由」という概念もプルードンから学んだとされている。そして、小南は、生命と自由を見出した労働こそが芸術であり、このような賀川の労働観は、ラスキンの労働神聖論だけでなく、プルードンからも影響を受けていたと主張している[22]。

賀川の「生命」概念は、まさにその「主観経済学」の核心概念である。また、賀川は、マルクスの労働価値説を、「生命」という概念を経済学（あるいは経済哲学とも言える）に取り込むことで、「生命経済学」または「人格経済学」へと発展させていったのである。キリスト教徒としての賀川は、明確にマルクスの唯物史観を批判したが、その一方でマルクスの『資本論』を熟読し[23]、マルクスによる資本主義批判、剰余価値説及び歴史の根源は経済史にあるといったマルクス政治経済学の観点を高く評価している[24]。しかし、賀川の経済哲学は、金利や投資、雇用、供給、需要などの経済変数の関数関係を扱う一般的なマルクス政治経済学とは異なり、経済活動を行う人間に注目し、人間側から経済学の活路を考えている。賀川が、「一個の生命が、万人を使用する工場の機械より大事だということがわかった。ここに、人間解放運動が始まった」[25]と言う所以である。

生命の尊重すなわち「生命第一義」の理念は、賀川が貧民救済運動に従事し、資本主義社会の社会悪から貧民・労働者を救う出発点となっていたといえる。

2.2 労働

客観的世界と絶対的世界をつなげる７つのチャンネルでは、生命の次に重要なのが労働である。賀川は、この７つの要素を用いて、キリスト教の十字架における愛の運動と経済価値との関係を築いたのである。賀川は、キリスト教の十字架意識が、社会の凡ての人に理解され、また意識されるなら、理想的な社会は容易に実現できると考えた。すなわち、(1)死なんとする生命を救う。(2)失われた力を補填する。(3)化石化して自由を失っている霊魂に、真理に依る自由を与える。(4)退化したものに神の国の成長力を回復させる。(5)選択力を失っているものに選択力を付与する。(6)法則を踏み外したもの

をもう一度道に返す。（7）目的より迷い出るものを愛を以て救い返す。この7つの再生力を保証するのが、イエスの決心的贖罪愛の精神である[26]。

賀川は、「肉体労働の価値は生命の保全と密接に結び合っている。生命保全のためには労働が不可欠だからである」と述べ、労働が重要である理由は、イエスがかつて「私の父はいまも働いておられるのだからわたしも働く」と言ったからだと指摘している[27]。労働価値は、生命価値に次ぐ重要なものであることがわかる。

また、賀川は、最も神聖な労働は、命を扱うもの、すなわち子供を産み、育てること、そして、人を育てること、すなわち教育であると主張している。教育は、大地から生を産み育てる農業であり、人間が自らの生を育む「人間建築」こそ労働の最終目標となっている[28]。したがって、最も重要な労働は、子供を育て、子供を教育することであると賀川は考えている。これは、「土を愛し、人を愛し、神を愛し」という「三愛」主義を旨にし、全国で農民福音学校を提唱する出発点であった。

賀川は、労働と経済学を緊密に結合させており、人が労働を通して自我を形成し発展させることによって、社会に貢献できると考えている。これは、労働の本質でもある。賀川は、労働が単に生きるための「手段」となるだけでなく、それと同時に、労働自身が生活の「目的」にもなるべきだと強く主張している[29]。

このような賀川の考え方は、小南浩一が主張するような、経済学における「コペルニクス的転回」（パラダイム転換）である[30]。近代以降、産業革命の展開と資本主義の発展に伴い、日本社会は貧富の差が大きくなり、労働者は生存のために労働を手段として賃金を稼ぐことを余儀なくされていた。しかし、賀川は、労働そのものが「目的」となるべきであり、楽しい労働こそが生産性を高め、労働者の解放を実現させ、労働者の人間性の回復をはかることによって、はじめてより良い社会が築かれると考えた。

また、賀川は、生産、消費、需要と供給の関数関係を中心として研究する静的なマルクス経済学ではなく、「どうすれば面白く労働が出来得るか」という動的な経済学に移さなければならないと考えている。彼は、経済学は「記

載科学」ではなく、「規範科学」であり、経済学を心理学の視点から根本的に見直さなければならないと考えている[31]。

　綾目広治によれば、ここで言う「記載科学」と「規範科学」という2つの概念は、日本大正期の哲学界に影響を及ぼしたドイツの新カント派哲学から賀川が学んだものだという。新カント派哲学者は、物事を認識するときに、存在と当為の二つの側面を区別する必要があると考えている。存在は英語のBe（ドイツ語：Sein）であり、当為は英語のShould（ドイツ語：Sollen)に当たる[32]。つまり、存在は、事実判断の領域であり、当為は、価値判断の領域である。存在の領域と当為の領域を混同してはいけないのである。賀川は、自然科学が存在の領域で、すなわち賀川が主張する「記載科学」であると考えている。一方、社会科学は、賀川が主張する「規範科学」である。ここの「規範」とは、処るべき規準を研究問題とするということである。そして、経済学は、価値問題を抜きにして語ることができないものであり、「規範科学」であると賀川は考えている。しかし、マルクスは、経済学を自然科学のような「記載科学」と定義したので、経済活動を行う人間を無視する傾向がある。そこに不十分さがある。賀川も、マルクス式経済学をさらに詳しく検討すべきだとは考えていた。ただし、経済学は経済活動を行う実体、すなわち人間に注目すべきだと賀川は強く主張しているのである。

　他方、賀川は、労働神聖論を説くだけでなく、労働に従事する労働者も尊重され崇拝されるべきだと考えていた。賀川は、1919年に出版した『労働者崇拝論』において、マルクスの階級論の視点から、労働者が神聖であり崇拝すべき存在であり、また、資本家とも対等な社会的地位を有するべきだと主張していた。賀川は、労働者の労働が享楽的なものであるべきであり、生活を美化する芸術だとも考えていた。賀川は、次のように述べている。

　　労働者の芸術は生そのものの享楽にある。生命を美化し、芸術化することが労働者の第一要求である。彼は先づ自ら解放せんことを要求する。解放の無き芸術は、彼には芸術にはならない[33]。

労働は芸術である。労働者の芸術は、生と生命に対する充実である。このように、賀川は、労働と生命を結びつけ、労働者の社会的地位の高さを主張している。

賀川は、「労働者崇拝論」を理論的基盤として、労働と労働者を神聖視し、ついに1921年、約3万5千人の労働者を率いて神戸川崎・三菱大争議を展開した。これは、まさに賀川の労働思想が具体化され、労働争議現場において実践された証であろう。

2.3 人格

「人格」という概念は、日本の明治、大正時期におけるキーワードであり、この語を用いること自体に賀川のオリジナリティがあったわけではない。王向遠によると、人格主義は、人格を中心価値とした思想である[34]。人格と人格主義は、明治、大正期を通じて日本における重要な議題であった。

賀川の言う人格には、二重の意味がある。一つは覚醒した自我であり、もう一つは労働者の人権を指す。両者は、人間性の回復を意味していた。

1つ目の意味について、賀川は、「自由組合論」において、「労働運動の根本目的は、この人格の建築運動である」[35]と述べている。この人格は、すなわち労働者の自我である。労働者は労働運動を通して、自我を形成することができる。すなわち労働運動を通して、労働者が自我の覚醒及び人間性の回復を追求するのである。この思想は、賀川が独創したものではなく、大正時代における日本共通の重要な課題であった。

日本の哲学者・美学者である阿部次郎(1883-1959)は、かつて「人格主義の立場から現実の問題に対決し、現代の経済生活について生存権の保証、財貨の公共性、労働の享楽化もしくは芸術化、生産の単純化の四問題をあげ、この根本的欠陥を人心の改造による人格生活の創造と愛とによって解決しよう」とした[36]。生命主義及び労働そのものが享楽になることは、人格実現のための重要な手段である。これは賀川にも通じている。

阿部は、人格について次のように定義している。

私達が若し制限を絶して而も一つの生命を有する神若くは宇宙といふ
ものを想定することを許されるならば(中略)私達はこれを個体と名け、
人格と呼ぶに、何の矛盾をも感ずる必要がないのである」「人格は単に
一つの生命として自然的統一を有するのみならず、又一つの当為によつ
て先験的に統一されてゐなければならない[37]。

　ここでは、人格の成長と発展の段階と、「神」「宇宙」「先験性」といった
普遍的な概念は、重ね合わされている。個人への貢献によって人格を高め、
普遍(神の境地)へと到達する。この図式は阿部次郎の人格主義の特徴だと考
えられる。また、阿部にとって、人格は、「当為」を用いて、先験的統一を
実現しなければならないことがわかる。前述した通り、賀川は、マルクス政
治経済学は、経済学を「存在」の領域としての「記載科学」とみなすべきで
はないと批判し、「当為」の領域から経済学を「規範科学」とすべきである
と考えた。新カント派哲学が大正期知識人の人格主義に与えた影響という側
面から見れば、阿部次郎と賀川とは共通している。しかし、人格主義の価値
観と方法論から見れば、賀川と阿部との間の相違点が指摘できる。阿部は、
1922年に論文集『人格主義』を出版し、倫理学の視点から人格主義の基本
的理論を体系的に検討した[38]。それに対して、賀川は、無産者の解放とい
う視点から、人格主義を「社会化」し、人格社会主義までに発展させた。賀
川によれば、マルクスは無産者の解放を唯物論と暴力によらなければならな
いと考えたが、それは、目的を達成するためには手段を選ばずという、大い
に間違った方法論である。賀川にとって、無産階級の「真の解放は、生命権
と人格権とを無産階級に回復する事である」[39]。

　「人格」の第1の意味である自我の覚醒について、賀川は、「今日の労働者
の生活に於て最も欠除して居るものは人格的向上である。貧民窟殖民館はこ
の方面を専ら補うための機関であって、他の物質的救済機関とは根本的にそ
の性質を異にして居る」[40]と考えていた。貧民窟における労働者は、自分の
人格を高めること、すなわち自我の覚醒と道徳の向上が必要となっている。
教育はまた重要な手段である。したがって、賀川にとって、貧民窟における

泥棒や酔っぱらい、私生児や娼婦などは、すべて人間として尊重される人格を持つ存在であり、生理的、心理的、道徳的に救済される必要がある。これにより、個人の人格の向上を図ることができるだけでなく、人間がともに生きる「共同体」に住むすべての人が救済できる。

「人格」の第2の意味について、賀川は、工場で働く労働者に具体的に適用している[41]。ここでいう人格とは、すなわち労働者の人権のことを指す。工場では、労働者は機械扱いされ、その人権は保障されておらず、苦しんでいる。そこで、工場立憲主義を実現させ、労働者自身が工場を管理する仕組みを作る必要があるという。

工場立憲主義とは何だろうか。賀川は、5つの側面から論じている。

1、労働者の安全のために、自己防衛と保健の問題に関することに就ては参与権を労働者に与へるもの
2、賃金問題及一切の雇用条件に関して参与権を有するもの
3、凡て生産の過程に関することに就ては、労働者に支配権を与へるもの
4、利益分配の問題にも参与権を与へるもの
5、凡て工場経営の問題、即ち自己防衛、雇用条件、生産過程、利益分配及工場経営の原料買入より、市場の問題に至るまで労働者に権利を与ふもの[42]

工場立憲主義が実現されてこそ、労働者の労働権と人権が真に保障されると賀川は考えていた。工場立憲主義の思想は、1920年前後の日本における労働運動の代表的な指導思想となり、日本労働者が労働運動とストライキを展開する際の方向性を示した。

232

第3節　賀川の社会思想に対する民国知識人の評価と受容

3.1　1920年9月の上海貧民街調査をめぐる、賀川の貧民研究への陳独秀と陳達の評価

　1920年8月19日から9月5日に、賀川は上海日本人YMCAの招きで、上海日本人YMCA夏期講座の講師として初訪中した。大正デモクラシーの旗手であった吉野作造が上海日本人YMCA幹事であった前田寅治に対して賀川を推薦したことによるものであった。賀川の講座題目は『応用社会学』であった。講座は5回あった。各回の講座の演題は、「社会境遇論」「器械の人間圧迫史論」「唯心的経済史観」「社会心理より見たる顔の歴史」「生存競争の哲学」である[43]。賀川は自伝的小説である『壁の声きく時』で、主人公新見栄一の口から、この時の上海訪問を次のように語っている。

　　　新見は支那上海の基督教青年会の請ひに応じて、夏期大学の講演に出掛けた。
　　　かれは日本文化の淵源をなす支那大陸を見たかった。それで、喜び勇んで出発した。
　　　上海の街には少しも感心しなかった。そこは、白人の造った地上の地獄であった。仏蘭西租界では孫逸仙に会った。彼が死んだ桂をあまり賞めるので、彼もまた耄碌をしたと思ってすぐ別れた。過激派の陳独秀に会った。陳は始めから終まで、彼に物を云はなかった。
　　　彼は五晩の講演を副業として、毎日上海の貧民窟を調査して廻った。上海の運河と云ふ運河は、凡て湖北省の大洪水から逃げてきた罹災民で一杯になっていた[44]。

　『壁の声きく時』は自伝的小説『死線を越えて』と『太陽を射るもの』の続編であり、賀川の体験をもとにした物語である。新見が神戸新川葺合貧民窟に身を投じた1909年以降の物語が展開され、その中に新見の上海行が記

補論第一章　賀川豊彦の社会思想及び民国期中国の知識人の評価と受容　233

録されている。新見の見たことは、すなわち賀川自身が経験してきたことといっても良い。つまり、賀川（新見）は日本文化の淵源である中国を見たいと思い、上海を訪れて、孫文（孫逸仙）や陳独秀にも会った。こうした事実は、後述する陳独秀の書いた文章と対照すれば確かめられる。また、孫文が陸軍閥の中心人物であった桂太郎を称賛していたため、賀川は孫文に対する評価を下げている。加えて、中国共産党創立者の一人である陳独秀について、賀川は急進派と評していることがわかる。

　この時期の急進派は、欧米の資産階級（ブルジョア）民主主義を武器に、天賦人権、平等自由を信奉していた。陳独秀は、このような資産階級民主主義に強く影響されていた。賀川の出会った陳独秀は、まさにこのような急進派の特徴を強く持っていたことがうかがえる。

　この時の訪中で賀川は、『応用社会学』をテーマに講演を5回行っただけでなく、上海の貧民街にも訪れたことがわかる。賀川の記述では、賀川（新見）と言葉を交わしもしなかった陳独秀だが、陳自身の文章では、賀川の上海貧民街での行動が高く評価されている。陳は、賀川の貧しい労働者に対する同情心を褒め称え、中国人に改革と主義を語ってばかりいるな、もっと重要なのは、切実に中国の貧しい労働者の生活状況を配慮することだと呼びかけている。また、上海の富裕層すなわち資本家が労働者の生活の現状に関心を持たない状況を批判している [45]。それは、労働者の死活を顧みない資本家が労働者の余剰価値を搾取しているという賀川の批判に通じるものである。

　2ヶ月後、陳独秀は、「労働者の知識はどこから来たか」（労働者底知識従那裏来）という文章で、賀川を「良心のある学者」と述べ、資本家批判を展開する賀川のように、「資本家は稼ぐために、労働者の命を犠牲にすることを惜しまない」「労働者が知識を欠いては賃金を増やせないと主張する者には、賀川氏の挙げた事実に注目してほしいと私は強く主張する」[46]と述べている。賀川の「生命第一義」の思想が陳独秀に影響を与えたことがうかがえよう。

　賀川は、1909年12月24日のクリスマス・イブに葺合貧民窟に身を投じたのを皮切りに、貧民救済に尽力してきた。1920年に陳独秀の見た賀川は、貧民救済のための実践活動を始めて以来、すでに11年目となっていた。長

234

期間の救済活動が、中国人の注目を集めたことは想像に難くない。

　賀川の貧民救済思想を深く研究し、それを中国の思想界に紹介した陳達[47]という中国の著名な社会学者、人口学者がいた。

　陳達は、賀川の貧民心理研究の集大成である『貧民心理の研究』(1915)の内容を多く引用し、当時賀川の使った最先端の社会学データと統計調査研究方法を参考とし、「日本の貧民窟に関する研究」(日本貧民窟的研究)と題して、『少年中国』1921年4月増刊号に寄稿した。陳は、日本における貧民発生の原因、貧民窟の形成要因と特徴、貧民窟の分布、代表的な貧民窟の都市、貧民窟での一般的な現象、貧民窟での職業教育、道徳及び結婚などを取り上げて詳しく紹介している[48]。

　『貧民心理の研究』(1915)は、賀川の初期の「救貧」思想の集大成とも言える書で、1915年から1922年までに9回も重版されており、大いに人気を博した。『賀川豊彦全集』の解説で武藤富男は、『貧民心理の研究』が、マルサスの『人口論』、スミスの『国富論』、ダーウィンの『種の起源』と並んで、世界的古典たる価値を持ち、永久に残るものだと述べている[49]。

　この書は欧米と日本の学説を多数引用し、多くの新聞雑誌における統計データを整合させ、客観的な論述と自身の体験に基づいた資料と主観的な感想を結合させることで、主客一体性を具現化しており、賀川による社会学研究の特徴が非常に明確に表現されている。

　注目すべきは、その中の第1編の第7章「日本に於ける貧民及貧民窟」において、日本各地域に存在する貧民窟の位置や人口、当時の部落民が発生する原因や由来などが詳細に記されている点である。また、「穢多」や「非人」[50]といった当時すでに差別的だとみなされていた用語や、進化論から影響を受けた優生学的思想も含まれている。戦後、被差別部落運動団体などが強く批判し、いわゆる「賀川問題」になった第7章を含んだ『賀川豊彦全集第8巻』(1962年版)は絶版とされ、『賀川豊彦全集第8巻』(1981年版)から第7章が完全に削除されることとなった。

　意外なことに、陳達が1921年に著した「日本の貧民窟に関する研究」(日本貧民窟的研究)は、まさに賀川全集から削除された第7章の内容を多く参

照し、日本の貧民窟について具体的な市町村及び人口を詳細に考察している。これは、明治、大正時代日本の貧民窟研究を深める重要な資料となるのではなかろうか。

　陳達は、「民為邦本本固邦寧」（民は国の本である。本が固まれば国も安寧となる）という言葉をもちいて、貧民窟を研究する目的を説明した。いわゆる、「固国安邦」である。なぜ日本の貧民窟を研究したかといえば、それは、日本の貧民は「物質上の欠如によって苦しんでいるだけでなく、精神上の苦痛もある」からである。陳によれば、他の国の貧民窟では、階級の区別がない。日本の貧民窟でだけ、社会階級による抑圧が生じている。それは、永遠に続き、打破できない世襲性を持っている。日本の貧民窟を紹介することで、日本人の国民性を知り、他山の石をもって玉を攻められるようになり他国から学ぶべき点を理解することができる[51]。周知のごとく、賀川は、貧民の生命や労働環境に関心を持ち、階級論を貧民研究に応用していた。陳達は、明らかに賀川の社会学研究から影響を受けている。

　「日本の貧民窟に関する研究」を詳しく考察すると、陳達は、主に三つの側面から賀川の貧民研究を参考とし、受容している。

　第1の側面は、貧民発生の原因分析である。陳達は、出典を示していないが、賀川が『貧民心理の研究』で分析した貧民発生の原因についての論述をほぼ全訳している。陳は、貧民発生の原因を自然的原因と人為的原因に分けている。自然原因としては、天災、火災、地理上の要素などがあり、人為的原因としては、政治、宗教、教育、社会、犯罪悪習慣（例えば買春、賭博など）、国民経済などが紹介されている。しかし、最大の原因は、「企業権、分配権、消費権が少数の資本家の手に集中している。労働者の労働力は、一種の生産原料として資本家に自由に伸縮されたり増減されたりするので、資本主義が発達するほど失業者が多くなる」[52]ことだと述べている。これは、資本家が労働者から余剰価値を搾取したというマルクスの考えを、継承し発展させた賀川の社会思想に通じるものであった。陳達の注目したところは、ちょうど賀川がマルクス主義の労働価値説を吸収し発展させ、それを貧民研究に応用して具体化した思想であろう。

第2の側面は、階級論を用いて日本貧民の特性を分析することである。その中で、人格の問題が重要な要素とされている。陳達は、日本の貧民が政治や宗教や社会の側面で様々な圧迫を受けており、それに応じて悪習慣が浸透してしまったと考えた。また、貧民層は「かつて政治、法律、社会において最も低い地位を占めた特殊な集団である」、「法律や社会で貧民の人格を認めない。貧民窟における民衆は平民階級に分類され、『新平民』と呼ばれるが、この三文字には卑しめる意味が含まれている」と述べている。したがって、陳達は、「日本の貧民窟での苦痛は、精神的かつ物質的なものであり、官民の意思によって法定されたものである。それが、日本貧民窟の特性である」と考えていた[53]。陳の発想は、労働者の人格を重視し、階級論の視点から貧民発生の原因を分析した賀川に通じるものであった。賀川は、貧民を社会の最下層階級とみなしたが、貧民の人格が認められないというのは社会の問題だと考えていた。賀川によれば、経済は物質を媒介とし、その目的は、生命・労働・人格の維持・発展・修復にある。したがって、社会改造の中心課題は、人間性の回復にあり、人格の形成にあると賀川は考えていた。

　第3の側面は、社会進化論の視点から貧民の進化を分析することである。陳達は、「日本の貧民の進化は、未だ家庭生活を組織するほどではない。なぜなら、家庭生活は論理的にも経済的にも、一定の必要条件を備えていなければ、家庭生活とは言えないからである。このような貧困層は、論理的・経済的に破産者であり、賀川氏の指摘するように、日本の貧困層が抱える家庭生活問題は、社会進化論から見ても極めて幼稚な時代にある。これは確かに事実を曲げて言う話ではない」[54]と述べている。周知のごとく、ダーウィンの進化論が日本に入ってくると、日本の進歩的思想家に受け入れられ、特に社会科学の分野で広く応用された。社会進化論を受け入れて貧民研究に応用した賀川の思想は、独創的である一方、優生学的発想が潜んでいる恐れがあるとも言わざるを得ない。それにも関わらず、陳達は、賀川による社会進化論のような発想をそのまま踏襲し、賀川の主張するように、日本の貧民の家庭生活は極めて幼稚な時代にあると完全に信じ込んでいる。

　このように、賀川の貧民調査や研究の方法は、深く陳達を魅了したと言え

よう。賀川の貧民研究における生命重視と人格尊重は、陳達の貧民研究の方法論の形成にもある程度影響を与えたと言えよう。特に、賀川による客観的データと主観的体験を結合させた社会学研究の方法論は、陳達の日本貧民研究にとって一定の参考価値があったとうかがえよう。

3.2 1921年神戸川崎・三菱大争議をめぐる、賀川の思想と行動への李大釗、李達の評論

1917年5月、賀川は、アメリカから帰国し、速やかに日本の労働界に身を投じた。1919年8月、東京で開催された友愛会第7周年大会では、日本の国歌「君が代」ではなく、賀川の作った労働者のための歌が流れた[55]。また、友愛会の名称は「大日本労働総同盟友愛会」と改められた(2年後にさらに日本労働総同盟と改称)。賀川は、新綱領となる「宣言」案を起草した。この「宣言」の基調となるのは、自由・人格・生産者・人間性などであり、労働者は商品ではないという考えも反映されている。つまり、賀川の労働運動の基本理念は、総同盟の基本方針となったのである[56]。日本労働運動界における賀川の影響力の大きさがうかがえる。賀川は、直ちに大正デモクラシーにおける「時代の寵児」となった。

第一次世界大戦の間、日本の資本主義の内部矛盾が激化し、搾取の強化と労働者階級の状況の悪化、そして、労働者の貧困化と破産によるブルジョアジーとプロレタリアートの対立がいっそう深刻化した。そして、第一次大戦終結後、1918年には米騒動が起こり、日本国内で生活必需品の価格の急激な上昇や、実質賃金の低下が生じた。また、労働条件が一方的に厳しくなったことなどによって、労働者層の怒りが引き起こされ、労働者階級の闘争意識がさらに高まった[57]。こうした背景のもと、1921年夏、神戸で日本全国を騒がせた川崎・三菱大争議が起こった。

1921年6月から8月までの、戦前最大規模のストライキは、賀川豊彦の指導のもと、約4万人の労働者により45日間にわたって団体交渉権と工場管理権を求めて行われた。しかし、結局、賀川は投獄され、運動は惨敗した[58]。

日本労働運動界に関する情報は、迅速に中国へ伝わった。特に友愛会にお

238

ける強い影響力、及び日本労働界における勢いによって、賀川は、民国知識人に急速に注目されるようになった。『東方雑誌』1920年4月10日号は、早くも「日本最近の民衆運動とその組織」(日本最近之民眾運動及其組織)と題して、日本民衆運動の三大類型である政治色のある団体、思想団体、労働団体に注目している。その文章は、賀川をはじめとする思想団体の実力を高く評価しながら、「これらの個人勢力を中心とした団体の運動は、皆軽蔑されるべきではないのだ。例えば、社会問題の研究及びマルクス主義の宣伝に熱心な河上肇などである。彼は、最有力者だ。彼は、神戸に隠棲した社会学者である賀川豊彦氏や、京都と大阪に住む久留弘三のような人である」[59]と述べている。

また、多くの中国人が川崎・三菱大争議に対する意見を次々と発表している。このストライキに対する中国人の見方は大きく3点に分かれる。第1は、神戸のストライキにおける整った秩序を高く評価する見方である。第2は、賀川のリーダーシップを褒め称える見方である。第3は、この神戸ストライキには中国労働運動への示唆や参考とすべき意義があるという点である。

第1点については、日本側もまた、川崎三菱大争議に対する中国民国期知識人の見方に関心をもっていた。『読売新聞』1921年8月18日号には、北京大学教授李大釗をはじめとする中国人の意見が掲載されている。

　　北京に於ける労働運動研究家として知られてゐる北京大学教授李守常氏、及び其他四五の諸氏の意見を綜合したものである。(中略)一ヶ月以上にも亘って二万余の諸君がよく団結し、秩序正しく、堂々と横暴な資本家に対抗してゐたのに非常に敬服し日本の労働運動は既にあれまで進んだのだから、遠からず全国労働者の団結が成り、資本家に対するやうになるであらうと想って居る[60]。

李守常とは即ち李大釗のことである。李大釗をはじめとする北京大学の教授陣は、神戸での大争議の特徴を「秩序正しく、堂々と横暴な資本家に対抗し」たと述べて絶賛していたことがうかがえる。

補論第一章　賀川豊彦の社会思想及び民国期中国の知識人の評価と受容　239

　第2点について、多くの民国知識人は、賀川のリーダーシップを高く評価し、賀川の立場に理解を示していた。また、日本労働運動界の動きに対して、特に川崎三菱大争議に関する情報に対して、高い関心を示している。例えば、謝晋青は、『民国日報・覚悟』の東京特派員として三菱川崎大争議に密着し、その動向を即時に中国国内に報告した。『覚悟・労働紀念号』1921年5月1日号には、「日本労働総同盟（友愛会）」という謝晋青の文章が掲載されている[61]。『民国日報・覚悟』1921年8月1日号では「日本労働者の工場占領の前後」（日本工人占領工場底前後）[62]、同23日号では「日本労働者の工場占領の結果」（日本工人占領工場底結局）[63]と、謝晋青の文章が相次いで発表されている。

　また、謝晋青は、中国国内の労働運動は日本の「労働大学設置」路線を参考にすることが最も重要だと考えていた[64]。謝晋青は、日本に学んで中国も労働大学を設立し、労働者の知識水準を向上させるべきであり、日本の労働大学が中国労働界の重要な参考となると主張した。ここで謝晋青が注目した大阪の労働大学とは、1922年6月に日本労働総同盟の協力のもと、賀川豊彦を出資者・学長として設立されたものである。1937年までの15年間で、入学者数は延べ2,000人以上、卒業者数も延べ1,300人ほどに達した。関西地域のプロレタリア運動活動家の多くがこの組織から輩出されていた[65]。

　『東方雑誌』も「日本神戸造船場之罷工事件」と題し、労働者の要求を以下の四つに分類し、詳細に紹介している。(1)工場委員制度を設けること。(2)労働組合への参加の自由を認めること。(3)雇用や退職手続きの方法を定めること。(4)俸給増加。かつ、9時間労働制を8時間へと短縮することが要求されていた。その中で、最も重要なのは委員制度の設置である。なぜかと云うと、労働者が工場委員制度によって代表権と発言権を持てるようになったからである[66]。また、『東方雑誌』は、このストライキが「日本労働界で進歩の一端を示している」と述べている[67]。事実として、この大争議の宣言は、ほとんどが賀川によって起草された。賀川が起草した20点ほどの要求事項は、当時の国際労働機構の政治綱領と通じるものであり、結社の自由、児童労働の廃止、最低賃金の規定、8時間労働制、週48時間労働制などの

240

内容を含んでいた[68]。

　第3点は、この争議が中国労働運動を啓発し、参考となるという意義が強調されたことである。中国共産党の主要な創始者の一人、李達(1890-1966)は、自ら編集した雑誌『共産党』の第6期において、「日本神戸造船工人大罷工之経過」と題して、ストライキの計画、ストライキの価値など9つの視点から川崎三菱大争議の経緯、経過、結果及び価値を論じていた。その後、この文章は、『李達文集』(第2巻)に収録され、2016年に重版されている[69]。『共産党』は、中国共産党初の機関誌であり、1920年11月7日に創刊、1921年7月に停刊し、合わせて6期を発行した。李達が編集長を務め、陳独秀、李達、施存統、沈雁冰などが主要な執筆者であった[70]。

　李達が著した評論文では、賀川の指導するこのストライキが高く評価されている。また、李は、特に賀川が起草したストライキの宣言に注目し、「彼らの宣言を見れば、その悲憤に満ちた捲土重来の決意と大志に、我々は感服してやまない」と述べ、「総参謀賀川豊彦が人に話したところによると、整然とした秩序は、日本古来のみならず、英米に於いてもまれであるとのことだったから、その価値はよくわかる」と褒め称えている[71]。この大争議の意義について、李達の見解も李大釗と一致している。彼らは、日本では失敗した行動だとみなされている川崎三菱大争議を、労働者の勝利だと強く固く信じている。また、李達は、この争議で労働者が自身の主張を堅持したのは、労働者階級の覚醒だと考え、特に争議の宣言及び工場占領の勇気から見れば、日本の労働運動が「さらに捲土重来するだろう」[72]と信じている。

　つまり、賀川の指導した川崎・三菱大争議は李大釗、李達などの初期共産主義者が参加する労働運動に一定の方向性を示し、闘争する勇気と決心を鼓舞したのである。

3.3　賀川の社会発展段階論が田漢の労働詩学に与えた影響

　1920年2月10日、田漢は3ヶ月余りを費やし、「詩人と労働問題」(詩人与労働問題)を著し、これを2回に分けて『少年中国』の「詩学研究号」に寄稿した[73]。そこで、田漢は、古今東西の多くの文学者、思想家の様々な

補論第一章　賀川豊彦の社会思想及び民国期中国の知識人の評価と受容　241

思想を縦横に比較し、詩歌、労働、詩人、労働者、労働問題などの側面における相互関係から論述を展開し、膨大な詩学体系を構築して詩人と労働問題の関係を論じた。注意すべきは、田漢は、大杉栄、本間久雄、白鳥省吾、島村抱月、賀川豊彦、麻生久など多くの日本人思想家、文学家の文学思想、社会思想を参考にして引用しながら、持論を論証したことである[74]。その中で、田漢は、賀川豊彦の思想を単に参考としたり引用したりするにとどまらず、深く理解し実践に移したのである。賀川が田漢に与えた思想的な影響は、田漢の中期以降の文学創作や生活体験の中にも垣間見ることができる。本節は、田漢が賀川から受けた影響を探る。

前述したように、1919年8月の友愛会第7周年大会は、賀川が主役となった。労働界での活躍とともに、その理論構築に関する著書も並々ならぬスピードで出版されていた。1919年前後は、賀川の労働思想の理論的な基盤が構築された時期だと言える。『労働者崇拝論』(1919)、『精神運動と社会運動』(1919)、『主観経済学の原理』(1920)などが相次いで出版されていた。

『精神運動と社会運動』は、前編の「精神運動編」と後編の「社会運動編」に分かれている。前者には、賀川の理論的な論文が収められている。後者は賀川の社会実践に関する論文を集めたものである。また、著名な社会主義者として、賀川は、「社会運動の究竟は要するに宗教運動である。宗教運動は即ち社会運動である」[75]と述べ、精神運動と社会運動の一体化を強調している。また、賀川は、「人格は神格だ。真の人格の建造に神が現れるのだ。誠に人格の建造は神の事業だ」[76]と述べている。賀川にとって、社会運動の究極の目標は精神運動にあった。精神運動では、神の事業である人格の形成が求められ、人格形成の事業が世俗的に具体化されると、社会運動となる。つまり、社会運動の目標は、人格の解放であり、人間性の回復である。これは、前述した大正時代に共通する課題である。

他方、賀川は、マルクスから影響を受けており、マルクスの資本主義批判、資本主義問題の分析及び労働者階級に注目する視点を積極的に受け止めている。しかし、賀川は、暴力に反対し、暴力と階級闘争を用いて労働階級の苦痛を解決できるという論調には賛成しなかった。経済問題さえ改善できれば

人類の問題がすべて解決できるとも信じていない[77]

　そして田漢が「詩人と労働問題」で引用しているのは、賀川の『精神運動と社会運動』の後編である「社会運動編」中にある「階級闘争史論」である。田漢は、詩学における擬古主義を資本主義と比較する際に、賀川の階級闘争史論を参考にした。そして、田漢は擬古主義と資本主義の最も共通しているところは、「凡て個人の創意を埋没する」ことにあり、「労働者は日々他人の規則の中で働き、自分のアイディアを実現させることが出来ない」と述べ、「詩を作ることは、仕事と同じ神聖な労働であり、自分の全生命を表現することである。それは、自分のアイディアが客観化され、具体化されて、生命になることである」と主張している[78]。ここで、田漢は労働と詩歌の創作を神聖な労働に帰結させ、詩歌の重要な概念である「生命」を表現した。これは明らかに、賀川の社会思想で重要な特色である「生命第一義」に通じるものであった。賀川は、マルクスが唱えたように、労働疎外が生じると、労働は生きるための「悪」に転化すると考えていた。したがって、賀川にとっては「人間の目的に適うた、生命を豊かにする労働は法悦であり、機械文明を破って、生命の成長する労働を生むことが真の労働運動の目的」[79]であった。ここで、田漢は、明らかに「生命第一義」という賀川の社会思想から影響を受けている。

　また、賀川は、「階級闘争史論」において、19世紀前半の労働運動は、産業革命を経て、後にドイツの宗教革命、フランスの政治革命を経験してきたと述べている。この2つの革命は、階級闘争という哲学的な精神に導かれている。田漢は、賀川の社会発展階段説をもとに、3つの革命を4つに発展させた。田漢は、次のように述べている。

　（原文）：賀川君説到這裏，我雖還要把話補足，他就是関於法蘭西革命的事。現在我們都知道十九世紀法国革命是『政治革命』二十世紀的俄国革命是『社会革命』。於是論者並有『法国式的革命』和『俄国式的誉命』等名目。我於今更可以説德国的『宗教革命』是革第一階級的命！法国的『政治革命』是革第二階級的命！！俄国的『社会革命』是革第三階級的

補論第一章　賀川豊彦の社会思想及び民国期中国の知識人の評価と受容　243

命！！！我於今為盡尽力与第四階級的文化——詩歌也是一端這篇小論文
或者可以謂之第四階級的詩歌論——之樹立。

（日本語訳）：賀川氏は、ここまで述べたが、私はそれを補足しなければ
ならない。それは、フランス革命に関することである。19世紀のフラ
ンス革命は「政治革命」であり、20世紀のロシア革命は「社会革命」
である。それ故、論者には「フランス式の革命」と「ロシア式の名誉的
革命」などの名目がある。私は今ドイツの「宗教革命」は第一階級の命
を革めることであると言うことができる。フランスの「政治革命」は第
二階級の命を革めることである。ロシアの「社会革命」は第三階級の命
を革めることである。私は今、第四階級の文化である詩歌に力を尽くし
ているが、これもその一端である。この小論文はいわゆる第四階級の詩
歌論を示しているといえる[80]。

（日本語訳は引用者による）

　このように、田漢は賀川の唱えた階級論を吸収しながら、詩歌文化を第四
階級の文化、つまり労働者階級の文化と位置づけていた。田漢は、早くも
1919年10月に「第四階級の婦人運動」という文章を著し、階級論を婦人運
動に応用した。田漢によれば、詩歌だけでなく、婦人運動にも、「君主階級」
「貴族階級」「中産階級」「労働階級」という階層がある[81]。「詩人と労働問
題」で反映される階級論にも通じるものであった。
　また、賀川の文学は、田漢後期の創作体験にも影響を与えていた。1936
年7月、『田漢散文集』が上海今代書店から刊行された。その中には、田漢
が1935年以前に書いた回想、日記、手紙、段論、雑感などの文章が30篇以
上収録されている。そのうちの一篇で、田漢は、「死線を突破してから」（突
破了死線以後）と題し、交通事故に遭った病床で読んだ賀川豊彦の『死線を
越えて』についての回想を綴っている。

　（原文）：我在東京読書的時候、胡乱看過日本基督教的社会運動者賀川豊

彦氏一部很受女学生們歡迎的小説叫"越過死線"。這小説的情節我一点
也不記得了，正和我一点也不知道賀川氏最近在日本担任了什麼政治的任
務一樣。但在我這次因"無妄之災"突然成了病状上的人時候，我不由得
記起他那部小説的題名来。——啊，"越過了死線！"(中略)因為想起"跳
舞，跳舞，不忘救国"我也应該"害病不忘救国，"所以甚至還間接的参
与了一些"抗×反帝"的工作。這没有别的，中国民族現在也正和貧商当
時的我一樣是徘徊在死線上的，就在我臥病的這幾天以内×帝国主義的大
炮，機関槍，和飛機炸弾不知道又死傷了我們若干抗×的士兵和労苦民衆。
(中略)実在的我們中国民族，已経到了再危篤没有的時候了。做主人或是
做奴隷。祇争這一厳重的刹那！我們应該奮起最後的最大的勇気，突破這
一死線，争取我們的"活路！"

(日本語訳)：東京で勉強していた頃、日本のキリスト教社会運動家であ
る賀川豊彦氏の『死線を越えて』という女子学生に人気があった小説を
夢中になって読んだ記憶がある。この小説の粗筋は全く覚えていない。
それは、賀川氏が最近日本でどんな政治的役割を担っているのか全く知
らないのと同じだ。しかし、今回の「不慮の災難」で急に体調を崩した
際、私は彼のあの小説の題名を思わず思い出した。——ああ、「死線を
越えた！」(中略)「踊って、踊って、救国を忘れない」という言葉のよ
うに、私も「病気になっても救国を忘れない」という信念から間接的に
「抗×反帝」の仕事に参加した。これはまさしく、中華民族は、今でも
貧しく怪我をした私のように死線で苦闘しているのである。私が病気に
かかっているこの数日以内、×帝国主義の大砲、機関銃、飛行機の爆弾
で再び我が国の無数の抗×兵士と労苦大衆が数えられないほど殺された。
(中略)われわれ中華民族は、もうこれ以上ない危篤な時期が来た。主人
になるか、奴隷になるか、この深刻な利那に決まるだろう。われわれは、
最後の最大の勇気を奮い起こし、死線を越えて、私達の「活路」を勝ち
取るべきであろう！[82]

(日本語訳は引用者による)

補論第一章　賀川豊彦の社会思想及び民国期中国の知識人の評価と受容　245

　文中の「×」は、おそらく、「日」（日本）ではないだろうか。この時期の
田漢は、中国の左翼知識人として、日本や帝国主義に反する愛国思想を表現
したいと思っていたが、当時の国民政府の出版検閲によって、「日」の文字
が削除されたと推測できよう。

　田漢の散文で言及された『死線を越えて』が出版される前に、明治学院を
卒業後、神戸神学校に入学した19歳の賀川は、まもなく肺結核にかかり、
すでに死を宣告されていた。しかし、賀川は、奇跡的に瀕死の状態から回復
し、死線を越えた。そこで、賀川は、療養中に自らの体験を題材にした自伝
的小説を書いた[83]。

　小説の中で、賀川は、伝道に献身した主人公の物語を構築するとともに、
労働者に対する深い愛情や、労働に対する尊重や、そして労働者のために主
人公が勇気をもって資本家と戦う場面も描いている。同時に、賀川は、物語
を通して、積極的に病気と戦おうと読者を鼓舞し、資本家の搾取に抵抗する
下層階級の悲鳴の表現とともに、資本家の搾取に抵抗する労働者の正義感を
引き出せるように努力していた。

　賀川の小説から強い感銘を受けた田漢は、後に自らの交通事故で受けた病
状からこれを連想し、自らの病状を国家の運命、民族の危機と結び付け、死
線の縁で苦闘している中国人に勇気を出せと鼓舞し、死線を越えてこそ、活
路を勝ち取れると勇気づけた。中華人民共和国の国歌である「義勇軍進行
曲」は、1935年に誕生した。それは、田漢が作詞をし、聶耳が作曲をした。
その中には、「立ち上がれ！　奴隷となることを望まぬ人びとよ！」（起来！
不願做奴隷的人們！）という一節がある。これは、当時民族の危機に瀕して
いた中華人民に大きな励ましを与えた。田漢の散文「死線を突破してから」
の最後には、「主人になるか、奴隷になるか、この深刻な刹那に決まるだろう。
われわれは、最後の最大の勇気を奮い起こし、この死線を越えて、私達の「活
路」を勝ち取るべきであろう！」という言葉がある。それは、人々が死線を
越えて、勇気を奮って抵抗することを励まし、国難を忘れずに勇気を湧き出
して日々前に進もうと常に励ましてくれているものであろう。

　客観的に見れば、田漢は、その意識の深いところでは、賀川豊彦を日本の

帝国主義者とは異なる存在として区別して見ていたと言わざるを得ないだろう。田漢が反日反帝国主義の活動を行う際に、賀川の社会思想や文学思想から励ましと激励を受けているのである。

第4節　おわりに

　賀川豊彦は、日本の大正・昭和時代において、社会改良の理論と実践を密接に結び付けた集大成を世に示した人物である。日本の大正・昭和戦前期の労働運動、農民運動、無産政党運動、協同組合運動の理論は、賀川の社会思想と理想社会への構想に相当の程度由来している。賀川は、生涯にわたって2つの重要な課題と戦ってきた。第1点は、資本主義によって発生した「社会悪」と戦って、貧しい人々を貧民窟から救い出し、貧困をなくすことである。第2点は、日本社会を如何にして近代化させるかという課題である。すなわち、労働者の人権、農村での教育普及、普通選挙の実施などである。この2つは、賀川が生涯をかけて取り込んだ課題であった。その理論的源泉は、部分的にはマルクス主義に遡ることができ、中国人が日本を経由して早期のマルクス主義を理解するのに賀川思想が一定の役割を果たしたと言える。しかも、賀川の社会思想は、その多くが宗教信仰に由来しており、日本近代化の過程で、当時の日本の社会思潮と密接に関連した産物であった。

　一方、陳達、李達、陳独秀、李大釗、田漢、謝晋青といった民国知識人はそれぞれ異なる側面から、賀川豊彦の社会思想を受容した。彼らは、賀川の貧民救済思想、労働思想、文学思想などを研究し、自分の研究パラダイムを発展させたり、賀川の労働運動から経験と教訓を学んだりした後、1920年前後の中国の労働運動に方向性を示した。賀川の社会思想は、ある程度上述した民国知識人の思想形成を促したと言えるだろう。その中で、「生命第一義」に注目し、貧民研究を行った陳達や、「労働神聖」から日本の神戸川崎・三菱大争議を研究した李達や、詩歌と労働者の関係から理論構築を行った田漢などは、みな賀川に感銘を受けたのである。また、賀川の社会思想は、陳独秀、李大釗、李達、田漢などの初期の共産主義思想を探究した知識人に、中

補論第一章　賀川豊彦の社会思想及び民国期中国の知識人の評価と受容　247

国の近代化を考えさせる重要な媒介となったと言えよう。賀川の労働文学から影響を受けた田漢の事例から見れば、賀川の社会思想は、中国共産党の発展にも無視できない役割を果たしたと言っても過言ではないだろう。

　現代日本社会では、労働組合の自由な結成、教育の改善、医療福祉の発達などの権利は法律上、保障されている。それは、賀川が追求し、生涯にわたって努力してきた生命、労働、人格に基づいた改革が、すでに現代社会に溶け込んでいるからであろう。こうした賀川の功労を認識した上で、現代日本人の記憶からフェードアウトしつつある、先駆者の一人である賀川豊彦の多様な成果をさらに研究すべきであろう。

注

1）この時期の政治思潮に関しては、陳秀武『日本大正時期政治思潮与知識分子研究』中国社会科学出版社、2004年、5頁を参照されたい。

2）杉浦秀典「『死線を越えて』草稿と賀川豊彦記念松沢資料館」『大原社会問題研究所雑誌』第773号、2023年、10頁。賀川がノーベル文学賞とノーベル平和賞にノミネートされたことについては、ノーベル賞候補者データベースを参照されたい。"Nobel Prize Nomination Database", https://www.nobelprize.org/nomination/archive/list.php（アクセス：2023年10月27日）。

3）川上周三「賀川豊彦の社会思想とその実践及びその現代的展開——協同組合論を中心にして」『人文科学年報』第36号、2006年、88頁。

4）隅谷三喜男『賀川豊彦』岩波書店、2011年。

5）小南浩一『賀川豊彦研究序説』緑蔭書房、2009年、24-27頁。

6）吉野作造（談）「争議解決の良策は第三者の調停」『大阪朝日新聞』1921年8月6日。

7）綾目広治「賀川豊彦論－近代日本思想史上における位置」『清心語文』第13号、2011年、23頁。

8）石川禎浩著、袁広泉訳『中国共産党成立史』中国社会科学出版社、2006年、8頁。

9）庾凌峰「賀川豊彦と黄日葵——五四期の北京大学学生訪日団団員黄日葵の『贈賀川豊彦先生』を中心に」『法政論叢』第54巻第2号、2018年、179-206頁。

10）例えば、劉家峰「賀川豊彦と中国」『東アジア文化交渉研究別冊』第6号、2010年、45-60頁。劉莉『賀川豊彦与二十世紀中国基督教』華中師範大学修士論文、2008年；陶波「追求互済与和平——試論太平洋戦争前後的賀川豊彦」復旦大学国際関係与公共事務学院碩士学位論文、2011年；浜田直也『賀川豊彦と孫文』神戸新聞総合出版センター、2012年；金丸裕一「中国における賀川豊彦評価をめぐって——1920年から1949年の事例研究」『立命館経済学』第65巻第6号、2017年、189-208頁；庾凌峰「『神の国運動』と『五カ年運動』——賀川豊彦と誠静怡の関係を中心に」『法政論叢』第56巻第1号、2020年、25-47頁。

11）施爾徳根著、劉家峰、劉莉訳『賀川豊彦：愛与社会正義的使徒』天津人民出版社、2009年、63-65頁。

12）李善恵『賀川豊彦の社会福祉実践・思想が韓国に及ぼした影響に関する研究』同志社大学博士論文、2014年、37頁。

13）李善恵、同論文122頁。

248

14）賀川豊彦「基督教社会主義論」『賀川豊彦全集第 10 巻』キリスト新聞社、1982 年、262 頁。

15）賀川豊彦著、加山久夫、石部公男翻訳、野尻武敏監修、『友愛の政治経済学』日本生活協同組合連合会、2009 年、37 頁。

16）同書、37 頁。

17）同書、37 頁。

18）賀川豊彦「愛の科学」『賀川豊彦全集第 7 巻』キリスト新聞社、1963 年、196 頁。

19）賀川豊彦「生命宗教と生命芸術」『賀川豊彦全集第 4 巻』キリスト新聞社、1981 年、51 頁。

20）賀川豊彦「生命宗教と生命芸術」『賀川豊彦全集第 4 巻』キリスト新聞社、1981 年、84 頁。

21）賀川豊彦「胡適氏と私の問答」（『星より星への通路』改造社、1922 年）195 頁。後に、この文章は、夏丏尊に訳され、『民国日報・覚悟』に掲載されている。夏丏尊「賀川豊彦氏在中国的印象評論」『民国日報・覚悟』第 7 巻第 14 期、1922 年。

22）小南浩一『賀川豊彦研究序説』緑蔭書房、2009 年、87-115 頁。

23）浜田直也『賀川豊彦と孫文』神戸新聞総合出版センター、2012 年、84 頁。賀川の秘書の吉本健子が口述筆記した日記に、「1928 年 6 月 18 日『資本論』を読む。19 日『資本論』を読む。20 日『資本論』を読む」とある。

24）賀川豊彦「主観経済の原理」（『賀川豊彦全集第 9 巻』キリスト新聞社、1973 年）225-240 頁。

25）賀川豊彦「主観経済の原理」206 頁。

26）賀川豊彦「キリスト教兄弟愛と経済改造」『賀川豊彦全集第 11 巻』キリスト新聞社、1982 年、187 頁。

27）賀川豊彦『友愛の政治経済学』37-38 頁。

28）小南、前掲書 96 頁。

29）賀川豊彦「主観経済の原理」236 頁。

30）小南、前掲書 68 頁。

31）賀川豊彦「主観経済の原理」235-236 頁。

32）綾目、前掲論文 19-20 頁。

33）賀川豊彦「労働者崇拝論」『賀川豊彦全集第 10 巻』キリスト新聞社、1982 年、38 頁。

34）王向遠「"人格主義" 与阿部次郎的徳川文芸分析」『南京師範大学文学院学報』第 2 期、2022 年、1-2 頁。

35）賀川豊彦「自由組合論」『賀川豊彦全集第 11 巻』キリスト新聞社、1982 年、23 頁。

36）瀬沼茂樹「近代後期の思想と文学」（全国大学国語国文学会監修『講座日本文学 11 近代編Ⅲ』三省堂、1969 年）12-13 頁。

37）田中祐介「思考様式としての大正教養主義―唐木順三による阿部次郎批判の再検討を通じて」『アジア文化研究』第 30 号、2004 年、62 頁。

38）王向遠「"人格主義" 与阿部次郎的徳川文芸分析」『南京師範大学文学院学報』第 2 期、2022 年、2 頁。

39）賀川豊彦「人格社会主義の本質」『賀川豊彦全集第 13 巻』キリスト新聞社、1982 年、150-151 頁。

40）賀川豊彦「精神運動と社会運動」『賀川豊彦全集第 8 巻』キリスト新聞社、1981 年、493 頁。

41）賀川豊彦「工場立憲運動に就て」『賀川豊彦全集第 9 巻』キリスト新聞社、1973 年、71 頁。

42）賀川豊彦「労働者崇拝論」14 頁。

43）浜田、前掲書、80-88 頁。

44）賀川豊彦「壁の声きく時」『賀川豊彦全集第 14 巻』、キリスト新聞社、1964 年、571 頁。

45）陳独秀「此時中国労働運動底意思」『労働界』第 4 冊、1920 年。

46）陳独秀「労働者底知識従那裏来？」（『独秀文存』巻二、亜東図書館、1922 年）、101 頁（初出『新青年』第 8 巻第 3 号、1920 年）。

47）陳達（1892-1975）は、浙江省余杭県出身、中央研究院院士、中国の社会学者、人口学者で

あり、現代中国人口学の開拓者の一人である。陳は、実践調査活動を重視し、産児制限、生存競争や成果競争理論などを提唱した。https://web.archive.org/web/20060523153556/、http://www.sociology.cass.cn/shxw/sociologist/chenda/t20030919_1084.htm（アクセス：2023年12月21日）。

48）陳達「日本貧民窟之研究」『少年世界』増刊「日本号」第4号、1921年、103-119頁。

49）武藤富男「解説」『賀川豊彦全集第8巻』キリスト新聞社、1981年、545-546頁。

50）資料で実際に用いられている語であるので、そのまま引用する。

51）陳達「日本貧民窟之研究」『少年世界』増刊「日本号」第4号、1921年、104-105頁。

52）同記事、106頁。

53）同記事、111-112頁。

54）同記事、119頁。

55）施爾徳根、前掲書、74頁。

56）並松信久「賀川豊彦と組合運動の展開―自助と共助による組織形成―」『京都産業大学論集社会科学系列』第3号、2014年、112頁。

57）Д・И・高爾徳別耳格著、楊樹人訳「日本工人運動和社会主義運動的第三階段（1907-1917年）」『外国問題研究』第2期、1982年、86頁。

58）宇城輝人『1921の工場管理――川崎・三菱造船所争議と賀川豊彦』関西大学・政治研究所ワーキングペーパーシリーズ No.2021-1J、2021年、1-2頁。

59）「日本最近之民衆運動及其組織」『東方雑誌』第17巻第7期、1920年、29-31頁。

60）「神戸の労働争議を支那人は斯う見る」『読売新聞』1921年8月18日。この記事については、本書の第一章でも紹介している。

61）謝晋青「日本労働総同盟（友愛会）」『覚悟・労働紀念号』1921年5月1日、第3張1-4頁。

62）謝晋青「日本工人占領工場底前後」『民国日報・覚悟』1921年8月1日、1-2頁。

63）謝晋青「日本工人占領工場事件底結局」『民国日報・覚悟』1921年8月23日、2-3頁。

64）謝晋青「最近的日本労働運動」『民国日報・覚悟』第2巻第20期、1921年、3頁。

65）谷合佳代子「講座「大阪社会労働運動史」の挑戦―大阪労働学校の再建を」『DIO 連合総研レポート』第276号、2012年、8頁。

66）「日本神戸造船廠之罷工事件」『東方雑誌』第18巻第17号、1921年、76-78頁。

67）同記事、78頁。

68）施爾徳根、前掲書、75頁。

69）李達「日本神戸造船工人大罷工之経過（世界消息（1921.7））」（『李達文集（第二巻）』？、2016年）53-58頁。

70）董婧「中国共産党的第一份党刊：『共産党』」『中国社会科学報』2011年10月27日。http://cssn.cn/ddzg/ddzg_zt/201111/t20111111_815536.shtml

71）「日本神戸造船工人大罷工之経過」『共産党』第6号、1921年、49-55頁。

72）同記事、55頁。

73）田漢の詩学思想及び『詩人与労働』については、労働詩学の視点から研究してきた研究も少なくない。また、それを五四期前後の新詩と社会改造の文脈で解釈する研究もある。しかし、これらの研究は、田漢の労働詩学思想にも賀川豊彦の労働思想の影響があることに触れていない。例えば、宋夜雨「東亜『労働』運動的興起与田漢早期的『労働』詩学」『中国現代文学研究叢刊』第7期、2023年。李培艶「田漢早期的詩学貢献―対『詩人与労働問題』一文及其書作背景的考察」『東岳論叢』第7期、2014年。

74）田漢「詩人与労働問題」『少年中国』第1巻第8期、1920年、1-36頁。田漢「詩人与労働問題（続）、『少年中国』第1巻第9期、1920年、15-104頁。

75）賀川豊彦「精神運動と社会運動」412頁。

76）賀川豊彦「精神運動と社会運動」413頁。

77）賀川豊彦「基督教社会主義」『賀川豊彦全集第13巻』キリスト新聞社、1982年、253-263頁。

78）田漢「詩人与労働問題」『少年中国』第1巻第8期、1920年、17-18頁。

79）賀川豊彦「生命宗教と社会運動」『雲の柱』第1巻第12号、1922年、17頁。小南、前掲書、129頁。

80）田漢「詩人与労働問題」26頁。

81）田漢「第四階級的婦人運動」『少年中国』第1巻、1919年、28頁。

82）田漢『田漢散文集』今代書店、1936年、285-288頁。

83）武藤富男「解説」『賀川豊彦全集第14巻』、キリスト新聞社、1964年、607頁。

あとがき

　本書は、兵庫教育大学大学院連合学校教育学研究科に提出した博士論文「戦前・戦中（1920-1945）の中国（台湾、香港を含む）における賀川豊彦の交流活動とその受容に関する研究」（2020 年 3 月）に加筆修正を加えて出版したものである。日本を離れ、中国に帰ってから四年が経ったが、日本で初めての単著を出版することができて、とても嬉しく思う。本書の研究対象である賀川豊彦は、世界的に有名な人物であった。本書の出版が、日本にとどまらず、中国でも賀川への関心を新たに喚起し、その思想の多様性がさらに研究されていくことに役立つよう願っている。

謝辞

　本書は、2023 年度公益財団法人賀川事業団雲柱社より「第 8 回出版助成」を受けた。ここに厚く御礼申し上げる。また、緑蔭書房の南里知樹代表取締役の温かい紹介で、株式会社ゆまに書房編集部の松本和久氏が拙稿の刊行を快くお引き受けいただき、出版するまで力を尽くしてくださった。両氏に心より感謝申し上げる。

　本書を完成させるにあたり、多くの方々のご指導ご支援を賜った。

　元兵庫教育大学大学院連合学校教育学研究科教授の小南浩一先生には、いつも私のマイペースな研究活動を温かく見守っていただき、史料蒐集、研究の手法、研究内容の構成、博士論文の細部の添削、日本語の表現に至るまで、終始、丁寧かつ熱心なご指導をいただいた。また、小南先生は、7 年間にわたって、研究にとどまらず人生の指導者のような存在であり、私の研究および人生の指針を与えていただいた。ご指導ご鞭撻を賜り、心より深謝の意を表する。小南先生の奥様・淳子先生には、博士論文の添削や日本語の表現などでご指導をいただいた。深く感謝の意を表する。

　本研究を進める過程においては、副指導教員の兵庫教育大学教授（故）難波安彦先生、上越教育大学教授茨木智志先生から多くの非常に貴重なご指導を

いただいた。心より深く感謝の意を表する。授業などを通して、極めて有益なご指導をいただいた兵庫教育大学の(故)南埜猛先生、森秀樹先生、福田喜彦先生、米田豊先生、千葉大学の阪上弘彬先生、上越教育大学の下里俊行先生、鳴門教育大学の井上奈穂先生に深く感謝を申し上げる。

　また、千葉大学の陶波先生から史料蒐集に関するご教示をいただき、厚く感謝の意を表する。アメリカにあるプリンストン神学大学の Overseas Ministries Study Center (OMSC) の元センター長、賀川研究者であるトマス・ジョン・ヘイスティングス(Thomas John Hastings)教授から貴重なご指導をいただいた。立命館大学の金丸裕一先生からは貴重な賀川研究史料のご恵贈を賜った。中国の海南師範大学歴史文化学院の趙従勝先生にもご助言をいただいた。深く感謝を申し上げる。

　『賀川豊彦学会』にて発表した際、明治学院大学の永野茂洋先生、加山久夫先生、『賀川豊彦学会』会長石部公男先生、理事清澤達夫先生、理事鈴木武仁先生、賀川豊彦記念松沢資料館館長であった黒川知文先生、関西学院大学の李善恵先生、元奈良育英中学校・高等学校教諭浜田直也先生、公益財団法人賀川事業団雲柱社理事の冨澤康子先生、東京基督教大学の稲垣久和先生、岩田三枝子先生からのご助言、及びご協力をいただいた。東京にて史料蒐集の際、賀川記念松沢資料館副館長杉浦秀典先生から資料をいただいた。兵庫教育大学連合大学院で同じゼミに参加された津田博先生、学会でお世話になった福本良之先生、岡田大助先生、小河達也先生から、親切なご指導をいただき、励ましを賜った。中華圏プロテスタント研究会の先生方にご助言をいただいた。深謝の意を表する。

　兵庫教育大学連合大学院博士課程の光藤百合子先生、原康行先生にはいつも励ましていただいた。兵庫教育大学修士課程、連合大学院博士課程で、多くの先輩、同級生、後輩にご支援をいただいた。ここで厚く感謝の意を表する。

　また、論文の史料蒐集、調査でお世話になった兵庫教育大学附属図書館、日本の国立国会図書館(東京本館と関西館)、東京の松沢資料館、神戸の賀川記念館、鳴門市賀川豊彦記念館、兵庫県三木市にある研修施設「コープこうべ協同学苑」、台湾の中央研究院近現代史研究所郭廷以図書館、イェール大

学、コロンビア大学、賀川豊彦の母校であったプリンストン神学校、中国の上海図書館の皆様に感謝を申し上げる。

筆者が 2017 年 10 月にイェール大学を訪問した際、イェール神学校のクロエ・スター（Chloë Starr）教授からご指導を受けた。また、イェール神学校図書館特別コレクションコーナーの Senior Archives Assistant であったジョアン・R・ダフィ（Joan R. Duffy）氏から便宜を計っていただいた。2017 年 9 月 26 日から 29 日にコロンビア大学を訪問した際に Burke Library Special Collections 管理員であるベティ・ボールデン（Betty Bolden）氏から貴重な資料を見せていただいた。ここに明記してお礼を申し上げる。

日本での 7 年の留学の間に、兵庫教育大学グローバル教育センターに関わり、私の留学を見守ってくださった尾関徹先生、喜多村明里先生、福本謹一先生、長菅井三実先生、及び職員の皆様、兵庫教育大学教育研究支援部学務課連合大学院チームの皆様に御礼を申し上げる。また、加東市フレンドシップファミリー生川初恵・故生川準ご夫妻に多大なご援助とご支援をいただいた。心より深謝の意を表する。加東市ピンクハウスの藤原正彦・藤原典子ご夫妻、加東市在住の藤原芳廣・藤原豊子ご夫妻、池見学・池見貴子ご夫妻およびご家族、中山勉・中山椿（原名：王可心・李燕）ご夫妻、竹中尚人・竹中弘子ご夫妻、大阪在住の柳村順氏をはじめとする「ちゃんとバンド」の皆様、加東市国際交流協会の皆様に親切な応援をいただき、日本人の優しいこころを深く理解できた。また、中国に留学していた際に知り合った岐阜在住の武藤良弘・和子ご夫妻、横浜在住の大久保格氏、東京在住の作永智幸・作永碧ご夫妻に多大なご支援をいただき、日中友好の輪を広げることができた。ここに深く謝意を申し上げる。加えて、国費外国人留学生（2014 年 9 月〜 2020 年 3 月）として筆者の研究生活をご支援くださった日本の文部科学省に深く感謝の意を表する。

最後に、いつも支援してくれた両親・妻・娘に対して深謝の意を表する。

2024 年 9 月吉日

庾凌峰

参考文献

【日本語】

一、書籍

賀川豊彦
  1962-1964 年賀川豊彦全集刊行会編『賀川豊彦全集』キリスト新聞社。
  1919 年『涙の二等分』福永書店。
  1922 年『星より星への通路』改造社。
  1915 年『貧民心理之研究』警醒社書店。
  1919 年『精神運動と社会運動』警醒社書店。
  1919 年『労働者崇拝論』福永書店。
  1920 年『死線を越えて』改造社。
  1920 年『人間苦と人間建築』警醒社書店。
  1921 年『死線を越えて中巻　太陽を射るもの』改造社。
  1924 年『死線を越えて下巻　壁の声きく時』改造社。
  1933 年『農村社会事業』日本評論社。
  1935 年『立体農業の理論と実践』日本評論社。
  1935 年『農村更生と精神更生』教文館出版部。
池田鮮
  1995 年『曇り日の虹―上海日本人 YMCA40 年史』上海日本人 YMCA40 年史刊
      行会。
石川照子、桐藤薫、倉田明子、松谷曄介、渡辺祐子
  2016 年『はじめての中国キリスト教史』かんよう出版。
石川禎浩
  2010 年『革命とナショナリズム　1925-1945』岩波書店。
岩田三枝子
  2018 年『評伝　賀川ハル―賀川豊彦とともに、人々とともに』不二出版。
賀川豊彦著、加山久夫・石部公男訳
  2009 年『友愛の政治経済学』日本生活協同組合連合会。
賀川豊彦著、松野尾裕編、賀川豊彦記念松沢資料館監修
  2018 年『希望の経済―賀川豊彦生活協同論集』緑蔭書房。
笠谷和比古
  2014 年『武士道：侍社会の文化と倫理』NTT 出版。
黒田四郎
  1970 年『人間賀川豊彦』キリスト新聞社。
小南浩一
  2010 年『賀川豊彦研究序説』緑蔭書房。
坂元ひろ子
  2016 年『中国近代の思想文化史』岩波書店。

ロバート・シルジェン著、賀川豊彦記念松沢資料館監訳
　　2007 年『賀川豊彦：愛と社会正義を追い求めた生涯』新教出版社。
隅谷三喜男
　　2011 年『賀川豊彦』岩波書店。
日本キリスト教歴史大事典編集委員会編
　　1988 年『日本キリスト教歴史大事典』教文館。
布川弘著、広島大学大学院総合科学研究科編
　　2011 年『平和の絆―新渡戸稲造と賀川豊彦、そして中国』丸善出版。
浜田直也
　　2012 年『賀川豊彦と孫文』神戸新聞総合出版センター。
兵庫県教育委員会編・発行
　　2014 年『兵庫県版高等学校地理歴史科用副読本　世界と日本』。
藤井省三、黄英哲、垂水千恵編
　　2002 年『台湾の「大東亜戦争 文学・メディア・文化』東京大学出版会。
増田弘
　　2017 年『石橋湛山―思想は人間活動の根本・動力なり』ミネルヴァ書房。
松尾尊兊
　　1998 年『民本主義と帝国主義』みすず書房。
松尾尊兊
　　1996 年「吉野作造の中国論」(『吉野作造選集』8) 岩波書店。
松谷曄介
　　2020 年『日本の中国占領統治と宗教政策―日中キリスト者の協力と抵抗』明石書
　　　　　店。
丸山昇、伊藤虎丸、新村徹編
　　1991 年『中国現代文学事典』東京堂出版。
三浦清一
　　1957 年『世界は愛に飢えている：賀川豊彦の詩と思想』的場書房。
武藤富男編
　　1960 年『百三人の賀川伝』上巻、キリスト新聞社。
山本澄子
　　2006 年『中国キリスト教史研究』山川出版社。
吉野作造著、松尾尊兊編
　　1970 年『中国・朝鮮論』平凡社。
米沢和一郎
　　2006 年『人物書誌大系 37　賀川豊彦Ⅱ』日外アソシエーツ。
李善惠
　　2017 年『賀川豊彦の社会福祉実践と思想が韓国に与えた影響とは何か』ミネルヴ
　　　　　ァ書房。

劉傑、三谷博、楊大慶編

　　2006 年『国境を越える歴史認識―日中対話の試み』東京大学出版会。

鹿錫俊

　　2001 年『中国国民政府の対日政策 1931-1933』東京大学出版会。

若林正丈編

　　2001 年『矢内原忠雄「帝国主義下の台湾」精読』岩波書店。

二、雑誌論文、論文集

太田雄三

　　1977 年「平和主義者としての賀川豊彦」『内村鑑三―その世界主義と日本主義を
　　　　めぐって』研究社出版、333-374 頁。

戒能信生

　　1981 年「知られざる教団史の断面―満州開拓基督教村」『福音と世界』第 36 巻第
　　　　12 号、39-46 頁。

金丸裕一

　　2017 年「中国における賀川豊彦評価をめぐって―1920 年から 1949 年の事例研究」
　　　　『立命館経済学』第 65 巻第 6 号、93-118 頁。

加山久夫

　　2005 年「賀川豊彦と神の国運動」『賀川豊彦学会論叢』第 14 号、82-104 頁。

倉橋正直

　　2007 年「満州キリスト教開拓団」『東アジア研究』（大阪経済法科大学アジア研究
　　　　所）第 48 号、19-32 頁。

黒川知文

　　2016 年「再臨運動と神の国運動―内村鑑三と賀川豊彦の終末観」『賀川豊彦学会
　　　　論叢』第 24 号、1-54 頁。

小山晃佑著、加山久夫訳

　　2006 年「「行って、同じようにしなさい！」―賀川豊彦の辺境神学―」『雲の柱』
　　　　第 20 号、36-62 頁。

徐亦猛

　　2008 年「中国におけるキリスト教本色化運動―誠静怡についての考察」『アジア・
　　　　キリスト教・多元性』第 6 号、87-96 頁。

杉浦秀典

　　2023 年「『死線を越えて』草稿と賀川豊彦記念松沢資料館」『大原社会問題研究所
　　　　雑誌』第 773 号、9-22 頁。

並松信久

　　2014 年「賀川豊彦と組合運動の展開―自助と共助による組織形成」『京都産業大
　　　　学論集　社会科学系列』第 31 号、101-136 頁。

トマス・ジョン・ヘイスティングス著、加山久夫訳

2012 年「イエスの贖罪愛の実践～賀川豊彦の持続的証し～」『雲の柱』第 26 号、
83-112 頁。

武藤秀太郎
2016 年「吉野作造と中国知識人―キリスト教青年会（YMCA）との関連を中心
に」『吉野作造研究』第 12 号、58-69 頁。

森静朗
1996 年「賀川豊彦と中国―協同組合について」『賀川豊彦研究』第 33 号、2-13 頁。

森本あんり
2009 年「忘れられた預言者」『賀川豊彦学会論叢』第 17 号、41-69 頁。

米沢和一郎
2006 年「Realistic Pacifist 賀川豊彦と中国」『明治学院大学キリスト教研究所紀
要』第 38 号、73-101 頁。

劉家峰
2010 年「賀川豊彦と中国」『東アジア文化交渉研究別冊』第 6 号、45-60 頁。

三、学位論文

高超陽
1996 年『日・台相互金融思想の研究』日本大学博士論文。

高井ヘラー由紀
2003 年『日本統治下台湾における日本人プロテスタント教会史研究（1895-1945
年)』国際基督教大学博士論文。

栃本千鶴
2010 年『社会事業家施乾の『乞食』救済事業の展開と継承』愛知淑徳大学博士論
文。

李善惠
2014 年『賀川豊彦の社会福祉実践・思想が韓国に及ぼした影響に関する研究』同
志社大学博士論文。

四、新聞、雑誌

『大阪時事新報』
『大阪毎日新聞』
『廓清』
『神の国新聞』
『大衆』（上海 1939-)
『中央公論』
『中外商業新報』
『福岡日日新聞』
『読売新聞』

【英語】
一、未公刊資料
コロンビア大学が所蔵するアーカイブ：*"Kagawa Toyohiko Papers, 1929-1968"*。
イェール大学が所蔵するアーカイブ：『留美青年』（*Chinese Students' Christian Association in North America Records*（1909-1952））。
プリンストン神学校図書館特別コレクションコーナーが所蔵する賀川豊彦関係資料。

二、書籍
Bays, Daniel H., *A New History of Christianity in China*, Chichester: Wiley-Blackwell, 2012.

French, Paul, *Carl Crow - A Tough Old China Hand: The Life, Times, and Adventures of an American in Shanghai*, Hong Kong: Hong Kong University Press, 2006.

Hastings, Thomas John, Seeing *All Things Whole: The Scientific Mysticism and Art of Kagawa Toyohiko (1888-1960)*, Eugene, Ore.: Wipf & Stock, Pickwick, 2015.

Hunter, Allan A., *Three Trumpets Sound: Kagawa-Gandhi-Schweitzer*, New York: Association Press, 1939.

Kagawa, Toyohiko, Hastings, Thomas John (ed.), Heisig, James W. (tr.), *Cosmic Purpose*, Eugene, Ore.: Wipf & Stock, Cascade Veritas Series, 2014.

Saunders, Kenneth J., *Whither Asia? A Study of Three Leaders*, New York: The Macmillan Company, 1933.

Schildgen, Robert, Toyohiko Kagawa: *Apostle of Love and Social Justice*, Berkeley, Calif.: Centenary Books, 1988.

三、雑誌論文、論文集
Furuya, Yasuo, "Who was Toyohiko Kagawa, "*Princeton Seminary Bulletin* Vol. 23 No. 3 (2002), pp. 301-312.

Mullins, Mark R., "Kagawa Toyohiko (1888-1960) and the Japanese Christian Impact on American Society", in Park, Albert L. and Yoo, David K. (ed), *Encountering Modernity, Christianity in East Asia and Asian America*, Honolulu: University of Hawaii Press, 2014. pp. 162-193.

四、学位論文
Bo, Tao, "Imperial Pacifism: Kagawa Toyohiko and Christianity in the Asia-Pacific War", Doctoral Dissertation, Yale University, 2019.

五、新聞
China Mail（『徳臣西報』）

The China Press
The Chinese Recorder
Daily Press（『孖剌西報』）
Friends of Jesus
Hong Kong Telegraph（『士蔑西報』）
The Japan Times
North-China Daily News（『字林西報』）（1864-1951）
The North-China Herald and Supreme Court& Consular Gazette（1870-1941）
South China Morning Post（『南華早報』）

六、インターネット上のデータベース
"Nobel Prize Nomination Database", https://www.nobelprize.org/nomination/archive/list.php（最終アクセス 2018 年 2 月 1 日）。

【中国語】
一、档案
1932『台北組合基督教会二十年史』台北組合基督教会。

二、書籍
甘尚武
2007 年『世紀巨変九十回顧―従陳済棠秘書到執掌大馬南順』香港：三聯書店。
賀川豊彦、江金龍訳
2006 年『飛越死亡線』新北：基督橄欖文化出版。
黒田四郎著、邱信典訳
1990 年『賀川豊彦伝』台南：人光出版社。
胡適著、曹伯言整理
2004 年『胡適日記全集』第二冊、新北：聯経出版事業。
黄煌雄
2015 年『蔣渭水伝：台湾的孫中山』台北：時報文化出版。
季羨林主編
2003 年『胡適全集』合肥：安徽教育出版社。
蔣永敬編著、王雲五主編
1982 年『民国胡展堂先生漢民年譜』台北：商務印書館。
李金強、呉梓明、邢福増主編
2009 年『自西徂東―基督教来華二百年論集』香港：基督教文芸出版社。
任建樹主編、李銀徳副主編
2009 年『陳独秀著作選篇』第二巻、上海：上海人民出版社。
羅伯特・施爾徳根（Robert Schildgen）著、劉家峰、劉莉訳

2009 年『賀川豊彦―愛与社会正義的使徒』天津：天津人民出版社。

田漢

1936 年『田漢散文集』上海：今代書店。

馬克斯・韋伯（Max Weber）著、王容芬訳

1991 年『儒教与道教』北京：商務印書館。

呉耀宗編

1939 年『瑪徳拉斯大会印象集』上海：中華全国基督教協進会。

王治心撰、徐以驊導読

2004 年『中国基督教史綱』上海：上海古籍出版社。

張允侯

1979 年『五四時期的社団』北京：生活・読書・新知三聯書店。

張志偉

2010 年『基督化与世俗化的挣扎：上海基督教青年会研究　1900-1922』台北：国立台湾大学出版中心。

中共広西壮族自治区党史資料徴集委員会辦公室編

1989 年『黄日葵文集』南寧：広西人民出版社。

三、雑誌論文、論文集

浜田直也著、陶波訳

2012 年「孫文与賀川豊彦―以 1920 年在上海的会談為中心」『近代史学刊』第 9 輯、161-176 頁。

黄自進

1993 年「吉野作造在五四時期的対華文化交流」『中央研究院近代史研究所集刊』第 22 期（上）、505-529 頁。

津田勤子

2014 年「日語世代的戦後適応与挫折―以太平町教会信徒為例」『台北文献』第 187 期、110-141 頁。

劉家峰

2006 年「従差会到教会：誠静怡基督教本色化思想解析」『世界宗教研究』第 2 期、113-122 頁。

2007 年「近代中日基督教和平主義的命運―以徐宝謙与賀川豊彦為個案的比較研究」『浙江学刊』第 2 期、97-105 頁。

2012 年「被遺忘的賀川豊彦」『書城』第 9 期、84-87 頁。

劉家峰、劉莉

2009 年「基督教社会主義在近代中国的伝播与影響」『宗教学研究』第 3 期、104-112 頁。

李毓芳

2015 年「《台湾日日新報》所見之明治時期（1895-1912）漢人音楽劇曲活動」『台

湾音楽研究』第 21 期、71-96 頁。

石舜瑾、曾傅先、蔣文華
1980 年「黄日葵伝略」『広西師範大学学報哲学社会科学版』第 16 巻第 4 期、67-81 頁。

孫秀蕙、陳儀芬
2017 年「台湾日治時期商業広告中的〈戦争〉符号研究：以《台湾日日新報》為例」『新聞学研究』第 130 期、1-47 頁。

陶波
2011 年「賀川豊彦与羅斯福総統——一位日本基督教領袖的対美和平工作」『基督教学術』第 9 輯、1-18 頁。

王万里
2008 年「五四時期黄日葵対社会主義思潮的伝播」『伝承』第 6 期、12-13 頁。

呉忠才
2000 年「広西第一個共産党員——黄日葵対革命事業的貢献」『広西党史』第 4 期、4-6 頁。

徐炳三
2005 年「福建聖公会与"五年布道奮進運動"」『宗教学研究』第 3 期、179-183 頁。

楊文光
2015 年「五四幹将黄日葵対馬克思主義的伝播研究」『学理論』第 3 期、96-98 頁。

四、学位論文

陳珠如
2016 年『基督教与工業改造 —以 1927 年「基督化経済関係全国大会」為例』中原大学修士論文。

劉莉
2008 年「賀川豊彦与二十世紀中国基督教思潮」華中師範大学修士論文。

陶波
2011 年「追求互済与和平——試論太平洋戦争前後的賀川豊彦」復旦大学修士論文。

林牧茵
2012 年「移植与流変——密蘇里大学新聞教育模式在中国（1921-1952）」復旦大学博士論文。

五、新聞、雑誌

『北京大学日刊』
『晨報』
『晨報副刊』
『大公報重慶版』
『大公報上海版』

『大公報天津版』

『大公報』（香港）

『大陸報』

『東方雑誌』

『婦人雑誌』

『革新』

『共産党』

『国民』

『華僑日報』

『労働界』

『密勒氏評論報』

『明燈』（上海 1921）

『民国日報』

『民国日報・覚悟』

『少年世界』（上海 1920）

『少年中国』

『台湾青年』

『台湾日日新報』

『台湾新民報』

『田家半月報』

『微音月刊』

『向導』

『香港工商日報』

『興華』

『新青年』

『展望』

『中華帰主』

六、ウェブサイト

「財団法人台北市私立愛愛院」公式サイト掲載「関鍵大事記」https://aiai.org.tw/
?FID=45（2019 年 12 月 30 日アクセス）。

South China Morning Post 公式サイト https://www.scmp.com/（2019 年 6 月 2 日ア
クセス）。

聖約翰座堂公式サイト掲載 'A Brief History of St John's Cathedral', http://www.
stjohnscathedral.org.hk/Page.aspx?lang=1&id=97（2019 年 12 月 24 日アクセス）。

香港大学公式サイト「創校歴史」https://www.hku.hk/about/university-history/c_the-
earlyyears.html（2019 年 12 月 24 日アクセス）。

索　引

人名索引

あ行

J. アーノルド	115
アインシュタイン	98, 100
W. アクスリング	119
芥川龍之介	96
麻生次蔵	35
麻生久	90, 91, 241
ムスタファ・ケマル・アタテュルク 212	
姉崎正治	122
安部磯雄　12, 21, 22, 25, 97, 98, 101, 106, 114, 133, 134, 138, 140, 155, 159, 162, 167, 168, 207	
阿部次郎	229, 230, 248
天羽英二	192, 193, 201
綾目広治	228, 247
E. L. アレン	66, 174
E. アンダーソン	118
晏陽初	72, 73
石川三四郎	104
石川禎浩	201, 221, 247
石橋湛山	124, 129
犬養健	114
茨木智志	211, 216
今井嘉幸	101
韻裳	101
マックス・ウェーバー	21, 28, 211
内村鑑三　27, 75, 77, 79, 82, 199, 200, 216	
内山完造	33
英敏之	88, 109
海老沢亮	73, 166
閻錫山	194
王芸生	88

王希天	37
王向遠	229, 248
汪精衛	37, 194
王治心	77, 83
大杉栄	219, 221, 241
太田雄三	12, 27, 198, 199
大山郁夫　35, 55, 101, 114, 138, 140	
小川清澄　65, 139, 146, 179, 183	
沖野岩三郎	101
尾崎行雄	101
小田俊郎	153

か行

トマス・カーライル	223
偕叡廉	148, 165
戒能信生	13, 27
夏丏尊	95, 109, 248
郝斉佳	116
霍徳進	17, 133
霍培修	14
何作霖	98, 110
梶原保人	146
華汝成	95, 110
賀川春	99
片山哲	107
桂太郎	233
金丸裕一　14, 27, 54, 79, 83, 127, 133, 164, 166, 221, 247	
上与二郎	150, 154, 165
何明華	176-179, 215
加山久夫　28, 59, 77, 79, 82, 198, 200, 248	
ジャン・カルヴァン	190
川上周三	220, 247
河上肇　36, 38, 55, 90, 101, 145, 238	
河島幸夫	14
ガンジー　7, 8, 19, 89, 98, 100, 116, 121,	

125, 189, 191, 212

甘尚武	190, 197, 200
菊池寛	96
北一輝	219
鞏徳義	103, 110
木村錠吉	45
木村清松	161
邱信典	17, 27, 133, 164
許徳珩	37, 54
忻啓介	96
金徳俊	9
空海	184, 185
久布白落実	139, 189
倉橋正直	13, 27
F. J. グリムケ	186, 200
黒川知文	59, 77, 79, 82, 200
黒田四郎	17, 27, 50, 57, 82, 133, 164
エレン・ケイ	98
A. ケッティ-ヤング	119
ケプラー	24, 60, 62, 64, 65, 70, 72, 116
阮湘	37
阮有秋	104
呉貽芳	63, 189
高一涵	32, 35, 53
洪九来	87
江金龍	17, 28, 133, 164
黄自進	33, 53, 54
黄日葵	24, 31-34, 36-39, 42-57, 204, 213, 215, 221, 247
黄世勲	36
高超陽	17, 28
康白情	31, 34, 35, 37, 39, 53
高伯蘭	60
黄幼雄	97, 110
胡穎之	95, 97, 109, 110
胡漢民	26, 170, 173, 174, 192-197, 201, 208
小崎弘道	74
顧子仁	11, 66, 124, 125
胡政之	88
胡適	12, 22, 28, 31, 48, 49, 53, 56, 91, 109, 125, 191, 225, 248
呉鼎昌	88
小南浩一	11, 27, 51, 57, 133, 164-166, 183, 199, 220, 225, 227, 247, 248
小山晃佑	18, 28
デヴィッド・コンデ	106

さ行

西園寺公望	193
最澄	185
斎藤実	103
蔡培火	153
K. サウンダーズ	191
堺利彦	94, 101
坂本義孝	120
佐々木純一	92
サッチャー	170
佐藤春夫	96
里見明	104
山水	101, 110
W. シェントン	176
施乾	17, 28, 134, 145, 149, 162, 164, 165, 167, 207, 215
施存統	92, 240
島中勇蔵	101
島村抱月	241
下中弥三郎	101
謝晋青	239, 246, 249
叔琴	49, 56
シュバイツァー	7, 19, 212
徐亦猛	59, 79
徐彦之	31, 34, 36, 53
蒋渭水	144, 145, 165
蒋介石	12, 69, 112, 133, 194
昭和天皇	105, 183
F. ショート	174
バーナード・ショー	190
徐宝謙	11, 15, 24, 27, 60, 65, 66, 124
白鳥省吾	241

R. シルジェン	15, 19, 28, 57
沈雁冰	92, 240
沈剣虹	112
沈伯曾	87
親鸞	185
末包敏夫	185
末広厳太郎	113
末廣重雄	35
杉山博昭	160, 167
杉山元治郎	97, 100, 107, 212
鈴木大拙	122
鈴木文治	53, 90, 91, 100, 114
C. L. ストリックランド	187
アダム・スミス	234
C. A. M. スミス	177-179
隅谷三喜男	56, 75, 82, 220, 247
誠静怡	11, 16, 24, 59-67, 69, 70-83, 124, 204, 205, 213, 215, 247
石美玉	61
薛仙舟	10, 17, 72
宋美齢	69, 133, 213
孫科	194
孫雅各	148
孫伏園	50
孫文(孫中山)	10, 12, 16, 17, 27, 33, 54, 55, 89, 111, 121, 133, 145, 164, 165, 171, 191, 192, 194, 200, 212, 215, 233, 247, 248

た行

ダーウィン	161, 234, 236
デ・マック・ダーモット	153
高野岩三郎	97, 106
高橋是清	103
高山義三	91
田川大吉郎	12
タゴール	98
ヘレン・タッピング	62, 68
マザー・タッピング	64
棚橋小虎	90, 91

段祺瑞	36
近森一貫	147
千葉勇五郎	139, 166, 189
張学良	133, 194
張季鸞	88
張作霖	194
張竹平	111
張福良	73, 82
陳嘉異	93, 109
陳其田	17, 133
陳珠如	17, 28, 133, 164
陳沢民	14
陳達	219, 222, 232, 234-237, 246, 248, 249
陳独秀	31, 92, 93, 109, 213, 215, 219, 232, 233, 240, 246, 248
陳溥賢	221
津田勤子	17, 28, 134, 153, 154, 164, 166
鄭汝銓	14
F. テイラー	118
田漢	35, 38, 50, 57, 95, 108-110, 213, 215, 219, 222, 240-243, 245-247, 249, 250
田催宝	72
董景安	77
董顕光	111, 112
鄧小平	170
董大成	17, 134, 153-155, 162, 166, 167, 207, 215
鄧仲澥	37, 54
陶波	16, 18, 27, 28, 221, 247
童蒙正	97, 110
杜聡明	153
栃本千鶴	17, 28, 134, 164, 165, 167

な行

永井亨	101
長島豊太郎	34
奈須義質	146
鳴田	90, 91, 109

新見栄一	232
西田天香	95, 109, 137, 145
日蓮	185
日生	54, 80, 94, 95, 98, 109, 110
新渡戸稲造	11, 12, 15, 21, 22, 27, 57, 59, 64, 79, 89, 114, 183, 213, 216
布川弘	11, 27, 57, 59, 79
野倉萬治	92

は行

G. L. ハーディング	113, 127
E. G. パウエル	181
J. B. パウエル	151
馬樹礼	152, 166
パットン	115
羽鳥花兄	147
浜田直也	12, 16, 27, 38, 54, 55, 80, 133, 164, 201, 221, 247, 248
早坂一郎	146
早坂二郎	35
潘白山	49, 56
久留弘三	45, 90-92, 238
薇生	94, 109
平岡貞	193, 200, 201
広田弘毅	192, 197
馮玉祥	194
傅斯年	22, 28
藤森成吉	96
W. ブラックストン	190
プルースト	190
プルードン	226
古屋孫次郎	70
古屋安雄	18
文質彬	38
J. N. ヘイシグ	20, 28
T. J. ヘイスティングス	18, 28
ペッドレー	146
ソール・ベロー	190
帆足理一郎	95
J. M. ホイッスラー	190

方豪	31, 34, 35, 53
法然	185
H. V. ボクサー	179
星野貞一	70, 81
堀井順次	13
堀江帰一	97
堀貞一	70
本間久雄	241

ま行

前田多門	106
前田寅治	32, 232
A. N. マクファディン	187, 188
松岡駒吉	46, 90
松尾尊兊	33, 53-55
マックスウェル	146
マッケイ（馬偕）	146, 148, 165
松谷卓夫	166, 189
松谷曄介	13, 14, 27, 81
松谷与二郎	101
M. R. マリンズ	20, 28, 82
マルクス	26, 37, 38, 44, 54, 88, 90, 93, 94, 117, 219, 226-228, 230, 235, 238, 241, 242, 246
マルサス	234
水谷長三郎	101
三井英次郎	147
宮崎龍介	34
T. F. ミラード	28, 111
武者小路実篤	45, 95, 219
武藤秀太郎	33, 54
武藤富男	55, 234, 249, 250
村島帰之	51, 57, 65, 146
孟寿椿	31, 34, 53
J. R. モット	16, 60, 74, 75, 79, 153, 189, 214
元山末雄	146
森静朗	10, 26
森戸辰男	34, 55
森本あんり	18, 43, 55

人名索引　267

や行

矢内原忠雄　　25, 154, 158, 166, 167
廋凌峰　　　　221, 247
与謝野晶子　　51, 55, 57
余日章　　　　61, 80
吉野作造　12, 21, 22, 31-35, 52-57, 89,
　100, 107, 204, 216, 219-221, 232, 247
米沢和一郎　9, 10, 17, 26, 27, 54, 133,
　163-167, 169, 197-199, 201

ら行

羅冠宗　　　　　　　　　14
バートランド・ラッセル　98
K. K. ラム　　　118, 128, 179
李済深　　　　　　　　　194
李志青　　　　　　　102, 110
李守常　　　　　　　46, 47, 238
李善恵　　　　　　　9, 26, 247
李宗仁　　　　　　　　　194
李大釗　31, 33, 37, 46-48, 53, 204, 219,
　221, 222, 237, 238, 240, 246
李達　37, 54, 92, 219, 222, 237, 240, 246,
　249
李搏　　　　　　　　　　104
R. C. H. リム　　　176, 198
劉家峰　10, 15, 17, 19, 26, 27, 57, 59, 79,
　80, 221, 247
劉載奇　　　　　　　　　9
劉湛恩　　　　　　　　115
劉莉　15, 19, 26, 27, 57, 60, 77, 79, 221,
　247
梁小初　　　　　　　　66
リンカーン　　　181, 184-186
林国煌　17, 134, 155, 162, 166, 167, 207,
　215
イダ・ベル・ルイス　　62
フランクリン・ルーズベルト　16, 18,
　120
ルーツ　　　　　　　　63

ローベンステイン　　175
ロマン・ロラン　　98, 100

わ行

渡辺甚蔵　　　147
渡部政鬼　　　147

事項索引

あ行

愛愛寮	145
『愛の科学』	12, 19
悪人正機説	185
新しき村	33, 34, 45
天羽声明	193
イエール大学	22, 23, 60, 80, 169
イエスの友会	11, 19, 20
イギリス占領期	7, 9, 203, 206, 208-210, 212
「活けるキリスト」	38, 42
『衣裳哲学』	223
一国二制度	171
一新会	45
一神論	185
『宇宙の目的』	20
エキュメニズム	73, 82
エディンバラ	61
エディンバラ国際宣教会議	73, 74
エルサレム世界宣教会議	61
『応用社会学』	232, 233
『大阪朝日新聞』	56, 172, 198, 247

か行

『階級闘争史』	95
『改造』	42, 93, 94, 221
科学的社会主義	38
「賀川記念講演」	18, 20
『賀川豊彦：愛と社会正義を追い求めた生涯』	19, 28
『賀川豊彦Ⅱ』	163, 169
『賀川豊彦研究序説』	27, 57, 164-166, 183, 199, 220, 225, 247, 248
『賀川豊彦証道談』	69, 81
『賀川豊彦全集』	83, 234
『賀川豊彦伝』	17, 27, 164
KAGAWA TOYOHIKO PAPERS, 1929-	

1968	23, 28, 60, 80, 81, 82
『華僑日報』	169
『学習指導要領』	212
『革新』	49, 56
郭廷以図書館	22, 27
価値判断	21, 28, 211, 228
合作経済運動	10
合作社運動	10
『壁の声きく時』	232
神の国運動	7, 50, 68, 69, 73, 74, 76, 147, 182, 186, 187, 223
「神の国運動」	11, 15, 16, 59, 60, 62, 64, 68-71, 73-76, 78, 79, 81, 82, 114, 117, 121, 140, 146-148, 184, 186, 187, 197, 204, 205, 209
『神の国新聞』	70, 74, 75, 77, 81, 82, 176, 177, 192, 193, 198, 200, 201
神の三大代弁者	7, 212
川崎・三菱大争議	44, 46, 47, 91-93, 204, 229, 237-240, 246
関東大震災	89, 95, 113, 183, 215
記載科学	228, 230
規範科学	228, 230
『義勇軍進行曲』	57, 245
救世主	8, 98
旧仏教	185
教会合一運動	61
教会信仰合一運動	73
教会中心運動	61
教科教育	23, 24, 26, 210, 211, 216
教材開発	213, 215
共産主義	10, 44, 70, 78, 107, 117, 176, 219, 220, 222, 240, 246
『共産党』	92, 107, 109, 240, 249
協同組合	10, 124, 187, 214, 215
協同組合運動	7, 10, 11, 17, 19, 124, 159, 193, 194, 196, 197, 208, 220, 223, 246
協同組合思想	8, 17, 145, 149, 209
郷土教育	215
京都大学学生会	32

事項索引　269

京都帝国大学　　　　　　33, 35, 95
『教務雑誌』　　　　　　68, 73, 150
漁民救済運動　　　　　　　149, 209
『キリストと日本』 122, 179, 180, 183-
　186
キリスト教　10, 16, 33, 42, 44, 52, 61,
　67-69, 71, 73, 76, 78, 93, 103, 106,
　117, 122, 144, 148, 154, 155, 157, 165,
　181, 182, 184, 185, 190, 194, 197, 201,
　213, 226
キリスト教界　10, 13, 16, 24, 60, 64, 66,
　68, 69, 71, 73, 114, 208, 209, 213, 221
基督教開拓団　　　　　　　　　　13
キリスト教社会主義　　　　　15, 104
キリスト教社会主義者　　　　　10, 18
『基督教世紀』　　　　　　　104, 105
キリスト教徒　8, 13, 21, 22, 65-68, 72,
　101, 114, 134, 154, 170, 177, 179-181,
　208, 216, 226
キリスト教婦女矯風会　　　　　　99
キリスト教平和主義　　　　　　　18
キリスト教平和主義者　　　　　　10
義和団の乱　　　　　　　　　　　61
『偶像の支配するところ』　　　　101
『空中征服』　　　　　　　　　　97
組合運動　　　　　　　　　　72, 118
組合思想　　　　　　　　　　　　7
『雲の柱』　　　　　　　　11, 28, 250
クリスチャン　43, 84, 182, 183, 187, 190,
　215
クリスチャン・インターナショナル
　11, 24, 60, 62, 64-66, 79, 124
『クリスチャン・センチュリー』 13, 19
クリスチャン平和連盟　　　　　　12
軍縮　　　　　　　　　　12, 172, 178
訓政　　　　　　　　　　　　　194
景教　　　　　　　　　　　　　185
『桂光』　　　　　　　　　　　　38
研究モデル　　　　　　　　　23, 210
建国大綱　　　　　　　　　　　194

憲政　　　　　　　　　　　　　194
建設者同盟　　　　　　　　32, 35, 45
権力構造　　　　　　　　22, 23, 210
五・一五事件　　　　　　　　　118
工場委員制度　　　　　　　　　239
工場管理権　　　　　　　　　　237
工場管理宣言　　　　　　56, 91, 220
工場立憲主義　　　　　　　　　231
公正　　　　　　　　　　　　7, 88
『向導』　　　　　　　　101, 107, 110
合同精神　　　　　　　　　　　149
神戸賀川記念館　　　　　　　　22
神戸新川貧民窟　24, 32, 33, 38, 39, 42,
　51-53, 93, 144, 159, 204, 209
コープこうべ協同学苑　　　　　22
「五カ年運動」　11, 15, 16, 24, 59-61, 64,
　66-69, 71, 73-79, 204, 205
国際宣教会議　　　　　　　　73, 74
国際連盟　12, 98, 114, 175, 176, 178, 179
国策協力　　　　　　　　　　　13
『国富論』　　　　　　　　　　234
『国民』　　　　　　　37, 38, 45, 54, 56
国民革命　　　　　　　　　　37, 67
国民国家　　　　　　　　　　　78
滬江大学　　　　　62, 63, 115, 116, 119
五・三十運動　　　　　　　　　89
五四運動　31, 43-45, 49, 52, 67, 89, 221
乞食　17, 28, 43, 134, 145, 149, 164, 165,
　167, 209
五四期　　31-33, 52, 54, 204, 247, 249
互助精神　　　　　　　　　158, 161
コペルニクス的転回　　　　　　227
米騒動　　　　　　　　　　143, 237
コロンビア大学　22, 23, 28, 60, 66, 79,
　80, 169

さ行

済南事変　　　　　　　　　　　194
三自政策　　　　　　　　　　　61
山地先住民　144, 158, 159, 164, 167

三民主義　　　　　　　　　　　10
GHQ　　　　　　　　　　　14, 105
自我の覚醒　　　　　　　　229, 230
識字教育　　　　　　　　　　　72
識字問題　　　　　　　　　　　72
時系列　21, 23, 25, 62, 89, 108, 112, 125,
　170, 173, 196, 205, 208
「自己中心的な人間」　　　　　　13
『時事新報』　　　　　　　　　112
事実判断　　　　　　21, 211, 228
『孖剌西報』　　　　　　　　　179
『死線を越えて』　17, 36, 40-42, 94, 95,
　97, 113, 116, 133, 136, 137, 140, 142,
　174, 213, 219, 220, 232, 243-245, 247
自伝　17, 61, 113, 116, 133, 174, 219, 232,
　245
『士蔑西報』　　　　　　　　　169
資本の節制　　　　　　　　　　10
社会運動　7, 10, 11, 32, 47, 49-51, 59,
　70, 75, 79, 82, 90, 91, 93, 97, 107-110,
　113, 114, 116-120, 125, 126, 144, 145,
　151, 153, 186, 189, 197, 199, 205,
　213-215, 219, 220, 223, 241-244, 248
社会改良運動　　　　　　113, 223
社会化主義　　　　　　　　　220
社会事業　28, 51, 69, 71-73, 78, 79, 102,
　106, 114, 145, 160, 163-165, 167, 205,
　214, 220, 223
社会思想　26, 219-224, 232, 235, 241,
　242, 246, 247
社会主義　38, 44, 52, 90, 93, 97, 98, 106,
　108, 109, 138, 143
社会主義思潮　　　　　　　38, 55
社会発展段階論　　　　　　219, 240
社会福音　　　　　　　　　11, 17
社会文化　　　　　22, 23, 109, 210
社会連帯意識　　　　　　　　158
謝罪　8, 10, 12, 14, 19, 25, 112, 120, 121,
　126, 133, 151, 166, 175, 176, 206, 209,
　213

上海 YMCA 夏期講座　　32, 34, 232
上海基督化経済全国大会　　　　8
上海図書館　　　　　　　　8, 22
『上海日報』　　　　　　　　　125
上海日本人 YMCA　32, 53, 57, 119, 120,
　128, 232
宗教使節　　　　　　10, 12, 13, 27
宗教勢力　22, 23, 104, 105, 156, 157, 210
十五年戦争　　　　　　　　　11
自由主義　　　66, 88, 97, 107, 117
主観経済学　　　　　177, 226, 241
『主観経済の原理』　　　　　　97
授業実践　　　　　　　　　　216
『種の起源』　　　　　　　　　234
受容　7-9, 12, 15, 21-26, 54, 55, 80, 87,
　103, 166, 185, 198, 200, 203, 205, 206,
　208, 210, 219, 232, 235, 246
受容史モデル　　　　　　　23, 210
自養　　　　　　　　　　　　61
浄土宗　　　　　　　　　　　185
浄土真宗　　　　　　　　　　185
『少年世界』　　　　　　38, 55, 249
『少年中国』　36, 38, 48, 53, 55-57, 108-
　110, 221, 234, 240, 249, 250
剰余価値説　　　　　　　　　226
植民地　77, 146, 155, 156, 161, 164, 170,
　177, 178
自立　　　　　　　　　　61, 80, 181
『字林西報』　9, 12, 23, 25, 28, 111, 151,
　166
人格　26, 51, 70, 76, 91, 100, 219, 223,
　225, 229-231, 236, 237, 241, 247, 248
人格経済学　　　　　　　　　226
人格社会主義　　　　　　　230, 248
人格主義　　　　　　　229, 230, 248
進化論　93, 94, 109, 163, 234, 236
人権　160, 161, 229, 231, 233, 246
『人口論』　　　　　　　　　234
人種差別　　　　　　　　160, 186
心情倫理　　　　　　　　　　14

事項索引　271

新人会　32-34, 45, 52, 53
神人合一　225
『新青年』　49, 53, 248
人道主義　56, 221
神秘主義　20, 118, 122
新仏教　185
新文化運動　49, 88, 95, 96
『身辺雑記』　62
『晨報副刊』　36, 50, 53, 55, 57, 221
ストライキ　37, 44, 47, 92, 136, 204, 231, 237-240
精神運動　64, 106
『精神運動と社会運動』　11, 75, 82, 93, 97, 199, 220, 241, 242, 248, 249
『生存競争の哲学』　97, 232
成長　97, 214, 224, 226, 230, 242
生命　224, 225
生命価値　224, 227
生命観　225
生命経済学　226
生命宗教　225
『生命宗教と生命芸術』　224, 248
生命第一義論　219
生命の神　225
世界教会主義　73
世界史　23, 210-216
世界宣教会議　61, 189
『世界と日本』　213, 215, 217
世界連邦運動　7, 213, 220
責任倫理　14
セツルメント運動　7
「全国報刊索引」　8
戦争　8, 19, 106, 122, 164, 176, 177, 188, 190, 195, 210, 217
戦争支持　11, 12, 14
全体像　9, 15, 23, 135, 140, 161, 170, 211, 215
選択　195, 211, 222, 224, 226
「贈賀川豊彦先生」　24, 31, 32, 36, 39, 42, 49, 51-53, 55, 204, 221, 247

相互認識　211, 213, 216
相互扶助　74, 79, 188, 196, 205, 208, 220
相互理解　32

た行

対華二十一ヵ条　52, 107
『大公報』　9, 12, 23, 25, 27, 52, 57, 87-89, 100-108, 110, 113, 117, 118, 205
『大公報・上海版』　88, 104, 106, 110
『大公報・重慶版』　88, 104-106, 110
『大公報・天津版』　88, 100-104, 109, 110, 189, 200
『大公報・香港版』　88, 105, 110
大正デモクラシー　89, 90, 98, 102, 107, 117, 205, 232, 237
大東亜宣言　14
大東亜戦争　14, 164
大稲埕　150, 153
第二次世界大戦終結　8, 100, 104, 170, 173, 196, 206, 208, 209
大日本労働総同盟友愛会　46, 237
『大晩報』　112
太平町教会　28, 150, 153-155, 164, 166
太平洋問題調査会　11, 59, 64
台北組合基督教会　17, 134, 147, 165
台北帝国大学　146, 153
『太陽を射るもの』　137, 232
『大陸報』　9, 23, 25, 27, 111-127, 206
台湾　7-9, 11, 12, 15, 17, 20-28, 37, 77, 133-135, 137, 139-168, 187, 203, 206-212, 215, 216
台湾観　25, 133, 134, 155, 156, 159, 161, 162, 167, 207
台湾紀行　25, 134, 207
『台湾新報』　135, 164
台湾総督府　141, 144, 153, 158, 160, 162, 164, 207
台湾伝道　134, 139, 146, 148, 161
『台湾日日新報』　9, 23, 25, 27, 28, 110, 135, 139-144, 146, 149, 150, 163-167,

207
台湾婦人会　　　　　　　　　　151
台湾文化協会　　　　　　141, 144
タゴール　　　　　　　　　　　98
助け合いの精神　　　　　　　　8
「塘沽停戦協定」　　　　　　195
団体交渉権　　　　　　　92, 237
『地殻を破って』　　　　　　　97
地権の平均化　　　　　　　　10
知行合一　　　　　　　　　220
秩序　　　　　47, 90, 224, 238, 240
知的資源　　　　　　107, 205, 209
Chinese Students's Christian Associa-
　tion in North America Records
　(1909-1952)　23, 60, 80
中央研究院　　　22, 27, 53, 54, 248
『中央公論』　　　　　　　33, 54
『中華帰主』　　61, 73, 77, 80-83
中華基督教会　59, 61, 63, 64, 68, 69, 72
中華圏　　　　　　　22, 25, 215
中華全国基督教協進会　17, 59, 61, 67,
　73-76, 78, 80, 133
中華続行委辦会　　　　　　　61
中華民国期　　　　　　7, 59, 153
中国　7-19, 21-27, 31-35, 37, 38, 44, 45,
　47-50, 52-57, 59-74, 77-80, 82, 83,
　87-93, 95, 99-102, 104-108, 112, 114,
　115, 117, 118, 120, 121, 124-127, 133,
　135, 151, 153, 164, 166, 167, 169-172,
　174-179, 189, 191-195, 197, 198, 200,
　201, 203-206, 208-213, 219, 221, 233,
　234, 237, 239, 245-248
『中国合作化方案』　　　　　10
中国教会　10, 11, 15, 61, 62, 67, 68
中国共産党　37, 54, 55, 69, 88, 89, 92,
　100, 101, 107-109, 208, 209, 216, 233,
　240, 247, 249
中国共産党員　　　　24, 55, 204
中国郷村問題　　　　　　　72
中国キリスト界　16, 24, 60, 68, 209,

213, 221
中国思想界　　　　　　　38, 88
中国大陸　7, 15, 20-24, 26, 77, 105, 120,
　133, 210, 215, 216
『中国復興と日本』　　　　10, 82
「中日共同防敵協定」　　　37, 54
超教派　16, 20, 60, 73, 75, 77, 79, 82,
　186
張作霖爆殺事件　　　　　　194
長嶺子基督教開拓団　　　　　13
帝国主義　31, 33, 44, 52-54, 67, 166,
　167, 178, 244-246
データベース　　　　　　8, 247
転回　　　　　　　　　12, 227
『田家半月報』　　　　　61, 80
転向　　　　　　　　12, 14, 15
伝道運動　　　　　11, 68, 74, 75
同化主義　　　　　　　　　156
同化政策　　　　　　　156, 157
東京大学学生会　　　　　　32
東京帝国大学　　　33, 35, 113, 125
同志社大学学生会　　　　　32
『東方雑誌』　9, 12, 23, 25, 27, 28, 38, 52-
　55, 57, 80, 87-95, 98-100, 107, 109,
　110, 152, 166, 205, 238, 239, 249
『徳臣西報』　　　　169, 179, 199
土着化　　　　　　　　　　61
奴隷解放　　　　　　　184-186
奴隷解放運動　　　　　　　186

な行

内地人　139, 144, 148, 154, 155, 159-161,
　209
「涙に告ぐ」　　　　　　　12
『涙の二等分』　36, 40-42, 51, 57, 97
鳴門賀川記念館　　　　　　22
『南華早報』　9, 18, 23, 25, 27, 120, 169,
　170, 172-175, 178, 182, 187-191, 196,
　198, 208
「南昌起義」　　　　　　　37

日蓮宗　185
日華親善　12
日中関係　31, 57, 66, 195, 197, 211
「日中共存共栄」論　195, 201
日中戦争　8, 12, 25, 89, 99, 100, 102, 104, 105, 108, 112, 118, 125, 126, 170, 173, 174, 187, 189, 196, 201, 203, 205, 206, 208, 209, 213
「日中不倶戴天」論　195
二等国民　155
二・二六事件　103, 188, 189
日本基督教会　70, 134, 136-138, 146, 148, 162, 163, 165-167
日本基督教団　13
日本語世代　153, 166
日本史　23, 114, 210-217
日本占領期　7, 9, 203, 206, 208-210, 212
日本農民組合　97, 107, 212
「日本のキリスト」　26, 170, 173, 179, 180, 183-185
日本友和会　11
日本労働界　34, 91, 136, 238, 239
『日本労働組合運動史』　97
『人間賀川豊彦』　57, 133
『人間苦と人間建築』　93
人間経済学　177
人間性の回復　227, 229, 236, 241
人間中心　158, 161
ネストリウス派　185
農村改良事業　104
農村更生　104
農村識字運動　79, 205
農村伝道　73, 76, 77, 162, 207
農村復興　72
農民運動　72
農民組合運動　100, 220
農民福音学校　71-73, 77, 79, 186, 205, 227
ノーベル文学賞　7, 213, 220, 247
ノーベル平和賞　7, 220, 247

は行

廃娼運動　76, 89, 90, 95, 107, 110, 116-118, 126, 205, 206
『鳩の真似』　42
パラダイム転換　227
パリ講和会議　31
反キリスト教運動　33, 67, 78, 107, 108
反資本主義　108
反宗教主義　108
汎神論　185
比叡山　185
『微音月刊』　72, 82
非軍事化　105
『一粒の麦』　104, 118, 138
『火の柱』　11
非暴力　144
評価　10, 12-14, 16, 19-21, 23, 26, 27, 33, 38, 42-44, 47, 50-52, 54, 57, 61, 62, 66, 69, 70, 72, 73, 88-90, 92, 94, 96-98, 106, 107, 112, 115, 118, 120-122, 124, 126, 127, 133, 140, 148, 151-153, 157-160, 162, 164, 166, 172, 177, 179, 184, 186-189, 203, 204, 206, 209, 211, 213, 219-222, 226, 232, 233, 238-240, 247
兵庫教育大学　8, 54, 55, 165, 200
表象運動　223
日和見主義　13
貧困問題　8, 118, 143, 222
貧富の格差　8
『貧民心理の研究』　97, 145, 220, 234, 235
貧民問題　97
福音　11, 17, 27, 69, 71-77, 79, 103, 133, 138, 145, 181, 186, 197, 205, 208, 227
『武士道』　183
婦人解放運動　45, 48, 204
普選運動　91, 101, 116-118
「二つの太陽の輝く台湾」　155, 156

部落解放運動　　　　　　　　19
プリンストン神学校　18, 22, 23, 200,
　220
プリンストン大学　　　115, 220, 222
ブルジョアジー　　　　　　　237
Friends of Jesus　12, 62-64, 80-82
プロテスタント　13, 20, 79, 146, 149,
　164, 167
プロレタリア政党運動　　220, 223
平和　7, 8, 16, 27, 35, 37, 54, 57, 72, 79,
　98, 105, 106, 120, 123, 125, 177-179,
　181, 198, 201
平和活動　11, 19, 24, 59, 60, 66, 118,
　124, 194, 212
平和構想　　　　　　　　　11
平和使節　　　　　　　　16, 20
平和の理念　　　　　　　　8
北京大学　36, 37, 46, 47, 53, 54, 56, 191,
　238
「北京大学平民教育講演団」　37
北京大学訪日団　24, 38, 47, 204, 221
ベストセラー　42, 94, 113, 140, 174, 220
ベルサイユ条約　　　　　　31
変化　12, 14, 92, 107, 126, 143, 166, 206,
　209, 224
『星より星への通路』　25, 134, 155, 161,
　164, 167, 207, 225, 248
ポツダム宣言　　　　　　　11
ボランティア活動　　　　89, 215
香港　7-9, 11, 12, 15, 17, 18, 21-26, 66,
　77, 88, 121, 150, 169-176, 179, 180,
　182-185, 187-198, 200, 201, 203,
　206-212, 215, 216
『香港工商日報』　　　　　169
香港大学　176, 177, 190, 191, 197, 200,
　209
本色化　　　　　　　　61, 79, 80
本色教会運動　　　　　　　61
本島人　144, 148, 154, 156-162, 207

ま行

松沢資料館　　19, 22, 27, 28, 247
マドラス世界宣教会議　　　189
マルクス学説研究会　　　37, 54
マルクス経済学　　　　　　227
マルクス主義　　　　　　26, 44
マルクス主義者　　　　　26, 44
マルクス政治経済学　　226, 230
マルクス派　　　　　　　37, 93
満洲基督教開拓村　　　　12, 13
「満洲国」　67, 123, 126, 195, 206, 209
満洲事変　8, 10-12, 16, 24, 25, 59, 60,
　66, 79, 89, 100, 102, 108, 112, 117-
　119, 126, 153, 166, 170, 173, 174, 183,
　196, 205, 206, 208, 209, 212, 213
満洲問題　　　　　　　　124
満蒙開拓団　　　　　　　　13
ミシガン大学　　　80, 116, 123
『密勒氏評論報』　25, 111, 127, 151
南緑ヶ丘基督教開拓団　　　13
民国知識人　219, 221, 222, 232, 238,
　239, 246
『民国日報』　34-36, 38, 49, 53, 55, 56
『民国日報・覚悟』　34-36, 109, 239, 248,
　249
『民国日報・婦女評論』　　49, 56
民衆教育　　　　　101, 102, 110
民主運動　　　　　　　　219
民主化　　　　　　　　10, 105
民主主義　　　　　　　49, 233
民人同盟会　　　　　　　　45
無教会派　　　　　　　　　75
無産政党　95, 97, 98, 100, 101, 109, 110,
　205
無産政党運動　89, 90, 97, 98, 101, 102,
　107, 108, 126, 205, 206, 246
無神論　　　　　　　　　78
無政府主義　　　　　　143, 219
『明燈』　　　　　　　　61, 80

目的　15, 16, 20, 21, 24, 34, 37, 38, 45, 50, 52, 57, 60, 67, 74, 80, 82, 88, 134, 139, 159, 177, 215, 223, 224, 227, 229, 230, 235, 236, 242

貰い子殺し　51

や行

唯物主義　108
唯物論　78, 230
友愛　7, 158, 198, 249
友愛会　32, 45, 46, 53, 90, 91, 135, 136, 139, 142, 143, 204, 237, 239, 241, 249
友愛会関西労働同盟会　45, 46, 204
友愛の経済学　177
『友情』　97
『優生学 ABC』　95
優生思想　160-162, 167, 207
幼児教育　7
『読売新聞』　35, 46, 56, 238, 249

ら行

理想主義　91, 105, 112, 113, 125, 178, 219
『留美青年』　60, 65, 66, 80

黎明会　32
歴史教科書　211, 212, 216
労学会　32
労資の協調　10
労働　139, 219, 223, 224, 226-229, 236, 241, 242, 245, 247
労働運動　93
労働運動思想　51, 93
労働価値　227
労働価値説　226, 235
労働観　226
労働組合　46, 51, 97, 98, 113, 143, 220, 222, 239, 247
労働詩学　219, 240, 249
労働者　237, 240, 241
労働者階級　106, 237, 240, 241, 243
労働者神聖論　219
『労働者崇拝論』　220, 228, 229, 241, 248
労働農民党　97, 98, 100, 101

わ行

YMCA 夏期講座　32, 34, 53, 57, 232
早稲田大学　33, 35, 45, 95, 167
『早稲田文学』　94

著者紹介

庾　凌峰（ゆ・りょうほう）

　1991年中国湖南省生まれ。2020年に兵庫教育大学大学院連合学校教育学研究科博士課程修了。博士（学校教育学）。立命館大学 BKC 社系研究機構社会システム研究所客員研究員を経て、現在、安徽大学外国語学部講師、南開大学日本研究院ポスドク研究員。

　最近の業績として、「賀川豊彦と中国キリスト教界—1938年マドラス世界宣教会議を手がかりに」（『賀川豊彦学会論叢』第31号、2024年）、「民国知識分子対賀川豊彦社会思想的評価与接受」（『日語学習与研究』、2024年第2期）、「民国期中国における新渡戸稲造の評価をめぐって—満洲事変前後のまなざし」（『キリスト教文化』第22号、2023年）、「『神の国運動』と『五カ年運動』—賀川豊彦と誠静怡の関係を中心に」（『法政論叢』第56巻第1号、日本法政学会、2020年）、共訳『中国古代化学—新しい技術やものの発明がいかに時代をつくったのか』（丸善出版、2017年）など。

＊本書は、公益財団法人賀川事業団雲柱社による2023年度第8回出版助成を受けた刊行物である。
＊本書為安徽省社科規劃青年項目（AHSKYQ2023D016）的階段性成果。

民国期 中国における賀川豊彦の受容(1920-1945)
——新聞と雑誌資料による研究

2024 年 12 月 16 日　印　刷
2024 年 12 月 25 日　初版発行

著　　者　　庾 凌峰　　©Yu, Lingfeng
発 行 者　　鈴木一行
発 行 所　　株式会社　ゆまに書房
　　　　　　〒 101－0047　東京都千代田区内神田 2－7－6
　　　　　　tel. 03-5296-0491　fax. 03-5296-0493
印刷・製本　株式会社平河工業社

ISBN978-4-8433-6875-6 C3016

定価：本体 5,000 円＋税